戴锦华 著

DIANYING PIPING

电影批评（第二版）

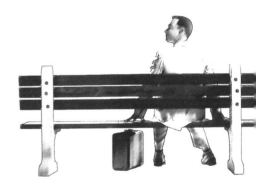

北京大学出版社
PEKING UNIVERSITY PRESS

图书在版编目(CIP)数据

电影批评/戴锦华著. —2 版. —北京:北京大学出版社,2015.2
(博雅大学堂·艺术)
ISBN 978-7-301-25474-5

Ⅰ.①电… Ⅱ.①戴… Ⅲ.①电影评论—世界 Ⅳ.①J905.1

中国版本图书馆 CIP 数据核字(2015)第 020618 号

书　　名	电影批评(第二版)
	DIANYING PIPING
著作责任者	戴锦华　著
责任编辑	艾　英
标准书号	ISBN 978-7-301-25474-5
出版发行	北京大学出版社
地　　址	北京市海淀区成府路 205 号　100871
网　　址	http://www.pup.cn　新浪微博:@北京大学出版社
电子信箱	pkuwsz@126.com
电　　话	邮购部 62752015　发行部 62750672　编辑部 62756467
印刷者	三河市北燕印装有限公司
经销者	新华书店
	965 毫米×1300 毫米　16 开本　17 印张　270 千字
	2004 年 3 月第 1 版
	2015 年 2 月第 2 版　2023 年 2 月第 11 次印刷
定　　价	49.00 元

未经许可,不得以任何方式复制或抄袭本书之部分或全部内容。
版权所有,侵权必究
举报电话:010-62752024　电子信箱:fd@pup.pku.edu.cn
图书如有印装质量问题,请与出版部联系,电话:010-62756370

目录

前 言/1

第一章　电影的视听语言与叙事分析:《小鞋子》/2
第一节　电影语言与叙事组合段理论/2
第二节　伊朗电影与《小鞋子》的叙事结构/20
第三节　叙事·表意·修辞/29

第二章　电影作者论与文本细读:《蓝色》/38
第一节　"电影作者论"及其矛盾/38
第二节　电影作者:基耶斯洛夫斯基/44
第三节　《蓝色》:主题与色彩/50
第四节　生命与死亡的变奏/60

第三章　叙事学理论与世俗神话:《第五元素》/68
第一节　叙事学的基本分析类型/68
第二节　叙事范式与批评实践/77
第三节　类型的变奏与类型的意义/91

第四章　精神分析、女性主义与银幕之梦:《香草天空》/102
第一节　梦·释梦与电影/103
第二节　精神分析女性主义的电影理论/107
第三节　《香草天空》与梦的套层结构/112
第四节　男性的噩梦与成长故事/121

第五章　精神分析的视野与现代人的自我寓言:《情书》/138
  第一节　"镜像"理论与第二电影符号学/139
  第二节　爱情故事或自我寓言/146
  第三节　记忆的葬埋与钩沉/159
  第四节　结局与结语/165

第六章　意识形态批评:《阿甘正传》/170
  第一节　意识形态·政治·社会/171
  第二节　《阿甘正传》:成功而及时的神话/179
  第三节　重写的历史与讲述神话的年代/193

第七章　第三世界寓言与荒诞诗行:《黑板》/202
  第一节　"第三世界理论"的前提/202
  第二节　《黑板》的寓言/207
  第三节　寓言的寓言/220

第八章　影片分析举隅Ⅰ:《人·鬼·情》/228
  第一节　女性的主题/228
  第二节　自抉与缺失/230
  第三节　拯救的出演与失落/236

第九章　影片分析举隅Ⅱ:《盗梦空间》/244
  第一节　雾非雾/244
  第二节　梦非梦/250
  第三节　花非花/255

再版后记/262

前　言

　　电影研究、电影批评可以成为一门艺术,同时也是一个学科。早在半个世纪以前,作为电影研究重要分支的电影批评,已开始脱离对电影工业的附庸,成为一种独立的写作和表意实践。

　　一个有趣的事实是,尽管电影艺术已历经百年,却仍有许多人不相信"看电影"是一种后天习得的能力,相反,人们认定观影能力是人类与生俱来的本领。这首先由于电影——故事片及电视剧,尤其是主流商业电影(电视)的影像构成的基本特征,是隐藏起摄影机,隐藏起电影的叙事行为,使之充分"透明化";有如透过一扇窗望见了窗外的风景。在银幕世界面前,电影视听语言的编码,难于为观众直观地发现、辨识;于是,人人都可以"看懂"电影。事实上,一部大受欢迎的影片(如今更经常的是电视剧),总会一度成为人们街谈巷议、饭后茶余的话题。更为有趣的是,如果说,人们认定银幕上的故事,如同现实生活的场景般"自动"地呈现,谈论、评价电影(电视剧),便如同议论社会生活中的有趣事件,那么值得关注的是,人们在谈论电影(电视剧)的时候却常常使用着相当"专业化"的术语。这种情形似乎只属于电影(电视剧),而绝少出现在音乐、绘画、雕塑等等古老艺术上。

　　这无疑说明,电影这一年轻的、唯一一门人类知晓其诞生日的艺术,从一开始便作为大众艺术而出现;透明性、通俗性与娱乐性无疑是早期电影和绝大多数商业电影追求或试图保持的特征。而且,作为一个后来者,电影的确不断地从其他古老的艺术门类,诸如戏剧、音乐、美术、建筑,尤其是小说的叙事艺术中,挪用其艺术手段。世界电影史的某些段落,诸如有声电影初期,电影艺术确乎曾隐没在戏剧、继而是小说艺术万丈光焰的阴影中,一度沦为亦步亦趋的效颦者。因此,人们似乎也可以无障碍地借助得自其他艺术的知识或常识,对电影做出"权威"评论。

其中,人们关于电影的茶余饭后的"专业化"讨论,常常集中在影片中的故事、情境、演员的表演是否"真实"的议论上,仿佛"真实"是一个永恒存在、不言自明的参照系统。然而,关于同一部影片的真实与虚假的争论,却暴露了鉴定真实与否的标准并非客观、天然。从某种意义上说,关于艺术真实性的种种讨论,事实上建立在艺术作品与对世界"本质"的描述——这一假定性前提的相互参照之上。于是,这些关于"真实"性的讨论,无外乎建立在三个层面上:一是参照着某种观念,如社会的观念、人生的观念与艺术的观念。二是参照着某种诸如"我经历过,我知道"等有限的经验,在这背后,同样是某种不自觉的价值、信念体系:我相信,我愿意相信……三是某种艺术欣赏或文化消费的趣味与成规惯例,比如欧洲艺术电影的迷恋者,间或指斥好莱坞电影浅薄、恶俗、虚假不堪;而好莱坞电影的热爱者所击节赞叹的,却正是它的逼真、细腻和优雅,这里与其说存在着某种真实与否的"客观"差异,不如说只是存在着参照系或曰依据的接受惯例的不同。类似情形还表现在,艺术电影的欣赏者所瞩目的,是某种哲学主题的电影化呈现,某种对生命与世界的原创性洞察和呈现,某种对电影语言自身的创新尝试;而好莱坞电影的热爱者所倾心的,则是某种社会常识与稔熟情节、类型呈现的微妙的变奏形态,是对视觉奇观的营造。

而人们对电影表演的"自然"关注,固然是由于构成人们心理结构的对偶像——某种理想自我——的内在需求,但它同时是电影工业系统成功地创造出的心理、文化消费需求。事实上,明星、明星制是电影工业体统、商业电影运作的重要组成部分和"品牌"保障(与此相对照的,便是艺术电影常常借助业余演员和新面孔)。所谓明星并非著名电影演员的代名词——尽管将二者完全区分开来并非易事,但电影明星或明星电影,特指频繁扮演同一类型角色的演员,他/她所扮演的众多同一类型的角色,叠加为某种"神话"式的形象,诸如定型化的男性形象——硬汉、英俊小生或歹徒,以及定型化的女性形象——贤妻良母、纯真少女或蛇蝎美女。

在好莱坞明星电影的黄金时代——20世纪30—50年代，围绕着电影工业的传媒系统，同时热衷于制造并传播种种趣闻轶事，以混同明星个人的"真实"生活和他/她所扮演的定型化角色。于是关于某位明星的神话，便成为超越又借助着这一演员的个人生活及他/她所扮演的个别影片的神话。因此，明星制的副产品之一，便是诸多的传记，披露作为真人的某电影演员/明星，其个人生活如何挣扎、辗转在被覆以神话光环的明星形象之下。从另一个角度上看，电影演员、电影表演，作为人类古老的表演艺术在电影中的延伸，成为最易辨识和首先接受的电影元素。事实上，尽管电影表演无疑是电影艺术的诸多重要元素之一，但电影艺术自身却极大地贬抑着作为独立而古老艺术种类的表演。其极端化的表述是，在一部影片中，一位演员的作用并不大于一件道具或一道风景。这无疑是极端之论。在不同风格、类型的影片中，演员、表演所发挥的作用大相径庭；但观众对演员、表演的"天然"重视，却常常造成他们对其他电影视听语言元素的视而不见。在某些情况下，观众为演员的"精湛表演"所打动的时刻，"表演"着的却是电影的视听语言：某种构图方式、某些光影效果、某种摄影机运动方式、某段音乐或音响……与演员的形象共同构成或干脆是赋予演员形象的视听效果。

另一有趣的事实是，不同于其他古老艺术，电影批评几乎在电影出生伊始便已然出现。它在被世界认可为一门艺术，而不只是一种新奇杂耍之前，便已然开始为人们所阐释、所言说。人们早已发现，银幕世界并非透明，而更像是画卷，电影的制作者们用光作画，勾勒一幅幅迷人的画面。换言之，银幕世界是一处人为建构的幻想世界。即使在"纪实美学"的倡导者巴赞那里，电影也只是"无限趋近于现实的渐进线"，而非现实本身。而电影研究、电影批评的意义，正在于揭示出电影的"书写"行为之所在。

正由于是人类唯一知晓其生日的艺术，电影/故事片的谱系或"出处"，它的魅力与秘密，几乎在它诞生伊始，便开始为爱恋电影的人们所追寻：电影是光影记录的戏剧？或者是视听版的长篇小说？它的"生身之父"是科技、工业、商业还是艺术？它究竟与表演艺术同母异父还是同父异母？抑或与照相术具有绝对的亲缘性，因而同祖同宗？电影可以

"作为艺术"吗？它所唤起的狂热与迷恋究竟来自何方？

于是，几乎与20世纪最伟大的叙事艺术电影成为最普及的大众艺术与巨型的文化工业同时，出现了作为对电影的溯源与谜底之寻求的电影理论。电影艺术诞生不久，便出现了电影——"梦幻工厂"的命名，并有人因此而追溯至欧洲文明源头处古希腊哲学家柏拉图的"洞穴"寓言。在这则"洞穴"寓言中，柏拉图假设有一群人"居住在一个洞穴之中，有一条长长的甬道通向外面，它跟洞穴内部一样宽。他们从孩提时代就在这里，双腿和脖子皆被锁住，所以总是在同一地点。因为被锁住也不能回头，只能看到眼前的事物。跟他们隔有一段距离的后上方，有一堆火在燃烧。在火和囚徒之间，有一条高过两者的路，沿着这条路建有一道矮墙，就像演木偶戏的面前横着的那条幕布"。外面"沿墙走过的人们带着各种各样高过墙头的工具和用木头、石头及各类材料制成的动物或人的雕像，扛东西的人有的在说话，而有的沉默着"。"由于他们（洞穴中人）终生不能行动或回头，因此外部世界投射在他们面前的影子，便成了他们所能看到的唯一的真实。当路过的人们谈话时，洞穴里的人们会误认为声音正是从他们面前移动的阴影发出的。"——人们惊叹地发现：电影、影院，几乎是古希腊哲人所描述的情境的现实对应物。似乎那正是一个神秘而伟大的关于电影的预言。人们进而意识到，电影/影院与柏拉图之洞穴语言的相像性，不仅在于洞穴与影院空间的惊人相像，而且也在于柏拉图的寓意：人们对光影幻象如此迷恋，以至"和真理隔三层"，认知真理，要经历一个极为痛苦的历程。这似乎也成为电影研究、电影批评介入文化批评的入口。

我们可以毫不迟疑地说，电影是20世纪人类创造的最大奇迹之一。电影作为奇迹，不仅是指作为伟大科技发明的电影摄放机器和技术，而且是指电影与叙事艺术"偶然"——20世纪最奇妙的"偶然"——的撞击和结合。20世纪的大部分岁月里，电影一度是工业、后工业社会的最大娱乐业与艺术领域，它不仅覆盖并取代了传统艺术——首先是戏剧、长篇小说的基本功能和社会位置，而且囊括了音乐、美术乃至建筑之美于其中。20世纪中叶，电影不仅是大众社会的世俗神话的源泉，而且影院几乎成了最辉煌的尘世"教堂"：人们在影院中获得教益，获得日常生活的信念与价值,获得生活的方式与时尚的信息;人们在影院中片刻逃离日常生活的琐屑与痛苦,暂时遗忘世界的苦难与不公,从而进入正义永远战胜邪恶、爱情永远征服死亡的奇妙世界,在其中遭遇着无数的爱神和死神。在影院中,人们获得宣泄与抚慰;在光影缤纷之间,人们进入一种集体的典仪,同时享有奇妙的安宁和独处。也是在20世纪,电影曾被用作最为有效的社会宣传、动员与整合的政治工具。

进入20世纪60年代,电影进入了它最为辉煌的时代:作家电影的时代。所谓作家电影,并非意味着作家——那些以文字为媒介的艺术家们拍摄电影(尽管确实有不少伟大的作家,尤其彼时居住在巴黎左岸的作家,如玛格丽特·杜拉或阿兰·罗伯-格里耶),而是电影导演们开始成为影片的中心与灵魂。他们以摄影机为笔,撰写着充满原创性与飞扬想象力的电影诗篇。这是一个电影大师的时代。电影在后现代社会,在这个"大师已死""作者已死"的时代,迎来了自己的大师与巨匠。至此,"电影作为艺术",作为一个议题已毋需设定,因为每部电影杰作,都在印证着这问题的幼稚乃至弱智。电影,非但不曾如人们所担心的那样,受制于物质世界、表象世界的囚禁,相反,它充分证明了:电影可以处理自有人类历史以来,一切最为高深玄妙的议题。那是一个不断加长中、似乎永无终了的电影大师的名单。每一部重要的新片问世,便如同一部小说杰作、一部著名作曲家交响乐的演出、一次著名的美展一样,成为一个要闻、一次庆典。并不宁静的20世纪中叶,成为原创性电影艺术的黄金时代。

就在作家电影进入其最辉煌年代的同时,20世纪五六十年代之间,电影理论开始了一个全新的段落。我们已经谈到,关于电影的研究和讨论,几乎在电影的"婴儿"时期便已出现,但20世纪前半叶的电影理论,基本是电影的本体理论和电影的创作论,也被称之为电影理论的"古典"时期。诞生于五六十年代之交的"现代电影理论",不仅第一次使得电影研究进入了大学人文教育体制,而且第一次使得电影理论成为当代世界文化史和思想史的一部分。可以说,所谓现代电影理论的开端位于"结构主义时代"之中,结构主义、后结构主义是现代电影理论的底色,而欧洲批判理论是其主要的思想资源。如果说,现代电影理论的出现,在标志着理论相对于电影制作系统的"独立"的同时,客观上标志着电影的成熟,那么,现代电影理论的登场和它在六七十年代所获得的突飞猛进的发展,却并非仅仅在电影内部发生。现代电影理论以"第一电影符号学"为开端,其思考、研究的特征之一,是"将现实放入括号";但60年代的欧洲及全球炽热、反叛、激变的现实却很快将这一"括号"打得粉碎。自60年代起,电影创作与电影理论,一度成为激进社会政治实践的场域。作为一个在六七十年代于欧美大学人文科系间勃兴的新学科,电影理论在七八十年代成为一个具有高度的批判性与前沿性的学科,而在特定的电影理论背景之下的影片精读/电影批评,便成为其特定的元社会文化实践的方式。

当然,传统意义上的影评依然存在,并且占据着诸多媒体上的影评空间。但这一意义上的影评写作,所依据的是写作者的一般艺术修养与电影修养,以及写作者的艺术趣味,并根据其个人趣味与特定的电影观众群发生联系,进而被组合进电影市场运作之中。而在本书中,我们所重点介绍和示范的,并非这种传统意义上的影评写作,而是基于现代电影理论基础和背景的影片精读和分析,每一章节重点介绍一种电影理论流派的主要特征,并通过对一部影片的细读来展示对这一理论方法的运用;旨在通过理论化影评写作的介绍,让大家了解现代电影理论的主要脉络,在批评实践中获得对电影叙事、电影语言的深入了解和把握。

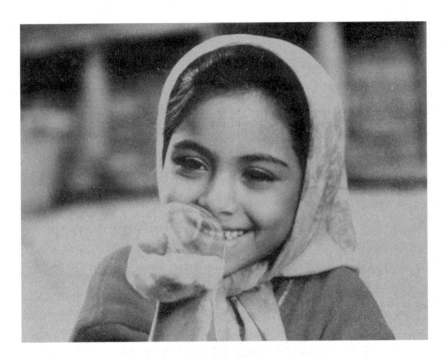

《小鞋子》
(又名《天堂的孩子们》)

原　　　名：Bacheha-Ye aseman
英 文 片 名：The Children of Heaven
导演、编剧：马基·马吉迪 (Majid Majidi)
摄　　　影：帕维兹·吗勒克札德 (Parviz Malekzade)
主　　　演：阿米尔·纳吉·默哈默德 (Amir Naji Mohammad) 饰哥哥阿里
　　　　　　米尔·法罗赫·哈森米安 (Mir Farrokh Hashemian) 饰妹妹莎拉

伊朗, 彩色故事片, 89 分钟, 1997 年
获蒙特利尔国际电影节最佳影片奖、奥斯卡最佳外语片提名

第一章　电影的视听语言与叙事分析：
《小鞋子》

第一节　电影语言与叙事组合段理论

一个极为基本却必须首先明确的事实是,电影≠故事片,但我们通常正是以电影这一名词指代故事片这一诸多电影片种中的一个——无疑是最受欢迎的一个。因此,我们对所谓电影语言的讨论,事实上是对故事片叙事语言的讨论,间或联系着作为艺术片种之一的纪录片。在电影的创作实践与电影理论表述中,电影语言无疑是一个极端重要而又相当模糊的概念。在故事片这一限定的范畴之内,所谓"电影语言",正如法国著名的电影理论家、当代电影理论的奠基人克里斯蒂安·麦茨精当的论断：并非由于电影是一种语言,它才讲述了如此精彩的故事；而是由于它讲述了如此精彩的故事,才使自己成为了一种语言。而意大利著名电影导演、理论家帕索里尼则在他重要的电影论文《诗的电影》一文中指出：电影在本质上是一种新语言。他认为电影使用的是某种"表情符号系统",这一符号系统先于语法而存在,因为"世界上没有一部形象词典"。一位电影导演必须首先创造他所需的词汇,即选取他的拍摄对象,将其创造为自己的形象符号,尔后方才进入美的创造。

然而,毋庸赘言,"电影语言"不同于自然语言。其一,自然语言是一种任意的、无理据的、约定俗成的符号系统,而电影语言是一种有理据的

"短路"符号,其能指约等于其所指;其二,电影语言没有最小单位。即使最单纯的影像,也有内涵表意的现象发生。其三,由于"世界上没有一部形象词典",电影语言始终只是一种语言,而非语言系统。因此,电影叙事更多地依赖着诸多成规和惯例。从某种意义上说,电影语言的运用始终存在于一种巨大的张力之中。作为一种"本质上"的"新语言",电影(电视)要求艺术家始终保持着新锐的创造力,它必然与电影叙事所依凭的种种成规和惯例产生内在的紧张与冲突。对于一个真正的电影艺术家来说,电影的成规与惯例如同设定去跨越的围栏,了解它正是为了破坏它、超越它。在这一层面上,所谓商业电影和艺术电影的区别之一,正在于商业电影大致恪守着种种电影叙事的成规与惯例,而在故事层面追求类型的变奏形态,同时追求影像的奇观效果;艺术电影则更多地追求电影语言自身的创新,追求对种种成规与惯例的僭越。

电影(电视)艺术建筑在一个稳定的四边形的四个端点之上,它们分别是:时间、空间、视觉、听觉;电影(电视)艺术便是在相对的时空结构中以视听语言建立起来的叙事连续体。电影、电视(不仅是故事片或电视剧)首先是一种时空艺术,有着媒介或本体意义上的相对时空结构。电影(电视)的空间是通过时间来呈现的,而时间却是通过空间而获得的:正是每秒钟 24 画格(或电视的每秒钟 25 帧)的连续运动,将画面/画格——制造着第三维度幻觉的二维空间——展现为一次时间流程,同时又将时间分解在一幅幅画面和一处处空间中。在升格拍摄(又称高速摄影,俗称慢镜头、慢动作)与降格拍摄(又称低速摄影,俗称快镜头、快动作)及定格中,这一相对的时空结构,可以获得更为清晰的呈现。稍加观察,我们便可以意识到,所谓升格拍摄正是时间相对于空间的放大,是时间的特写镜头;降格拍摄则是空间相对于时间的放大;而在所谓的定格画面中,空间无限大,时间等于零。

在约定俗成的意义上,我们通常所说的"电影语言",特指电影的视觉与听觉语言构成的种种成规与惯例。

故事片的叙事及视觉语言,一个重要而基本的原则,便是隐藏起摄影机的存在。换言之,故事片叙事的最重要而基本的特征,便是抹去叙事行为的痕迹。于是,似乎是场景、事件自身在自行呈现。用麦茨的说法,便是电影/故事片叙事如同历史叙事,是"来自乌有之乡的乌有之人讲述的故事"。另一种比喻性的说法是,电影叙事人在故事片中的角色如同电影银幕,只有在电影放映之前及其后,我们才能感觉到它/他的存在;观众一旦为银幕上的光影世界所吸引,便不再能意识到银幕/叙事人的在场。而隐藏摄影机的存在、抹去电影的摄制行为与叙事过程的重要途径,便是将拍摄行为、摄制位置(即机位)伪装为剧中人的视线、对视,或者所谓"目光纵横交错的段落"。仿佛不是摄影机在"看"、在拍摄设定的故事场景,而是剧中人的目中所见。经典电影的重要叙事特征,便是通过认同于人物的目光、占有人物的视域来抹去拍摄、叙述行为的痕迹。于是,摄影机/电影叙事人隐身在人物的视点镜头背后,电影叙事由是而成了人物眼中的世界和故事"自主"呈现的假面舞会。与此相配合,故事片场景与电影表演便呈现为某种水族馆、玻璃屋式的世界。银幕世界似乎是一个无限延伸的大千世界的片段,但事实上,它却是一个为摄影机的存在所限定的有限空间:表演区。而在规定的表演区内,根据预先设计或即兴发挥的场面调度进行表演的演员,同时必须遵守一个基本的规定:绝不能将其视线直接投向摄影机镜头。因为,直视摄影机镜头势必在未来的电影中造成直视观众的效果,它不仅将暴露出摄影机的存在,而且打破了银幕世界的完整和封闭,破坏了电影的幻觉空间。除了先锋电影可以追求的颠覆效果或破坏性的率性而为,电影摄制过程中的第一禁忌,便是演员决不能与摄影机发生任何直接的交流,他/她们必须首先伪装为摄影机并不在场,否则,便将造成所谓的摄影机的"赤膊上阵"。于是,故事片的魅力或曰影院魅力之一,是观众在其观影过程中几乎无法直觉地意识到摄影机、摄制、叙事行为的存在;于是,这迷人的故事在他/她面前自行涌现,只为了他/她而涌现。

  与故事片相比,纪录片则相当不同。纪录片以对真实场景的现场目击而取胜,因此它无需隐藏起摄影机的存在。纪录片首先要回答的问题之一是,摄影机、同时也是"赤膊上阵"的拍摄者与被摄对象之间的关系问题。如果说,纪录片的意义和魅力在于对真实的目击与纪录,那么,一个重要而基本的事实是,一旦摄影机登场,它便注定成为一个极为重要的角色,从而改变日常生活的社会生态环境。尤其对于已然相当习惯并熟悉摄影机的现代都市人,一旦摄影机登场,它便开始潜在地呼唤着拍摄对象的表演意识。于是,摄影机前的"日常生活"是否仍是日常生活的"真实常态",便成为一个纪录片的摄制者必须自觉思考的问题。同时,由于摄影机(当然也是执掌或指挥摄影机的人——导演、摄影师)事实上是影片(无论是故事片还是纪录片)中真正的言说者、叙事人,那么在很多情况下,摄影机的存在事实上形成了某种拍摄者与拍摄对象间不平等的权力关系,有时甚至构成了对拍摄对象的暴力性侵犯。因此,纪录片的摄制者必须在其本体论的层面上思考某种被称之为"纪录片伦理"的前提性条件。而优秀的纪录片摄制者则会有意识地将这一关于纪录片的限定变为纪录片呈现的"语言"手段,即创造性处理摄影机与拍摄对象之间的关系,从而获得某些或许比故事片更为丰富的视觉/电影呈现。

机位——摄影机位置。相对来说,故事片、尤其是经典电影的叙事手段所依凭的关于摄影机的成规与惯例相当简单。一位美国电影导演曾用调侃的口吻写道:电影导演的工作事实上非常简单,他只需吩咐:劳驾,把摄影机架在这儿。正是这个玩笑,带出了作为成规与惯例的电影视觉语言的重要元素之一:摄影机的机位。我们知道,所谓电影/故事片是"片片段段拍成的"。在最极端的情况下,一位电影演员主演了某部故事片,但直到拍摄完成,他/她仍然并不了解她所主演的是一个怎样的故事。所谓"片片段段",首先是指由不同机位摄制的镜头组成的电影场景与叙事段落。摄影机一旦选取、设定了某个机位,便意味着设定了从某种距离和某种角度去拍摄、观看拍摄对象。用专业化的表述方式是,机位首先意味着某种画面的景别,即电影画面究竟是特写(分为特写、大特写)、近景、中景还是全景(分为小全景、全景和大全景/远景);意味着角度:仰拍、俯拍或平视。如上所述,正是由于故事片先在的、约定俗成的前提是隐藏起摄影机的存在,于是,人物所在的空间位置、人物的视线所向及心理诉求,便常常成为摄影机选取其机位的重要依据。以某个人物的空间位置或心理状态为依据的镜头,我们通常称为视点镜头;它联系着但并不完全等同于主观镜头,后者不仅强调某个人物的视点,而且凸现某种心理透射或变形。

构图。就某个固定机位所拍摄的电影/电视画面而言,另一个重要的、借自古老绘画艺术的语言元素,是构图。我们知道,看似从大千世界偶然截取了某个片段的电影画面,事实上是一个被人为限定、有时是刻意构造的有限世界。对于电影画面而言,画框——摄影机取景器与银幕边缘,便是电影视觉空间的起点与终点。在绝大多数情况下,一幅电影画面中的某个元素的意义,是通过它与画框的相对关系来确定的。

我们可以从稳定性构图与非稳定性构图、常规构图与非常规构图、开放性与封闭性构图等若干角度运用并思考、解读电影画面。就稳定的、常规的、封闭性的构图而言,我们可以从画面构成元素的水平与纵深关系两个层面上,即从被拍摄的人物与物体在画面中所居上下、左右、中心与边缘(人物是置身于画面中心还是逸出画面的边角处,画框是否不正常地切割了人物的形象)、前景与后景(人物是居于引人注目的前景中,还是居于画面的后景内,是否被前景中的物体所遮挡)等多种方式来建构和解读画面的意义。相对于古老的绘画艺术,电影(电视)艺术可以将更为丰富的光影、色彩元素作为画面构图中的有机元素。在种种电影的构图方式中,一种需要予以强调的元素,是所谓对"画框中画框"的运用。在通常情况下,这是指摄影机透过门、窗或镜框去拍摄人物。于是门框、窗框、镜框便构成了"画框中的画框"。它首先是一种电影叙事的"重音符号",画框中的画框凸现并强调了此情此景中的人物;同时,也可能形成一种对画面构成/画框的自指,从而形成一种丰富的视觉表达;间或暗示某种窥视者的目光或窥视行为的存在。其中表意最为丰富的,是镜中像的运用。在某些电影场景中,人物与其镜中像两相映照,可以借重种种关于镜像的隐喻,构成虚与实、真与伪、真言与谎言的表达,构成关于人物某种内心状况——诸如"茕茕孑立,形影相吊"的孤独感、某种内在冲突乃至精神分裂症的视觉呈现,构成某种直面或拒绝直面的自我的表达。它可以作为一种特殊的电影构图方式,也可以进而发展为影片的叙事与意义结构,成为心理剧的重要元素和手段。

当然,所谓电影构图层面的"画框",不仅是借自绘画理论的表达,而且是某种电影观念的呈现。在世界电影史上,"画框论"者强调电影的形式感,强调电影语言的建构作用,强调电影影像的美学特征;而战后崛起的新的电影理论流派,以法国电影理论家巴赞的"完整电影"和德国艺术理论家克拉考尔对电影"纪录本性"及电影与摄影/照片"亲缘性"的强调为代表,则提出了关于电影画面的另一种比喻:"窗口论"。从这种对电影本体的不同认识角度看,尽管电影画面确乎是一个限定的空间,但它更像一幅从窗内望去的风景,画框/窗框限定了人们的视域,却不意味着"真实/物质世界"为画框/窗框所切割;犹如一扇窗,观者一旦变换其观看角度,将获得一幅此前为画框/窗框所遮挡的景色。因此,"窗口论"者更强调开放性构图,推崇具有丰富的场面调度与清晰的画面纵深、在不同景别中可能同时发生事件的景深镜头,强调以电影声音、在此主要是画外音暗示连续的画外空间的存在。

场面调度。另一个、准确地说是一组电影视觉语言元素是场面调度。这一元素是如此重要,以至在一些欧洲国家,电影导演的称谓便是"场面调度者"。所谓"场面调度"这一实践及理论的概念,包含着两个层面的含义:其一,直接借自古老的话剧艺术,指在某一电影场景中,人物与人物、人物与道具间的相对位移;其二,则是电影艺术自身发展出的叙事、表意手段:运动的摄影机与运动或静态的人物的相对位移与关联方式。在第二个层面上,运动的摄影机是其中的关键因素。尽管在具体的影片中,大部分摄影机运动都是复合运动,但作为一种实践理论的表述,我们可以将摄影机的运动方式分为推、拉、摇、移、升、降、甩(摄影机快速摇动,一个基本被搁置的运动方式)。即使在成规与惯例的意义上,讨论摄影机运动方式在电影叙事、表意过程中所具有的相对确定的功用,仍必须首先考虑两个因素:一是摄影机的运动速度:快速或舒缓;一是摄影机的运动状态:平稳运动还是非平稳的运动。诸如同样是推——摄影机前移,逐渐接近被摄体,快速而晃动的推进所产生的视觉效果当然迥异于舒缓平滑的推进;前者可能产生某种侵犯、震动乃至惊吓的效果,后者则可能如一次深情的注视、一个视觉的注目礼,是引导观众认同某一角色的有效方式。同样,作为前提的前提,我们对电影视觉语言元素及电影叙事的成规与惯例的讨论,是在某种设定的理想状态之中,而暂且搁置了电影的先决条件:资金、制片体制、技术素质等因素。同样是不稳定的摄影机运动,它可能出自电影制作者的自觉追求与表意手段,也可能出自制片资金/成本预算的限制,而无法借助摄影棚、为确保摄影机稳定运动所铺设的轨道、减震器、升降机、摇臂等等价格昂贵的器械;或者它仅仅是因为创作人员的技术素质和制作质量问题而出现的瑕疵;但它也可能是一种自觉的风格元素:一如 20 世纪 90 年代以来世界艺术电影纷纷采用的不加减震器的手提摄影机,重新追求和创造一种关于社会真实的表述形态。

而巴赞所倡导的"纪实美学"中的重要手段——长镜头,便极为紧密地联系着场面调度元素。所谓长镜头不仅指胶片尺数长的镜头,而且指在尺数相对长的镜头中包含着丰富的场面调度。它既是指在一个不间断的镜头中,人物与人物、人物与摄影机之间复杂丰富的运动形式,又是指对景深镜头的自觉追求。而所谓景深镜头的自觉追求,同样不仅指充分利用了第三维度的幻觉、前后景都颇为通透的画面,而且特指在不同的景别中相关而不同的事件的发生——场面调度的又一种形态。

造型、光与色彩。另一组重要而基本的电影视觉语言元素是造型、光与色彩。所谓"造型"这一概念的定义和范畴,并不清晰统一。从某种意义上说,造型这一概念可以涵盖所有的电影视觉语言元素。但狭义的电影造型概念,则特指电影美工师的工作。我们大致可以将其分为三个方面。首先,是一部影片总体的空间造型,它间或可以成为一部影片的基调或影片中的"第一主角"——一处特定的空间形象负载着影片的意义,无言地讲述着时光的故事。它可能是电影导演的选择(选景),也可能是电影美工师的创造(制景)。其次,则是在某些影片、尤其是类型片中,造型元素成为情节发展的依据和依托。诸如灾难片中的灾难场景、科幻片中的未来或外星景观、西部片中的荒原与小镇、警匪片中呈现追逐与打斗的特殊场域等。再次,则是更为具体的美工师的工作:内景的构置与人物造型。在多数故事片——正剧或情节剧中,特定的内景常常成为人物性格与内心世界的基本呈现方式之一,人物造型亦如此。一如张爱玲所言:服装是一部随身携带的微型戏剧。

光与色彩,既可视为电影造型的基本组成部分,又可以视为电影视觉语言中的独立单元。光尤其如此。可以说,光是电影艺术存在的前提条件。所谓电影叙事正是"用光写作"的。而作为一个视觉语言的单元,我们所强调的,是电影场景、画面中不同光源的设置、光的不同强度、明暗对比与光影变化。这是极为丰富的电影叙事、表意手段之所在。而我们所说的作为电影视觉语言元素的色彩,不仅指自彩色胶片问世以来影像的自然属性,而且指影像色彩自然所必然携带的表意、修辞功能。作为电影视觉语言的色彩,必然联系着光,因为作为电影影像元素的色彩,是在不同的光源状态下的色彩变奏,我们称之为影调。在某些电影中,色彩/影调可以成为一部影片的总体造型基调之一,也可以成为影片的意义结构的主要依托。

电影视觉语言的基本惯例。就机位、构图、场面调度、造型、光与色彩这些基本的电影视觉语言而言,它们在某种意义上共用着一些基本的叙事和表意的成规与惯例。我们将其简单地概括为:上与下、前与后、正面与侧面、中心与边角、大与小、静与动、分与合、明与暗、暖与冷。

所谓上与下、前与后、正面与侧面、中心与边角、大与小,是指不同的人物或景物、道具在某一电影画面、场景中的不同位置所构成的视觉陈述。作为一种惯例,在画面构图中居上方、居高处、居前景或中心处的人物/物体,同时占据着这一场景中的主动或优势地位,形成相对正面或强势的表述;居下方、低处、后景(同时要考虑是否是为某些前景所遮挡的后景)、画面边角的元素则相反。而联系着机位的选取,摄影机与被摄体的相对角度——仰拍、俯拍或平视,正面、侧面或背面的呈现,则形成了另一组叙事表意惯例。相对说来,仰拍镜头所形成的"需仰视才见",自然构成某种正面、积极、强势的陈述;俯拍镜头则以视觉的俯瞰,构成某种负面或弱势的呈现。而正面机位相对比侧面或背面的机位的呈现更积极有力。不同的机位,同时形成了不同的景别——摄影机与被摄体的相对位置。作为一种惯例,以相对小的景别/相对大的银幕形象呈现的人物,较之相对大的景别/相对小的银幕形象,更具有规定场景中的掌控力或意义呈现的肯定价值。所谓上与下的表述,还联系着场面调度:场景中人物的运动方式与摄影机的运动方式,形成相关的意义呈现。走向高处或摄影机的上升运动,表明某种意义的提升与光明的前景;走向低处或摄影机的下降运动则成为某种否定的表述或灾难、困境的预示。

而所谓静与动、合与分,指在一幅画面或一个镜头中,相对于一个处于不断运动中的人物,一个始终处于静态的人物居于心理优势,呈现着某种对情境的掌控力;而分与合则指在同一场景的不同画面中,相关人物是否以种种方式分享同一画面,或始终处于不同画面的分割之中。从某种意义上说,作为一种电影叙事的惯例,分享银幕/画面空间意味着在某种程度上分享意义或心灵空间;而画面空间的绝对分立,则呈现截然的对立或无法交流、不可通约的状态。而这一分与合的惯例,还联系着摄影机与人物的相关运动。相对而言,摄影机与场景中人物和谐的同步运动——不仅仅是一般意义上的跟拍,意味着某种积极正面的陈述;相反,某种不和谐、非同步的运动,则构成相反的呈现。

明与暗、暖与冷,则在光与色彩的层面上构成叙事与表意的惯例。似乎已无需多言,明亮与暖调的场景比幽暗、阴冷的画面、场景更具有正面呈现的价值。

需要再次予以强调的是,这里所讨论的,始终只是某些带有约定俗成色彩的电影视觉语言运用的成规与惯例。然而,电影"就其本质而言,是一种新语言",所以它与其说是某种"电影语言语法"、某种金科玉律,不如说只是某些参考系数,某种为了跨越而架设的围栏。在电影解读中,它们同样是某种具有提示意义的参数。一个解读者应将相关的语言元素放置在电影的叙事与意义结构中,去发现其丰富的创新与变奏形态。

电影的视点。对于叙事性作品来说,叙事视点无疑是一个极为重要而基本的支点。但对电影来说,视点却不仅呈现在叙事结构中,也同时呈现在电影视觉语言的各元素之中。在某种意义上,我们可以称电影(电视)为"看的艺术"。看/视觉元素是电影(电视)叙事的言说、讲述方式。如果说,影视艺术的基本命题是"看",那么"看什么""如何去看""为什么这样看"就成为接踵而来的问题,而"谁在看"则是问题的关键,它制约、决定着电影摄影机的机位选取(摄影机所在的位置就是心灵所在的位置)、构图(小世界的微缩图景)、摄影机的运动(运动的摄影机是一部影片中真正的叙事人和评说者)。在绝大部分影片中,主人公同时是视觉叙事的中心;他/她是镜头、段落视点的设定依据,机位的选取与运动的方式参照着他/她所在的空间位置或心理感受,摄影机的视听呈现出他/她之所见、他/她之所感。需要指出的是,电影叙事一如有史以来人类叙事艺术的各种形态,必然同时联系着某种社会的权力结构,成为对类似社会结构的呈现或反抗。正如在日常生活或语言叙事艺术(小说、叙事诗、戏剧等)中,社会的权力结构呈现为作品中人物间不均等的话语权占有或话语权被剥夺;在电影中,视点、视点镜头的占有与否则成为话语权拥有或被剥夺的视觉对应物。因此,我们曾指出,故事片叙事的基本前提是将摄影机的存在、电影的叙事行为隐藏在不同的人物视点之中,将摄影机的"观看"伪装为人物对视的目光;但事实上,在电影的叙事实践中,并非所有人物都平等地拥有话语权——占有视点镜头。可以说,在故事片的银幕世界中,人物间的权力关系首先呈现为看与被看的关系。

经典电影,尤其是正剧与情节剧中频繁使用的对切镜头,正是实践和检视这种视点、看与被看的权力关系的恰当例证。所谓对切镜头,被直观地呈现和理解为对视镜头,它频繁地出现在两个或两组人物同在一个场景之中的段落,最为典型的,是其中的对话场面。表面看来,对切镜头分别呈现人物 A 和 B,似乎交替呈现 A 目光中的 B 和 B 眼中的 A。然而,在电影的实践或批评的细读之中,我们将会发现,对切镜头绝少呈现为对视镜头;镜头交替呈现的双方占据着完全对称的机位、构图及观看视点。除了在少数例外中,完全对称的镜头的相互切换,将分别出现在镜头 A 与 B 中的人物呈现为一对势均力敌的对手、生死与共的情侣或义薄云天的友人。而在多数情况下,对切镜头中的一对人物中,通常只有一个人物占有视点镜头,占有着观看者的位置,而另一个人物则仅仅处于被看的位置上。尽管似乎是人物 A 与 B 交替呈现在画面之中,但一如美国电影理论学者尼克·布朗所指出的,机位与构图的元素却可能令某一人物的形体和目光轮番控制着画面,而将另一个人物呈现在弱势或被动的位置上。诸如镜头 A 将人物 a 呈现为正面、近景间或小仰拍机位中,而这一机位却绝非人物 b 在规定场景可能占据的空间或心理位置,因此,不是人物 b 眼中的 a,而是 a 的形体控制着画面;而在镜头 B 中呈现人物 b,其机位却近乎完全吻合人物 a 在此场景中的空间位置,如果再加诸稍大的景别、侧面间或略俯拍的画面,便使得镜头 B 完全统驭在人物 a 的目光威慑之中。当然,在多数情况下,对切镜头中的权力关系并非如此鲜明易辨,而是微妙、含蓄得多。对切镜头作为电影剪辑意义上的匹配镜头,常常使用所谓的过肩镜头的拍摄,即在以某一人物形象为主要形象的画面中,带有另一人物的部分形象。于是微妙而含蓄的表达方式可能在于,当呈现人物 a 的画面中出现了人物 b 的部分形象，便意味着这一画面的机位并非人物 b 的视点镜头，即人物 b 可能正是被看的对象。当然，在另一层面上，过肩镜头的使用，不仅是大部分对切镜头构成的成规，而且也在客观上形成了此组人物在某种程度上分享画面空间的表述；在其成熟表达中，应该存在着多种微妙的变化。因此，完全分立/不使用过肩镜头的对切段落，作为特例，才成为创作或解读中的重点。如果说，看与被看，形成了电影叙事中权力结构的呈现，那么，被看的方式，则作为所谓"青睐"与"白眼"的对应，成为电影、电视叙事评判的主要途径。通过不同的人物在同一场景或不同场景中所获得的相对视觉呈现方式的参照，电影得以勾勒人物在银幕世界中的现实位置、心理体验，传达电影叙事人的价值判断。

而作为叙事结构支点的叙事视点，同样联系着电影、电视的视觉结构。一如其他叙事性作品中，一部影视作品的叙事、视觉结构的首要问题，同样是叙事视点的确定；而视点一经确定，便将影响故事呈现的各个方面。如上所述，电影叙事隐藏起叙事人、叙事行为与摄影机存在的基本成规，使得绝大多数影片呈现于全知视点之中。那姑且隐其形的摄影机，事实上充当着无所不在、无所不知的"上帝"；同时，作为这一成规的实践，这位"上帝"仍必须将自己隐藏在人物视点的背后，于是故事的主人公便成了影片中的视觉中心，成了观看行为的发出者，成了被看的主要对象。而随着电影、电视叙事艺术的深入发展，不同层面的人称叙事——所谓自知视点、次知视点、旁知视点的叙事开始出现在影视作品之中。

我们知道，不同于全知视点，在人称视点中出现了人物化的叙事人，于是故事的呈现方式、价值评判便不再具有不可置疑的权威特征。读者/观众可以在不同程度上认同于这一人物化的叙事人，也可以在不同程度上质疑这一叙事人的叙述。其中，所谓自知视点，即第一人称"我"的叙述，是指人物讲述自己的故事。故事中的"我"与讲故事的"我"形成了微妙的参差与对话，故事中的一切仅仅是"我"之所为、所想、所感。所谓次知视点，则是指讲故事的"我"是故事中一个重要的人物，但并非故事的第一主角，于是第一主角的故事呈现于某一中人的观察、参与与评判之中。次知视点和旁知视点相当接近，其不同仅在于，所谓旁知视点中的叙事人，与故事情境和故事中主人公的关系更加疏离，讲故事的"我"更多地作为一个旁观者在讲述着他人的故事。不同于小说叙事,在影视作品中,狭义的自知视点几乎无法实现。因为只有当电影摄影机"化身"为叙事人/"我"的目光时,它才可能成为"电影的"自知视点。世界电影史上绝无仅有的一次尝试,使得影片《湖上艳尸》(导演蒙高茂莱,1946年)作为失败的一例载入了史册,并成为每一位讨论电影叙事的理论工作者必然引证的例子。在这部影片中,摄影机在完全的意义上充当了主人公——一名侦探的眼睛,除了在光洁的玻璃窗或镜子面前,他始终不曾在画面中出现。这一大胆但毕竟失败了的尝试向人们揭示出:尽管摄影机能以十分巧妙而逼真的方式模仿人眼对事物的观察,然而一旦它无保留地成为人物目光与视域的替代物时,它的机械与"客观"便暴露无遗。人眼,作为永远被不同的心灵涂抹着不同色彩的"透镜",事实上是电影摄影机所无法模仿与重现的。也是通过这失败的一例,我们清楚地认识到,电影的叙事永远是在双重视点与双重视域——人物"看"的"主观"视点镜头与摄影机"看"人物的"客观"的非视点镜头的交替呈现中完成的。

因此,影视作品中的人称叙事,只能是某种意义上的次知或旁知视点的叙事。即使在人物化的叙事人贯穿始终的影片中,也始终存在着另一个构成影像的因素:一个隐形的全知叙事人。严格说来,设置了人物化叙事人的影片,便意味着影片的全部场景、至少是绝大多数场景都应以此一人物的在场、目击为前提;由于影视是一种视听艺术,而视觉语言在其中占有绝对优势的地位,所以,除了采取特殊的视觉呈现方式或成为一种结构性的因素,人物化的叙事人如果不是在场目击,无法以视觉形象"转述"他/她不曾目击的场景——除非作为某种主观想象的呈现。

电影的声音。相对于电影的视觉语言说来,电影的声音/听觉语言要简单得多。这或许由于基本的电影(视觉)语言元素,在电影的默片、"伟大的哑巴"的时代已基本成形。一个著名的说法是,"自格里菲斯以后,电影语言便没有真正的发现"。直到20世纪60年代,戈达尔以他原创而富于颠覆性的电影书写再次更新了电影(视觉语言)的内容。从某种意义上说,电影中的声音元素始终受到丰富的视觉语言元素的压抑,没有得到充分的发展。

可以说,电影的声音是电影语言中最具有现实主义特征的元素,因为声音空间是一个具有连续性的空间因素;声音成为一个勾勒银幕空间形象并拓展其画外延续的空间世界的重要因素。同时,声音又可能是电影语言中非现实主义乃至反现实主义的元素。因为,电影的对白无疑可以被直接用作某种说教工具或意义的传声筒。重要的声音元素之一——音乐,尤其是其中的所谓主题音乐、情绪音乐及插曲,事实上可能成为电影中最具有诱导性乃至暴力性的因素,它可能遮蔽电影画面丰富的多义性,而赋予其单一的倾向与意义。因此,所谓商业电影与艺术电影的表面区别之一,便是对白、主题、情绪音乐的滥用与对白、音乐使用的极端节制或高度风格化。

对白。毫无疑问,对白是电影声音元素中重要和基本的因素。在故事片中,对白这一元素同样可以细分为对白、(内心)独白、旁白,并和所有的电影声音一样,可以分为画内、画外音。简单说来,除了特殊的、追求高度风格化的影片,电影的对白应是高度口语化与情境化的;除了在机位特殊的情形下,电影对白构成的基本成规,是避免声画叠用,除非在表意层面上彼此重复的画面与声音构成了特殊的风格或表达出不同的意味。

音响(效果)。事实上,音响,而非对白,是电影听觉语言中最重要的元素,它作为现实主义的因素赋予并强化了银幕世界的真实幻觉。也正是所谓电影的音响或音响效果,划分出电影声音制作的不同方式:录音(前期声)、配音/拟音(后期声)。从某种意义上说,电影声音不时成为摄影机重要的运动动机之一。一个多少矫枉过正的说法是,相对于大千世界所可能提供的丰富的声音,画面所对应的视觉呈现手段极为单调。因为声音可能提出无数种问题,而摄影机始终只给出一个答案:在这里。某种声音元素的介入,常常成为静止的摄影机开始运动的动机,而类似摄影机运动常常以发现、呈现出声源所在为目的。

音乐。如上所述,音乐无疑是电影声音中重要而又游移的元素。在某些电影中,电影音乐可以成为影片的灵魂,但也可能仅仅是苍白无力的视觉形象的填充物。而更多的情况下,它成为强化或确定影片的情感基调乃至价值评判系统的强制性手段。在很多时候,电影音乐可以在某种程度上脱离影片而作为独立的音乐作品存在。避免音乐的外在与强制性的方式之一,是所谓的"音乐音响化":尽可能地在叙事情境中获得有声源音乐,即在电影场景中为音乐的出现提供情境依据,或者将音乐内在地结构为电影叙事的单元。

另一些电影视觉语言的元素,并非出现在电影前期拍摄中,而是出现在电影的后期制作之中。

剪辑/蒙太奇。所谓电影的剪辑亦称蒙太奇。蒙太奇这一概念的基本含义,便是将片片段段的胶片组合为一个完整流畅的时空连续体的过程。然而,这一概念同时联系着电影史上一种特定的电影实践:苏联蒙太奇学派的电影理论、美学观念及其艺术实践。对于苏联电影学派说来,蒙太奇这一概念包含着对电影叙事、表意方式的不同界定。蒙太奇学派认为:其一,单镜头不表意。其二,两镜头的组接,其意义不是两镜头相加之和,所谓1+1大于、不等于2。其三,电影的意义产生于镜头与镜头的组合与撞击之中。20世纪后半叶,巴赞"完整电影的神话""纪实美学"的理论与实践,在艺术电影领域中渐次取代蒙太奇;而苏联蒙太奇理论作为一种实践理论,渐次剥离了原有的意识形态色彩,更多地在MTV、影视广告中显示其实践的功能意义,逐渐失去了作为电影叙事、表意的基本语言语法的地位。但正是蒙太奇学派的理论凸现了电影剪辑的功能:它并非仅仅是电影制作中的工艺过程,而是电影美学的创造性空间与电影叙事的诸多成规、惯例得以确立并发挥其功能的一个场域。

如果我们姑且将苏联蒙太奇学派的理论与实践称为狭义蒙太奇,那么广义的蒙太奇便指称着一般意义上的电影剪辑过程。电影的剪辑过程通过"分镜头"把分解、片段化的空间重新组合为一个在连续的时间/情节发展中呈现的"完整"空间。这不仅是在连续的时间幻觉中"复原"一个现实空间的过程,而且是创造、建构出一个迷人的幻觉时空的过程。在极端的例证中——诸如运用"蒙太奇地理学"或高科技电子技术,最后出现在银幕上的逼真的银幕空间形象,原本是子虚乌有。可以说,影片是在剪辑中诞生的。

就电影剪辑而言,若干基本的成规如下:

轴线。首先,电影的剪辑,大都恪守着镜头与镜头组接间的"轴线原则"。所谓轴线,是指与摄影机镜头焦点的垂直延长线做一水平切线,形成一个180度角。依照所谓轴线原则,即同一场景中的相邻镜头,其机位选取应在这180度角之内。这样才能保持视觉呈现/观看中清晰的方位感与连续性。当人们必须在同一场景中改变其轴线位置时,通常采取的是插入一个机位"骑"在轴线上的镜头或一个空镜头。否则,将造成视觉呈现与观看的空间错乱感,即"跳轴"。

匹配镜头/配切(match shots or match cut)。按照轴线原则与叙事、人物视点而形成的镜头匹配的成规,是制造时空连续感的重要手段。诸如在大部分的故事片或电视剧(尤其是在所谓正剧与情节剧)中,镜头组接的基本依据是三段式的:全景镜头交代空间环境,双人中景给定人物关系,对切镜头/中、近景或特写镜头的正、反打展开故事情境。作为一种成规或曰滥套,禁止使用两极镜头——全景切近景或特写。但我们已经提到,一部电影艺术发展史便是一部打破成规、跨越围栏的历史。在先锋电影或艺术电影中的极端尝试与僭越,一旦获得成功,便会很快为主流商业电影所采用,由一种语言的反叛和反叛的语言,转化成一种"无害"的新语言形态。两极镜头便是如此。20世纪60年代以后,它成为电影叙事中一种新的惯例:跳切。

平行蒙太奇。所谓平行蒙太奇无疑是电影叙事惯例中最为著名且重要的一种。它指的是叙事在不同空间中同时发生,相关叙事线索交替呈现。诸如追逐场景中的追、逃双方,迫在眉睫、即将降临在主人公身上的灾难、威胁与正在赶来的营救者。在平行蒙太奇段落中,通常是从彼此密切相关的不同叙事线索相对从容的交替呈现,到镜头渐次缩短,交替渐次频繁急促,叙事节奏不断加快,直到两条线索重叠在一起。由于平行蒙太奇最为突出的例证,在于商业类型片、尤其是动作片中千钧一发的时刻,救援者赶到的高潮段落,因而以"最后一分钟营救"著称。这是电影叙事艺术中一种最为"古老"却青春常在的叙述手段。

对切镜头。我们在电影视点中已经讨论过对切镜头的典型形态:两位或两组人物间的对话或对峙场景。对切镜头是一种基本的匹配镜头,一种影视叙事的重要惯例,因为它通常以剧中某一人物的视线/视点为中心和依据,因此成为最典型的看(观者)被看(对象)、被看(对象)/看(观者)的复沓呈现。它也因此而成为一种不受轴线限定的镜头组接方式。作为一种电影创作实践的惯例,事实上相当单调的对切镜头,要求微妙的视觉调节与变奏形态。大部分的对切镜头,不仅在景别与构图上追求更为细腻的构造,而且大都采取冷/暖、明/暗、主/次间的参差对照。当然,这种视觉调节方式,也同时必然成为电影表意的一部分。

　　对切镜头,也是关于电影叙事结构的**"缝合体系"**的有效例证。"缝合理论"表明,观影行为本身已然是一种阐释过程;我们会发现,影像意义的产生与获得,事实上是在一个逆推或曰追溯的过程之中。因为所谓镜头组接的视点依据常常是镜头A:一个"无人称视点镜头",它可能没有(可确认的)意义;继而,反打镜头B中出现了观看主体,镜头A便参照观看主体而被赋予了意义。同样我们也可能首先在镜头A中看到一位观看主体,继而在镜头B中看到他/她所瞩目的对象;镜头B的内容解释了镜头A中的观看者在这一场景的位置,揭示了他/她的内心活动。当然,作为当代电影理论的重要论述的"缝合体系"所表述的不止如此。其重点在于以此为切入口,揭示电影的"缝合体系"正是通过对切镜头结构,成功地隐藏起摄影机,隐藏起叙事/话语行为的痕迹,从而通过诱导观众对情境中的观看者、观看视线—视点的认同,成功地实践其"意识形态腹语术"的功能。这些,我们将在"意识形态批评"一章中深入讨论。

　　在银幕世界中,一如完整连续的空间常常是一种电影魔术所创造的幻觉,时间的呈现同样在电影中获得了最为自由而富有创意的呈现。应用于电影剪辑的诸种成规、惯例,许多联系着时间的重构和创造性呈现。在某些情况下,正是时间的呈现成为影片的真正主题。

　　闪回与闪前。所谓闪回,是指前于被述时间发生的场景插入到影片情节的顺时叙述之中。这是电影呈现追述与回忆/记忆场景的特定方式,也是电影建构、呈现心理时空的诸种方式之一。然而,闪回并非仅仅是一种补充情节前史、解释事件脉络的便捷方式,相反,闪回的使用不仅应具有充分的情境与心理依据,而且应成为叙事、意义结构的有机组成部分,获得视觉呈现上的特殊处理。简单说来,闪回段落应多少区别于顺时叙述的段落与场景,成为一个可以辨识的特殊段落;同时,闪回段落进入的切点——剪辑点的选择,便成为一个极富挑战性的课题,同时也是解读时应予以特别关注的要点。在结构性、创造性应用闪回叙述的影片中,相关剪辑点的选择,无疑是把握叙事、意义结构,展现或阐释人物行为逻辑及文本/话语逻辑的关键点之一。

较之闪回,闪前是预述尚未发生的事件、展现尚未到来的时间,较少为影视的叙事所应用,除非在特殊类型的要求与特定风格的诉求或相对繁复的叙事结构之中。

电影的光学标点:渐隐,渐显,溶(叠化、长叠化)。我们可以将电影镜头剪辑中过渡性的光学手段,视为电影叙事的标点。其中渐隐、渐显、溶,以不同的方式成为电影中的时间省略法,意味着一段时间的流逝。我们也可以将其视为电影叙事中的删节号、省略号或"另起一段"。所谓渐隐,通常是指一个叙事段落终结时,画面渐渐隐没在黑暗之中。渐显则相反,通常是一个叙事段落起始时,画面从黑暗中渐次亮起。作为一种惯例,渐隐和渐显常连续使用,表明此间一段"略过不表"或相对于叙事情节而言的无为时间的省略。然而,这种电影特定的标点、时间省略号,也同样作为一种视觉语言内在地介入到电影的叙事与表意之间。当一个场景缓缓地渐次隐入一片黑暗之中的时候,同时可能传递着某种不祥的预感、某种前途未卜的忐忑。当两个相邻场景的尾、首镜头叠印在一起,前者渐次淡去,后者渐次明晰时,我们称之为"溶"。它表明一段时间的消失,或者传递着一份余音袅袅的心理或时间体验。

至此,我们仅仅在约定俗成的意义上,对电影的叙事语言——成规与惯例,做了极为粗略的介绍。可以说,对电影语言的系统而深入的理论研究,肇始于第一电影符号学。电影符号学的最初尝试,参照、类比着自然语言,依据结构主义之父、瑞士语言学家索绪尔的论述与法国理论家罗兰·巴特的符号学理论,建构着电影语言学。这一尝试却成为一次失败。如开篇所述,第一电影符号学以其科学证伪的十年意识到,电影语言无法类比于自然语言。它不是一种语言系统,而是一种有理据的符号,而且我们无法确认其最小单位。但在这次失败/证伪基础上,克·麦茨建立了他关于电影的大组合段理论,将电影叙事、表意而非电影语言的基本单位确认为"独立语义段"。

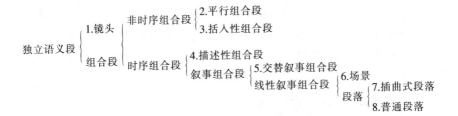

依照麦茨的思路,电影叙事的基本单位——独立语义段,在电影文本中具有8种形态:

1. 镜头:单镜头,呈现了具有相对完整、独立意义的影像;长镜头:一场戏在一个镜头内发生。

与具有独立意义的镜头相平行的,则是组合段,即若干镜头构成了一个相对独立的叙事与意义段落。电影叙事组合段的两种基本形态,分别是非时序组合段(其中的镜头组接具有时空交错的特征)和时序组合段(其中的镜头、场景依据连续的时空予以呈现)。非时序组合段的两种类型分别是:

2. 平行组合段:在麦茨的论述中,平行组合段不同于平行蒙太奇,意指两个以上场景交替呈现,但其时空关系并不具有确定无疑的直接相关性。

3. 括入性组合段:打破连续的时空叙述而插入的一个段落或场景,最典型的例子是闪回或闪前。

而时序组合段的分类则更加丰富:它首先分为描述性组合段和(一般)叙事组合段。其中:

4. 描述性组合段,指若干镜头构成对某一时刻、场景的描述和呈现,相当于文学书写中的环境描写或背景交代。

(一般)叙事组合段进一步分为:交替叙事组合段和线性叙事组合段。其中:

5. 交替叙事组合段:相当于我们通常所说的平行蒙太奇。指两个不同空间在同一时间发生的相关事件的交替呈现。

而线性叙事组合段再细分为场景和段落。段落则划分为插曲式段落和一般性段落。

6. 场景：是指不同的镜头连续呈现同一空间。一个叙事段落在同一空间内完成。而段落则意味着一个叙事、意义段落在不同空间内展现。

7. 插曲式段落，指这一段落中发生的事件与主要情节没有直接的密切相关性。

8. 普通段落，即一般性段落。

我们将在此后的章节中进一步说明，第一电影符号学意味着现代电影理论的开端，意味着电影理论的结构主义时代的开启。它不再是一种创作、实践理论——尽管毫无疑问，现代电影理论将电影视为一种社会实践、一种表意实践，而电影理论与批评是一种与之平行而非附庸的表意实践。第一电影符号学，尽管以建立严格意义上的电影语言学的失败为开端，但同时却在另一层面上强化了对电影语言、电影符号的重视。因为从符号学的角度看来，任何表意实践都首先建筑在其能指（媒介）的展开方式之上。

下面，我们首先通过伊朗电影《小鞋子》——一部情节结构单纯而清新感人的影片，初步进入对电影语言、电影叙事的讨论。

第二节 伊朗电影与《小鞋子》的叙事结构

从某种意义上说，《小鞋子》是一部非常典型的伊朗电影。准确地说，是一部在国际视野中、在环球电影舞台上具有典型特征的伊朗电影。20世纪八九十年代之交，伊朗电影导演阿巴斯·基亚罗斯塔米开始以他的作品在欧洲国际电影节上频频获奖，并迅速成为国际电影艺术大师之一。这成为一个重要契机，与伊朗国内政治文化格局相呼应，带动了伊朗电影新浪潮的出现。

如果对伊朗电影新浪潮做一个粗略的概括，那么其影片的主要特征是：低成本、小制作，以孩子为多数影片的主角，呈现孩子们眼中的底层人的世界。影片的叙事动机和情节线索大都极为单纯乃至微末，叙事基调则充满了苦涩的柔情。而且不同于多数第三世界国家导演在欧洲国际电影节上获奖的作品，伊朗电影新浪潮初期的作品都是体制内制作。尽管和许多第三世界国家一样，伊朗有着相当严格或称严苛的电影审查制度，但伊朗电影新浪潮前期的作品却不仅在体制内制作，而且较少与伊朗电影的审查机构发生冲突与摩擦。换言之，这些在国际视野中获得普遍赞誉的作品，同时成功地规避了审查制度中关于政治、社会、宗教等诸多禁忌的因素。几乎所有这些典型特征，都集中呈现在伊朗重要导演马基·马吉迪的作品《小鞋子》之中。

《小鞋子》的英文片名为《天堂里的孩子们》，犹如一首诗，又如同一段反讽。故事中的一对小兄妹——阿里和莎拉，聪慧、善良、善解人意而天真无邪，如同天堂中的孩子；但他们同时却无时

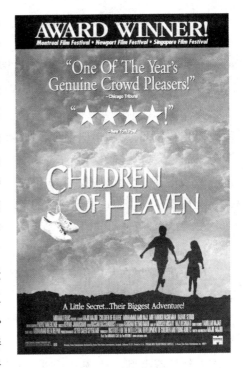

《小鞋子》海报

无刻不在承受着底层极度贫穷生活的重负，早早地经历着现实的磨难。影片的情节主体是一件似乎微乎其微的小事：哥哥阿里无意中丢失了妹妹莎拉的一双早已破旧不堪的小鞋子；但那是莎拉唯一的鞋子，失去了它，她便不能前去上学。他们不敢向父母道出真情——不仅是惧怕惩罚，更重要的是，他们知道母亲卧病，负债累累的家庭根本无力购买一双新鞋子。于是，这微末的小事便成了孩子世界中真正的灾难与困境。他们以孩子的纯真和孩子的智慧尝试挽回这灾难，挣脱这困境。整部影片便充满了孩子们令人心酸的徒劳的挣扎。然而，这围绕着小鞋子的故事，却又始终为温暖的柔情所辉映：兄妹间的亲情默契，充满辛酸却不时盈溢着喜剧感的场景，共同构成了平凡不幸的善良人的世界。幸运中的不幸：为了给妹妹赢得一双新鞋子而全力争取马拉松比赛第三名的阿里，"不幸"地赢得了第一名，因此失去了小兄妹俩梦想、渴望中的"救赎"。那冠军的奖杯成为令阿里绝望、无颜面对妹妹的耻辱。整部影片充满了含泪的微笑、辛酸的温馨。

我们首先参照麦茨的组合段理论,对《小鞋子》的叙事做一个简单梳理,以清晰地展示这部影片的变奏曲。

1. 序幕,段落:9岁的阿里为妹妹莎拉修补好水粉色的小鞋子,为家里买了饼,在赊买土豆时小鞋子被人误认为垃圾收走。阿里丢失了妹妹的小鞋子。

2. 段落:惊恐的阿里回家时遇到了逼租的房东辱骂生病的母亲,他告知妹妹,许诺找到鞋子。

3. 段落:阿里奔出去找鞋,未果。

4. 段落:夜晚,阿里受到父亲的责骂,恳求妹妹和他分穿旧球鞋。

5. 段落:翌日清晨,莎拉穿着哥哥不合脚的破球鞋前去上学。体育课上,穿皮鞋的同学跳远跌倒,老师鼓励穿球鞋让莎拉略感释然。

6. 段落:阿里在巷口焦急地等待着妹妹/鞋子前去上学,尽管莎拉奔跑着回来,阿里还是迟到了。

7. 线性叙事组合段:兄妹俩洗刷球鞋。晚上,全家人聚在一起。雨夜中,莎拉唤醒阿里取回鞋子。

8. 线性叙事组合段:莎拉因课堂测验延误了时间,在跑回家的路上鞋子落入水沟。阿里责备妹妹。他再次迟到,遭到教务长训斥。但他的作文得到高分。在回家路上,他碰到妹妹,将老师奖励的圆珠笔送给妹妹,兄妹和好如初。

9. 插曲式段落:阿里将妈妈烧好的汤送给邻居。

10. 线性叙事组合段:莎拉在操场上发现有人穿着自己丢失的小鞋子。她在课间休息时发现了它的主人,下课后跟踪获知了她的地址。阿里因此再次迟到。教务长将他逐出学校,幸得老师说情。兄妹俩前去追回小鞋子,却发现那小姑娘的父亲是位盲人。兄妹俩默默离去。

11. 插曲式段落:清真寺礼拜。父亲和阿里为众人奉茶。父亲得到一套园艺工具。回家后父亲与母亲商议假日到富人区去做园丁。

12. 线性叙事组合段:父亲用自行车载着阿里穿过城市来到富人住宅区。他们一次次地按响门铃,遭到拒绝。终于,一个渴望玩伴的小孩子让爷爷雇用了阿里父子。阿里和孩子相伴,父亲的劳动得到了丰厚的报酬。但在父子高高兴兴回家的路上,自行车刹车失灵,跌伤了父亲。父亲的伤情使家里的情形雪上加霜。

13. 段落:莎拉下课后向家中奔去,不慎失落了阿里送给她的圆珠笔。盲人家的小姑娘拾到笔,但没有追上莎拉。

14. 场景:学校操场上,老师宣布即将举行城市学生马拉松的消息。阿里看了看自己的破球鞋,在心里放弃了报名。

15. 插曲式镜头:盲人家中,小姑娘取出拾到的圆珠笔,珍爱地用它试写作业。

16. 场景:学校操场上,盲人家的小姑娘将圆珠笔还给莎拉。

17. 场景:盲人给自己的女儿买了新鞋。同时,阿里的父亲也在鞋店外看鞋。

18. 场景:盲人之妻用曾是莎拉的小鞋子向收废品的老人换了洗菜筐。

19. 场景:盲人家的小姑娘穿了新鞋上学,遇到莎拉。

20. 线性叙事组合段:阿里在教室中看到操场上马拉松赛的预选。下课后老师公布参赛名单和比赛预定的奖品。第三名的奖品——一双运动鞋攫取了阿里的目光。他前去哀求老师让他参赛。在流泪恳求和测速之后,阿里获准参加。他奔回家中告诉妹妹喜讯。

21. 叙事组合段:马拉松赛场。阿里在奔跑。平行插入镜头:莎拉奔跑回家。阿里获得了领先地位,让自己保持在第三名的位置上。但追上来的同学绊倒了阿里,阿里再次追赶时进入冲刺,在奋力追赶之时冲过了终点。人们告知他得了冠军,阿里流下了绝望的泪水。

22. 插曲式镜头:阿里的父亲为家中购物。

23. 阿里回到家中,无颜面对妹妹期待的面容。当莎拉失望离去之

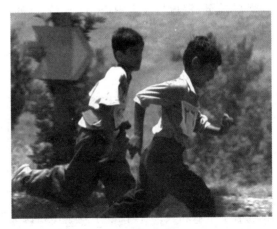

《小鞋子》剧照

后,阿里独自将自己满是水泡、血泡的双脚浸入院中的水池。

在这一依照大组合段理论排列的一览表中,我们可以看到,影片有着严格的顺时、线性叙事结构,只有马拉松赛的途中,当阿里显然抵达了疲劳极限,开始被人超过时,插入了妹妹莎拉为了及时把鞋子"传递"给哥哥而拼命奔跑的镜头。所有段落首尾相接,从容而缜密;除了线性叙事组合段21,一个自卓别林的《寻子遇仙记》到德西卡的《偷自行车的人》,已成为某种贫贱父子情趣盎然的都市悲喜剧模式的段落外,每一个独立语义段——段落、场景、镜头、组合段,紧密地围绕着妹妹的小鞋子这一极为细小、几近单薄的叙事线索,不断变奏出新的叙事动机和叙事线索。

序幕,段落1以一个长镜头(片头字幕衬底)从容地呈现修鞋师傅一丝不苟地修补着莎拉那已经开绽、破旧的小鞋子,尔后,年仅9岁的阿里拿着它们,在为家中赊买土豆时,如雷轰顶地发现自己丢了妹妹的鞋子。影片在第一时刻将观众带入一个底层社会的图景之中,带入一个孩子纯真而无助的世界,带入一个微不足道、对孩子们来说却构成灾难的情境之中。孩子们恐惧着父母责骂,同时又早熟地分担着家庭压力,小兄妹达成默契,他们将分享阿里那双同样破旧的球鞋,共同保守这一鞋子丢失的秘密。接着叙事线索转换成莎拉必须穿着哥哥不合脚而破旧的球鞋的耻感和每每因莎拉即使拼命奔跑仍不能及时回家,造成阿里——无疑是一个优等生上课迟到的焦虑。一次次插曲性的变奏:小兄妹俩快乐地洗净那肮脏的球鞋;深夜从大雨中"抢救"被淋湿的球鞋;过大的鞋子从奔跑的莎拉脚下掉入水沟,阻塞在石桥下,幸蒙好心人相助;小兄妹的冲突与和解。尔后剧情似乎即将发生戏剧性转折:莎拉居然在学校操场上发现有人穿着自己的小鞋子。但这一发现却不能帮小兄妹脱离困境:出自对处境更为艰难者的同情,他们无言而沮丧地放弃了收回小鞋子的努力。情境再一次出现亮点:前往富人区打工的收获,让阿里大胆地向父亲提出了给妹妹买新鞋的提议,这在父亲的白日大梦——买新家具、新冰箱甚至改租大房子的未来设想中,如此微不足道而且可望可求。然而,失灵的自行车事故将这一美妙前景变为现实噩梦。情节再次变奏:盲人家的小姑娘竟拥有了一双新鞋,但莎拉的小鞋子却再次无法追回。一个期待中的幸运转折悄然介入:马拉松赛的消息开始编织在剧情之中,直到特写镜头——阿里期待和兴奋的视点中——奖品列表中的一双运动鞋的字样。影片的高潮戏，也是这部由细节、日常生活场景、孩子们单纯而微妙的心理波动组成的影片中最长、最为完整的情节段——比赛及其悬念：阿里能否赢，重要的是能否赢得第三名而非冠、亚军，干脆说，是能否赢回一双新鞋子，便构成最为激动人心又催人泪下的场景。而阿里的全胜成了他的失败：他赢得了冠军，失去了得到新鞋的莫大期待。孩子们为改变自己艰难、尴尬处境的努力再次成为徒劳。特写镜头再次为奖品桌上那双崭新的运动鞋所充满，依旧是阿里的视点，却是他绝望、自惭而无助的目光。继而，是影片的尾声：颓丧、"耻辱"的胜利者阿里回到家中，抚慰他的只有池中的游鱼。然而，作为一部充满苦涩柔情的情节剧，影片安排了救赎的出现，但不同于好莱坞电影的大团圆结局，没有父母终于理解了可爱而出

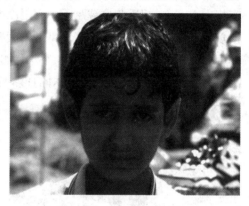

《小鞋子》剧照

色的阿里的场面，没有孩子们终于得到了新鞋子的狂喜，只是一个似乎不经意的插曲：显然拿到了薪水的父亲为家中购物，中景而非特写镜头中，摄影机 90 度摇拍，将镜头由自行车旁的父亲摇向自行车尾的购物筐，观众依稀可以看到筐中并排放着一双红色的小皮鞋和一双雪白的新球鞋。于是，尾声中，阿里艰难地脱下鞋子，我们看到那为小兄妹共同穿着、每日奔跑、刚刚经历了漫长的马拉松赛的球鞋已彻底破烂，磨穿的鞋底从鞋帮上脱落下来。但此前的插曲式镜头——父亲车筐中的新鞋，已将这一细节转换成充满爱怜的温情，而不再仅仅携带着伤痛的意味。

在《小鞋子》中，小兄妹俩、尤其是哥哥阿里无疑是故事的绝对主角，是叙事的中心和影片视觉结构的中心。但同样有别于好莱坞电影的叙事成规、又遵从着性别书写的惯例，影片中的小兄妹更多地被放置在被看而不是观看者的视觉位置上。多少带有纪录风格的手提摄影机跟拍场景，将小兄妹置于纪录对象的位置上。可以说，他们成了这幅催人泪下的伊

朗社会底层画面中清纯迷人的风景。而这一视觉呈现方式的结构性设定，同时呈现了阿里、莎拉兄妹在社会生活中低下而微不足道的位置。一如他们的年龄和他们的家庭、他们的社区不可能赋予他们哪怕极为微小的权力位置，他们因此也无法在影片叙事中占有任何视点权——主动观看的空间。有趣的对照是，在影片中，阿里更多地呈现为一个行动主体，他和妹妹共同背负起母亲卧病时的家务重担，在无穷地等待妹妹/鞋子、努力按时到校、徒劳地试图为妹妹找回/赢得一双新鞋。他没有闲暇、没有权力去观看；相反莎拉被赋予了有限度的观看/视点镜头。一次次复沓出现的场景，是在莎拉必须穿着哥哥的大鞋走向学校、度过校园时光的段落中，出现了莎拉的视点：那是一个小姑娘焦虑的目光——一点点自尊与虚荣、巨大的耻感和无助，让她不断地将目光投向自己无处躲藏的双脚，

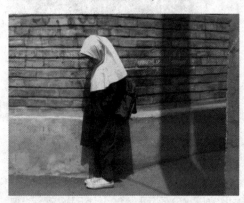

《小鞋子》剧照

投向同学们一双双色彩各异但合脚、间或崭新漂亮的女童鞋。段落5，近景镜头中，打开的院门间伸出了小姑娘怯生生的头，她向外望去，反打，清晨的小巷中空无一人，镜头切为莎拉迟疑地迈出了大门。小全景镜头中，忐忑不安的小姑娘沮丧地低头走来，停在小巷口上，近景，莎拉注视着画外前方，反打，全景画面中同学们纷纷跨入校门，切换为莎拉的小全景，她低头看向自己的鞋子；莎拉匆匆地跟在同学后面进入学校，摄影机跟拍。体育课上，近景，莎拉忧伤、紧张的面容，低垂着目光，反打，摄影机摇移过同学们脚上一双双各色皮鞋、运动鞋，镜头切换，特写镜头中，穿着哥哥脏球鞋的双脚紧张地向后缩。当小全景镜头中，同学摔倒，老师表扬了穿球鞋的同学，切换为特写，莎拉终于展开了一个灿烂的笑容，切换为俯拍镜头的特写：向后缩的双脚前移，站到了正常的队列位置上。类似的特写主观视点镜头不断与莎拉相伴随，展示了孩子眼中的世界，那狭小的空间展示了她微末的期盼、细微的心理波澜：拥有一双自己的鞋子，哪怕是破旧

的鞋子的愿望,充满了莎拉幼小的心灵。

影片极为细腻传神的,是此前的一幕(段落4):劳作了一天归来的父亲,全然不知道孩子们已遇到了天大的难题(当然,如果他知道,一定是一顿怒骂或责打),心疼地责怪妻子不该劳作,诅咒房东的无情,迁怒于小阿里不懂帮助母亲。孩子们便在这份紧张不安中,在父亲气愤的目光下,一边做作业,一边通过笔谈试图解决他们的困境。这一场景,在中景镜头——父亲不时投向孩子们的威严目光,以及正面近景中的阿里和莎拉三个机位间切换,其中父亲是唯一占有了观看/视点镜头的角色,但显然对发生中的一切视而不见。并不占有视点机位的小兄妹,却显然知晓这一场景中发生着的一切,但他们无能为力。画面渐次转换成莎拉和阿里之间水平镜头的切换,莎拉愤怒而绝望,阿里负疚而无助;他开始恳求妹妹——不是隐瞒自己的错误,而是体谅困窘艰辛的父母。景别渐次缩小,变为大特写中孩子们的字迹。莎拉无疑被哥哥的恳求所打动,同时深知即使挨骂、挨打,也未必能换来一双新鞋子,除了负债累累,家中显然一无所有;莎拉痛苦的迟疑,呈现为她细小的手指不断地抠着手中的半支铅笔,一只手——哥哥阿里的手把一支崭新的铅笔推到妹妹面前,一个无声的哀求。终于,莎拉接下了铅笔,接受了哥哥的建议,达成两人间的默契。另一家中的夜景:一家围桌而坐的时刻,画面并不稳定的电视广告里出现了鞋子。画面先后攫取了两兄妹的目光,他们悄然对视:内心复杂而无助。

影片最为精彩的段落——尾声中,先是近景镜头呈现在院中水池边忙着为小妹妹洗刷奶瓶的莎拉,画外的开门声让她回过头,意识到是哥哥比赛归来时,她的小脸上充满了期待的灿烂笑容。镜头反打,小全景中的门洞仍空荡着。终于,阿里出现了,他拖着脚步,不曾抬起头来。莎拉继续以她充满希望和询问的目光迎接着哥哥,反打,小全景中阿里倚着墙角停在那里,低垂着双眼回避妹妹的目光。近景镜头中,莎拉的笑容黯淡了,最终完全消失,巨大的失望使她几乎是谴责地注视着哥哥。镜头切换为俯拍中的小全景,阿里迟疑地向前走来,进入到莎拉所在的画面,但仍然不肯与莎拉对视:他无法解释,他没有给妹妹带回他许诺过的新鞋子,而他竟得了第一名!画外传来了婴儿的哭声,忍受着巨大失望的莎拉紧绷着小脸走出画面——她仍必须履行她的责任,一个小姑娘在承担着原本属于母亲的沉重的家务劳作,留下了无地自容的阿里。

整部影片采取了并无新意但独具匠心的段落过渡与组接,使电影叙事缜密、流畅。诸如阿里奔出去为妹妹找鞋子,没有帮母亲洗刷地毯,为父亲不知情的责骂埋下了伏笔;而他试图翻拣垃圾寻找鞋子时,却插入被社区的长者叫住,让他带回礼拜用的糖块,委托父亲敲碎的闲笔。下一段落的开端,镜头便从父亲将糖块敲碎的画面中拉开,进入我们讨论过的段落4。而小兄妹几乎出神地注视的电视中的鞋广告被接收问题的雪花所打断,当画面恢复时荧屏上雷电交加,这画面直接切换为深夜时分窗外的闪电雷鸣。担心着鞋子的莎拉唤醒了哥哥。影片中一次次地让必须为生病的母亲分担家务而且无疑为妹妹的鞋子问题所折磨的阿里,拒绝同学叫他加入游戏、踢球的召唤。直到他以绝对优势从马拉松中胜出,我们才体认到这原本应该是一个多么爱玩和会玩的孩子。

在这部可爱单纯的影片中,小鞋子的变奏在不同段落中不断转换为不同的情感、情绪、事件序列,转换为新的叙事动机。在影片的最初部分中,小鞋子的故事转换成莎拉的耻感和阿里不断面临上课迟到的焦虑。这两条线索的交汇,便是小莎拉一次次在摄影机跟拍中、在一个个长镜头里奔过大街小巷,镜头平行切换为焦虑不安的阿里一次次地凝望着空空荡荡的巷口。这也造成了小兄妹间的口角和冲突。而当阿里迟到,为教务长所斥责并盯住的线索仍在延续;在莎拉那里这一线索转换为小鞋子的发现。当他们显然放弃索回小鞋子的希望时,阿里为抚慰妹妹而转赠金色的圆珠笔,将小莎拉和穿着水粉色小鞋子的姑娘联系在一起。两个小姑娘显然开始建立起某种友谊的时候,那姑娘脚上的新鞋子却再次唤起了莎拉无法明言的小小怨气。清真寺及其后的打工场景暂时将故事带离小鞋子的线索,但那线索仍在延伸:在清真寺里,阿里的工作是为做礼拜的人们整理鞋子;而当父子俩赚到了第一笔钱,阿里立刻在美好的未来畅想中添上妹妹的新鞋子。直到马拉松赛的消息进入,引出了高潮戏。

在这部尽管充满了柔情但无疑饱含辛酸的影片中,池中红色的游鱼成了一个鲜明的亮点,一个快乐与微笑(尽管可能是含泪的微笑)的节拍器。第一次充满欢乐的场景,是小兄妹一起将男孩子肮脏的球鞋洗净,观众同时第一次清楚地看到了池中的红金鱼；而阿里获准参赛，快乐地奔回家来告诉妹妹喜讯时，观众第二次看到了池中的红色鱼群；最后一次，尾声中，失败的、几乎被负疚感压倒的冠军阿里坐在池旁，池中的红色金鱼如同精灵般抚慰着他肿痛的双脚、沮丧的内心，抚慰着观众盈溢着同情而充满感伤的心。

第三节　叙事·表意·修辞

和大部分优秀的伊朗电影一样，马基·马吉迪的《小鞋子》以委婉柔和的方式触及了当代伊朗深刻的社会问题。首先是贫穷或曰严重的贫富分化问题。伊朗作为世界上重要的原油出口国而成为一个富庶的国家，但在伊朗社会的现实中，却是无处不在的贫穷。于是，影片《小鞋子》所呈现的，便不仅是为孩子们的心灵所放大了的忧虑和恐惧，而且是贫穷中的孩子过早地被迫体认了生活的艰辛和贫穷的父母、家庭所占据的微末而无力的社会位置。影片所呈现的并非日常生活中一幕悲喜剧式的插曲，而是凭借孩子的心灵和目光柔化了的社会现实和社会苦难。

我们在影片的序幕中，不仅看到了早已破旧不堪却被孩子们悉心珍爱着的小鞋子，而且看到了小阿里显然不是第一次、也不是唯一一次在菜店中赊账，因此他不能从货架上挑选蔬菜，而只能在丢弃于地上的等外品中选择；也是在第一幕中，我们目睹了房东对母亲的呵斥。阿里在恼怒中对莎拉所说的话，无疑是一种真实："你可以告诉妈妈，我也不在乎挨一顿打，可是爸爸没有钱给你买鞋，除非去借。我以为你懂。"毫无疑问，莎拉懂，所以她才会如此痛苦地忍受着哥哥的鞋，才会争分夺秒地奔回家中让哥哥能准时到校（尽管不是每次如愿）；她会徘徊在鞋店那货品有限但对自己来说如同富足乐园的橱窗外，会为电视中的鞋广告着迷，却默默无言。影片中的两个重要段落则相当温和而节制地呈现出那贫富分化的世界的鲜明对照：一幕是父子俩外出打工的场景。父亲的自行车载着阿里驶过大城市中心，高楼林立、车水马龙，让阿里目不暇接；不仅在视觉上呈现出一个与阿里居住生活的世界完全不同的世界，而且无言地告诉观众，阿里所居住的贫穷的、近乎前现代的世界，就在高度现代化的世界近旁；

尽管阿里的世界尚且不是在第三世界大都市近旁举目可见的贫民窟,而仅仅是现代化进程较少恩泽的部分。真正形成鲜明的贫富对比的,则是导演以喜剧风格勾勒的父子二人在富人区的历险。那无疑是第一次,威严的父亲暴露了他的卑微和寒酸,也是影片中唯一一次,父亲无保留地称赞自己的儿子,以他为荣,并且细心地呵护着他。事实上,导演同时暗示了阿里的父亲即使在他们所在的社区中,也只是处于社会的低下层:他有砸碎糖块的社区义务,他在清真寺礼拜之际奉茶的杂役身份。将这一贫富分化的事实清晰地呈现在观众面前的,则是马拉松赛的开篇处。首先是描述性的镜头,尔后是影片中为数不多的阿里的主观视点镜头,让我们看到那些与阿里的生活际遇天壤之别的孩子:围绕着他们的显然相当富有的家长,孩子们身上光鲜的运动装,不断为孩子送上的食品和饮料,自豪而呵护的母亲们手中的家庭摄像机……富有的母亲为孩子们系好跑鞋的近景镜头,对照着特写镜头:阿里系紧自己破球鞋的鞋带。

然而,至少在《小鞋子》中,导演所试图打出的高光区尚不是社会问题与社会苦难自身,而是底层社会的善良美好,他们单纯而朴素的心灵,他们微末的欢乐与忧愁。而孩子的形象永远是能有效地拨动人们冷漠或麻木的心灵的钥匙。就故事的主体而言,失而不曾复得的小鞋子的故事,无疑是一个辛酸苦涩的故事;但影片讲述故事的方式,孩子们的内心视像,影片为小兄妹、小鞋子的悲喜剧所提供的底景,却如同一片暖意盈盈的透镜,为这贫穷、苦涩的世界洒下晖光。故事中的世界,小兄妹俩的小悲欢无疑呼唤着同情与悲悯的观看,但那份苦涩的柔情或含泪的微笑却同时拒绝着任何俯瞰。不仅在修辞意义上,《小鞋子》中的阿里无疑是影片中平凡世界的小英雄(hero,英雄,同时是主人公),一个令影片的拟想观众——发达国家或第三世界的中产者间或汗颜或沉思的对象。

这是一个善良人的世界。影片自始至终几乎不曾出现邪恶或凶狠的角色。除了片头那个恶声恶气的房东,菜店的老板尽管斥骂、驱逐阿里,但他毕竟接受阿里家的赊欠;教务长尽管多少有些施虐的色彩,但他在马拉松赛的终点奔跑、呼唤的形象,多少使他更像个丑角而非恶人(尽管在其他伊朗导演的作品中,我们得知伊朗和其他多数亚洲国家一样,存在着极为严重的教育问题);而无论是学校中的老师,还是帮小莎拉从水沟的急流中捞起鞋子的小店老板,或是邻里间的互助亲情,都使得影片所呈现的世界暖意融融。影片无言地触动了人们心灵最柔软之处的,是小仰拍镜头中,小兄妹俩几乎如出征般试图去索回小鞋子,一发现那是一个盲人之家,便无言地放弃了他们的征讨之举;而盲人家

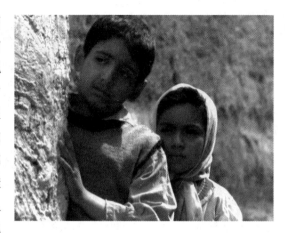

《小鞋子》剧照

的小姑娘尽管显然对那只金灿灿的圆珠笔爱不释手,却毫不犹豫地将它还给了莎拉。如果说,富人区的打工之行将伊朗社会鲜明的贫富分化正面呈现在观众面前,但此行的幸运部分是,一个在盛夏的长日中寂寞地渴望着玩伴的富人家小男孩,为阿里的父亲带来一位慷慨的主顾。而父亲在烈日下劳作的场景,伴着阿里和小男孩欢乐的游戏。当他们离去时,阿里亲切地注视着在摇椅上熟睡的孩子,拾起地下的毛绒玩具,轻轻地放在他身旁。这无疑将其间残酷的对照推到了主要视野的边缘,将柔情再度放置在中央——一个甚至没有怨、遑论怒的表述。这间或是影片一度在奥斯卡最佳外语片的候选中获得响亮呼声的原因之一。

在这个关于小鞋子的苦涩故事中,导演极为精到地以不时插入的欢快、喜剧或温情的段落,张弛得当地把握着影片的剧情与叙事节奏。在画面相对幽暗、情绪相对压抑的段落之后,导演十分自然地转入了小兄妹一起刷鞋子的场景(组合段7):明亮通透的画面、构图略去了小小院落中的贫穷气象,而突出他们身边的盆花、铮亮的黄铜水龙头、两人快乐地吹起的肥皂泡映出彩虹的色调漫天飞舞、兄妹俩灿烂的笑容和深情默契的对视。在整部影片中,导演凸现了孩子的形象,尤其是阿里那清澈的眼睛、那盈盈于眼眶中的泪水,和莎拉那瞬间照亮她整个面孔的笑容。

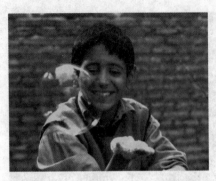
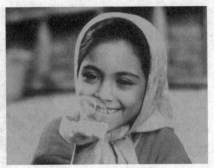

《小鞋子》剧照

从某种意义上说,影片正是通过孩子的视野和孩子的体认柔化了贫穷与苦难的图景,将第三世界普遍的苦难转移为孩子的内心体验。可以说,这也正是后冷战时代,在国际视野中重新言说社会苦难的方式与途径的变化之一。尽管从表面看来,类似的方式颇为"古老"。于是,在影片中,凸现的不是贫穷造成的灾难和苦涩,而是孩子微末的心愿和承受的委屈。诸如我们已经讨论过的,莎拉注视同学的鞋子和试图藏起自己双脚的镜头,将贫贱的悲哀转移为小姑娘爱美的"天性";诸如阿里一次次地为妹妹的小鞋子所做的挣扎为"大人们"所误解。父亲会呵斥他:"儿子,你9岁了,只知道吃、玩、睡吗?"——而我们看到,他拒绝了所有的游戏,几乎激怒了他的同学。这也造就了一个喜剧插曲:收到他拒绝字条的同学,激动地起身喊着:"这可是决赛!"而忘记了自己置身在课堂上。教务长责骂频频迟到的阿里:"不守规矩,不负责任。"——而我们看到只有9岁的阿里或许比父亲更为清晰地体认着家庭的困境,试图全力地分担生活的重担。在打工悲剧、受伤在家的父亲和母亲谈话之后,镜头切换为一旁躺着的阿里,冷调、黯淡的光区中,阿里睁着眼睛,显然在默默倾听父母的交谈,满脸忧伤。我们看到他孩子气地流着泪哀求体育老师让他参加马拉松比赛,似乎只是个参赛心切的孩子,而我们知道是怎样的动力让此前的阿里放弃早已让他怦然心动的比赛,此时又让他如此固执地坚持。

影片中的高潮戏,即比赛的段落,视觉节奏与叙事推进跌宕有致,堪称完美。校园生活中的体育赛事,原本是相当"古老"的主题。导演似乎并没有提供多少新的视觉呈现的可能。但这一段落中的每个元素都极为缜密到位,充满张力,动人心弦。比赛开始之时,导演使用了几乎是新闻纪录片式的拍法。发令枪响处,不同机位的大全景呈现奔跑中的马拉松赛选手们,我们无从发现或寻找阿里的身影。接着,在渐次接近的小全景、中景镜头中,我们看到了阿里一闪而过的身影,似乎是纪录的摄影机偶然地捕捉到了他的身影,他在众多参赛者的队列中。渐次,小全景、中景镜头开始锁定阿里跟拍。我们看到他在奔跑、在过人;连续的画面中渐次出现短暂的升格拍摄的画面,某些时间被放大,开始呈现出重要或艰难的意味。显然,阿里的拼命奔跑更快地将他带到了身体的疲劳极限,身后的孩子们开始一个个超过他。此时,影片第一次出现非时序性的切换,疲倦了的阿里奔跑的小全景画面交替切换为莎拉从学校奔回的小全景画面,似乎妹妹就在阿里身边带跑。接着兄妹的交谈、相互的责备声切入;我们看到阿里提速了——在为妹妹赢得一双新鞋,补偿她的委屈的力量推动下,阿里突破了疲劳极限。他迅速地过人,不久将所有选手甩在自己背后。此时妹妹怀疑的提问再次出现:"要是你得不了第三名呢?"阿里的回答是:"我一定能。"显然,阿里记起了,他的目的不是获胜,而是第三名,那样才能赢得妹妹的新鞋子。于是,他开始调整自己的速度。升格拍摄的画面和正常速度拍摄的画面交替出现,前者以放大的时间呈现阿里的心理体验,他故意减速,让后面的同学超过他,当然,只能允许两个人超过。阿里准确地成了第三名,他试图让自己稳定地保持在这个位置上。但是,在并非准确地定位为阿里、也许是领先同学的视点镜头中,我们可以看到比赛的终点依稀出现。所有人开始了最后的冲刺。自此刻起,所有镜头呈现于升格拍摄的画面:一个重要的、对剧中人和观众来说惊心动魄的时刻。与此同时,声音空间中响起了阿里如擂鼓般急剧的心跳声。阿里为了保持第三名而减速的时候,更多的人赶上来,他身后一个试图超过他的同学过人时撞倒了他,又一个孩子在此刻超过了他。在再次升格的画面中,小全景镜头,阿里艰难起身,奋起直追,全景,五个孩子几乎跑在同一个水平面上。民族器乐声响起——影片极少的使用情绪音乐的段落之一。跑道一旁,体育老师和教务长奔跑着、呼喊着,我们听不到他们的声音。不再是第三名的问题,而是五个孩子几乎有同等的获胜或出局的几率。阿里全力冲刺,可以看到,他以微乎其微的领先抵达了终点,摔倒在地上，其他孩子的家长纷纷涌向终点，抚慰、护理着自己的孩子。当体育老师抱起阿里，他吃力的问题是："我得了第三名？"回答是："什么第三名？你是冠军！"这喜讯无疑是噩耗。我们看到孩子绝望的眼睛里涌出了泪水。当老师将他扛在肩上，阿里的视点、俯拍镜头的领奖台上，特写镜头中不是奖杯——荣誉，而是那双如此夺目的运动鞋——他对妹妹的许诺。喜气洋洋的颁奖场景中，阿里始终在哭泣。没有人知道，他不是在喜极而泣，而是在绝望地哭泣：他失败了，没有得到第三名——一双新鞋子，他已对妹妹食言。这悲喜剧式的对照，在如同上帝般、真正的全知者——观众那里唤起了巨大的共鸣，人们在笑，含着泪微笑。于是，导演立刻以一个插曲式场景展示了父亲车上的新鞋子。观众预先获知了阿里的得救，在观众那里，他的确赢得了全胜。

影片最精彩的段落，几乎可以称为神来之笔的，是尾声段落。妹妹离去之后，仍然是俯拍镜头——阿里心中的绝望、无力感和百口莫辩的委屈的视觉呈现，他落寞地脱下那彻底报废的鞋子，脱下袜子，我们看到他的脸痛得扭歪了，特写镜头让观众看到阿里的脚：布满血泡，有些地方几乎磨烂了，一双脚近乎红肿；他伸出手，却不敢触摸疼痛的双脚。接着，在小全景镜头中，我们看到阿里将肿胀的双脚伸进了院中的水池。透过水面的俯拍镜头，我们看到放大、变形了的阿里的双脚，在冰冷的水中惬意地扭动脚趾。镜头切换为大俯拍机位中的全景：圆形的水池，池边盆栽，坐在池边的孩子，如同一幅装饰风格的图画。此时，轻快抒情的弹拨乐响起，画面切换为水下摄影，与音乐完全同步，池中那群红金鱼轻快地游来，在阿里的两腿间游动，轻轻碰撞着他的腿和双脚，小精灵般拥抱、抚慰着阿里疲惫的身体和伤痛的心灵。画面渐隐，推出片尾字幕。极为温情的场景，但纯净自然，没有任何矫情的因素。贫穷的主题、贫穷的孩子，苦难窘境中的美好纯真，也许没有救赎，但这便是影片的意义所在。这也是所谓电影作为一种新语言的力度所在。

从激进批判的视点看来，这部影片所诉求的，正是上流社会（准确地说，是中产阶级社群）的良心：唤起他们的同情，赢得他们的泪水，让他们做出某些善行以抚慰自己的良心。姑且不去评说类似观点与立场的是是非非,至少在《小鞋子》的例证中,类似影片的叙事方式和叙事基调不能在如此简单的价值判断格局中予以定位。首先,和大部分伊朗电影一样,这是一部伊朗社会体制内的作品,是一部我们间或称之为"阿巴斯·基亚罗斯塔米模式"的影片中相当精彩的一部。而阿巴斯·基亚罗斯塔米模式的出现,主要联系着伊朗社会的现实和伊朗国内电影市场。但我们也同样不能简单地将影片中社会苦难的柔化呈现、将影片中孩子们的世界和苦涩柔情,简单地理解为电影制作者对伊朗电影审查制度的妥协或"游击战"方式,而应该联系第三世界国家电影的普遍处境和伊朗电影所处的特殊情势来予以深入的分析和定位。我们将在第三世界批评一章,通过另一部伊朗电影《黑板》深入讨论这一问题。在这里,我们只是简单地提示:在今天的世界上,任何第三世界电影都必然联系着全球化的世界,联系着特定的民族国家在这一全球化格局中的位置。从某种意义上说,种种宗教、政治的原因,使得伊朗始终与欧美发达国家及其同盟保持某种不合作或敌对的态度;某种意义上的"闭关锁国",使得欧美大众文化、尤其是好莱坞电影无法正式进入伊朗本土,因此伊朗电影仍在本土电影市场中占有绝对份额。这便为伊朗本土电影工业的发展提供了审查制度重轭下局促但真实的生长空间。然而,在今天全球化的世界上,所谓"闭关锁国"经常仅仅是某种意识形态的表达。一项关于伊朗文化工业的研究表明,正是由于伊朗政府拒绝加入诸多国际文化协定与公约,各类国际电影频道被伊朗大城市无偿接收,而不必考虑许多第三世界国家无力承担的高额费用;各类音像制品同样大量地出现在伊朗文化市场上。当然,欧洲国际电影节无疑在伊朗电影的起飞上扮演了极为重要而复杂的角色。因此,伊朗电影无疑是今日全球化格局中的一部分,一个特殊、重要而复杂的部分。

当《小鞋子》为导演马基·马吉迪赢得了普遍的国际声誉,甚至博得了奥斯卡的青睐之后,获得了部分国际资金资助的导演进而拍摄了《天堂的颜色》《圆圈》。在这一影片序列中,苦涩与苦难的图景渐

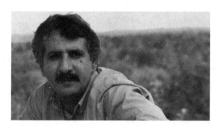

马基·马吉迪

趋浓重,柔情暖意的色彩渐次消退,影片呈现出更为正面强烈的社会批判色彩。然而,矛盾的事实在于,这种更为直接尖锐的批判却一步步地在将马基·马吉迪带向国际电影节荣誉的同时,让他渐次远离了伊朗电影市场与伊朗观众。这是第三世界国度艺术家的普遍困境,一种进退维谷的境况。

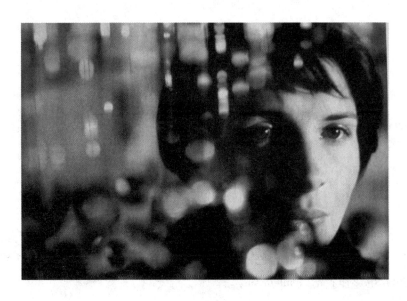

《三色·蓝色》

法文片名：*Trois couleurs：Bleu*
英文片名：*Blue*
导　　演：克日什托夫·基耶斯洛夫斯基(Krzysztof Kieslowski)
编　　剧：克日什托夫·基耶斯洛夫斯基，克日什托夫·皮耶谢维茨
　　　　　(Krzysztof Piesiewicz)
摄　　影：斯拉沃米尔·伊札克(Slawomir Idziak)
作　　曲：茨比格涅夫·普莱兹纳(Zbigniew Preisner)(化名为冯·登·
　　　　　鲍德梅耶, Van Den Budemeyer)
主　　演：朱丽叶·比诺什(Juliette Binoche)饰茱莉
　　　　　伯努瓦·雷让(Benoît Régent)饰奥利维尔
　　　　　弗洛伦斯·佩奈尔(Florence Pernel)饰桑德琳娜

法国,彩色,100分钟,1993年
获威尼斯国际电影节金狮奖及最佳女主角、最佳摄影奖

第二章　电影作者论与文本细读:《蓝色》

在这一章中,我们将借助波兰/法国电影导演基耶斯洛夫斯基的三部曲"三色"中的第一部《蓝色》,来介绍并运用作为创作理论和电影分析路径的"电影作者论"(auteurism)。

第一节　"电影作者论"及其矛盾

从某种意义上说,所谓"电影作者论"是具有鲜明的法国色彩的电影实践与批评理论。和我们在其他章节中介绍的电影理论与批评方法有所不同的是,"电影作者论"更为直接地联系着法国/欧洲艺术电影的传统和创作实践,而与结构主义、后结构主义的理论背景与理论化的批评实践的联系相对较少。

通常,人们谈到"电影作者论"时,会首先想到法国电影新浪潮的主将、所谓"三剑客"之一的弗朗索瓦·特吕弗。从某种意义说,他的确是"电影作者论"的命名者、倡导者与实践者。但在电影理论史的脉络与法国电影的创作实践中,"作者论"的倡导和实践有着更长的历史和更深的历史渊源。早在1943年,法国电影理论家安德烈·巴赞便指出:"电影的价值来自作者,信赖导演比信赖主演可靠得多。"第一次将电影的作者——一如文学作品的作者——确认为导演。他认为电影技术史发展出了一种由导演掌控的电影书写方式。此前,在好莱坞的工业系统中,人们更惯于用明星/主演的名字或者制片公司的名称来指认一部影片。1948年,法国导演阿斯-特吕克提出了他著名的主张——"摄影机—自来水笔",即主张电影摄影机的执掌者应如同执笔的作者那样自由而自如地"书写"。1951年,《电影手册》创刊号的主题是"导演即作者"。而首倡电影作者论/导演中心论这一深刻影响了非好莱坞艺术电影创作实践理论的,是这一创刊号上鲍德·威尔的文章《作者策略》。作为一种文化逻辑与脉络的延伸,先是"用光写作"这一概念的出现,于是,电影的创作被类比为一种书写/写作行为,谁是电影的"真正作者"这一问题便自然而然地产生出来。1952年《文本》杂志创刊,明确提出了"导演中心论"。而这一次对"导演中心论"的倡导,所推崇和标举的是欧洲艺术电影导演,诸如瑞典电影大师英格玛·伯格曼、意大利电影大师费德里柯·费里尼等。此后著称于世的"电影作者论",直到1964年才由特吕弗明确提出。此时的特吕弗尚为一位初露头角的电影人。有趣的是,这一将对欧洲及所有非好莱坞电影创作产生影响的论述,是通过特吕弗对好莱坞经典导演希区柯克的访谈提出来的。这一访谈录,在正面提出并倡导了"电影作者论"的同时,完成了对第一个伟大的电影作者——好莱坞导演希区柯克的命名。

对于熟悉世界电影艺术史的人们来说,这里存在着一个显而易见的矛盾。由特吕弗做出系统论述的"电影作者论",事实上成了此后艺术电影实践的旗帜和创作规范,使之明确成为与好莱坞主流商业电影分庭抗礼的另一种世界电影脉络。它在成为评价电影艺术价值的一种命名法的同时,也成为对欧洲、尤其是法国艺术电影的一种自我命名方式。但矛盾的是,这一旗帜性的"电影作者论"的提出,却是由未来一位重要的欧洲艺术电影导演对一位好莱坞主流导演及其所光大的电影类型——悬疑片(又称惊悚片)的阐释和命名来完成的。这一"矛盾"呈现了一种在世界理论史与文化、艺术史中普遍存在的现实,即任何一种理论的倡导和实践,都有着与其本土社会、文化的多重脉络间的复杂关联。尽管在此后的世界艺术电影实践中,"电影作者论"成了与好莱坞商业电影分庭抗礼的旗帜,但在特吕弗提出"电影作者论"时,他所面对的现实、设定的敌手,并非好莱坞商业电影,而是彼时作为法国电影主流并已陷入僵化、保守之中的法国优质电影传统。于是,好莱坞电影、尤其是其中"体制内的天才",便成为特吕弗策略性地借重的"他山之石"。但这一矛盾依然开启并将继续延伸为一个有趣的文化现实:"电影作者论"这一通过命名好莱坞主流导演而得以建树的论述,事实上助推或曰反身命名了法国电影"新浪潮"运动,并在某种程度上助推并催生了全球一系列电影新浪潮和新电影运动的出现,使得欧洲及世界艺术电影重新获得活力并一再地尝试与好莱坞商业电影分庭抗礼。与此同时,"电影作者论"作为一种理论和文化的实践过程,作为一种书写电影史的指导性的方法论,却使得好莱坞电影导演率先成了受益者。"电影作者论"首先命名了第一位"电影作者"希区柯柯,继而是约翰·福特、霍华德·霍克斯等一系列好莱坞导演。于是,欧洲艺术电影导演所倡导的"电影作者论",在创作实践中复兴了欧洲艺术电影的传统,开启了全球性的艺术电影新浪潮,却在文化书写的实践中成了好莱坞电影将自身经典化的有效契机,好莱坞电影由此进入了学院机构化的过程,渐次形成了大学电影教育中的一个经典系列。从某种意义上说,"电影作者论"事实上成了世界电影艺术史上电影艺术充分成熟的标志之一。而电影这一世界七大艺术中人类唯一知晓其确切生日的年轻的艺术,其成熟发展,便是从仿效其他艺术门类的表现手段到一步步走向独立——充分自觉地意识到自己特有的媒介优势的过程。到"电影作者论"正式提出之时,已不再有人怀疑电影是一门艺术,和其他古老的艺术门类一样甚至优于这些古老艺术,具有处理人类几乎全部高深玄妙命题的能力。早于"电影作者论"、以第一电影符号学为标志的当代电影理论的出现,客观上宣告了电影理论与文学理论的模仿阶段。但"电影作者论"的提出及其实践,却再度将"古老"的文学批评范畴——作者、主题、风格等等重新带回了电影创作、批评与理论之中。

依照特吕弗的观点,所谓"电影作者论"的第一核心要旨,便是电影创作过程的绝对导演中心。一部影片从题材的选取到剪辑制作完成,导演应成为整个过程的绝对掌控者及其灵魂。为了实现导演中心的主张,一个真正的电影作者的作品,首先应当是编导合一的。特吕弗认为编导合一是真正确认导演中心,使导演成为真正的书写者,使导演的个性特征和个人风格充分体现在电影中的前提条件。一个优秀的电影导演应该、似乎也必须撰写自己的电影剧本。否则,他非但无法成为影片的"作者",相反,只能沦为剧本的诠释者或故事的"插图作者"。编剧原初的构想与诉求,对特吕弗来说,会成为实现导演意图的最大"噪音"。其次,依照"电影作者论"的主张,制片方是实现导演中心、贯彻导演意图的另一处更大的噪音,因此,"作者电影"的理想状态是编导制合一。"作者电影"应该充分地呈现电影艺术家——导演的个性化特征;特吕弗倡导某种掘井式的、对同一主题的深入开掘和复沓呈现。一位优秀的电影导演、电影作者的作品序列不仅应该呈现主题的连续性、相关性,而且应该具有鲜明的风格特征。一如大家所熟知的定义:所谓风格是一个艺术家成熟的标志。至此,我们已经可以清楚地看到,所谓"电影作者"并非电影导演的另一种称谓,而是将某些导演命名为电影艺术家的评价尺度。它不仅要求若干的前提条件,而且要求导演为自己的作品、作品序列赋予可以明确辨认的个人特征。特吕弗甚至鼓励导演去发现和寻找一种属于自己的"签名"方式。熟悉希区克柯电影的人们会知道,希区克柯的确为自己的电影找到了一种在边角处"签名"的方式,那便是他会在自己的大部分影片中露面,以某种希区克柯式的幽默感"签署"下自己的"姓名"。其中颇为著名的,是他在《列车上的陌生人》一片中的"签名"。在这一双重谋杀的故事中,希区克柯有意让众多的影像元素以两两相对的"双重"方式呈现,而他本人登场时则是双手怀抱着一只大提琴。于是他本人喜剧式的矮胖身材便和大提琴形成了一种喜剧性的"双重"(double)对照,而大提琴的称谓之一——"低音提琴",在英文中则是 double bass。

需要补充的是,电影创作或曰制作,就其过程而言,是名副其实的"集体艺术",一部影片的成功,无疑取决于编、导、摄、美、录、表各部门的通力协作;说得通俗、直观一些,在电影摄制组这一"小社会"中,即使暂时搁置制片方——制作经费/金钱的提供者与掌控者的决定性作用,在主要创作人员的群体中,也始终存在着某种意志与才能的较量,胜出者将成为影片呈现方式的真正"领航员"。因此,"电影作者论"的倡导与实践意义始终只存在于三个层面之上。其一,是通过编导合一,改变导演在影片拍摄过程中的"场面调度者"的位置,赋予其影片的视听风格掌控者的位置(尽管并非每位导演都有能力占据并胜任这一位置)。其二,是电影批评、命名电影艺术家的方式之一。也正是在这一层面,经典的文学研究——作家作品论的方式得以再度进入了电影批评。我们可以通过研究一位导演,他的生平际遇、他的艺术修养与知识构成,他所偏爱的、频频在其影片中复沓间或隐晦呈现的题材与主题,来阐释、解读一部影片;我们也可以将一部影片放置在其导演的作品序列中,在一位电影艺术家的作品序列所形成的互文关系中予以考察、分析。其三,是确认了一种划分并指称电影作品的方式,一种便于电影史书写的方式:以导演取代此前的主演/明星或大制片公司的标识来勾勒描述电影现象与电影作品。从某种意义上说,这无外乎是仿照传统艺术、精英文化以"作者"/艺术家来指称、命名其作品的方式来描述、研究电影事实;就电影制作的事实而言,在许多甚至多数情况下,这一指称/命名方式并不比其他方式更为切近影片创作的事实。

如果我们将"电影作者论"放入欧洲思想史和文化史的视野中予以考察,那么,不难发现其更为深刻、内在的矛盾之处在于,这一产生于20世纪60年代——世界性的颠覆、反抗与革命年代的电影理论,不仅相对游离于时代之外,而且其自身的实践过程亦呈现出深刻的自我悖反的状态。从某种意义上说,正是在60年代的反文化浪潮中,尼采曾经惊世骇俗的宣告——"上帝死了"在欧美社会引发了巨大的轰鸣与回声。所谓"上帝死了"的"文学版",便是"作者死亡"的宣告。但这在古老的文学中被宣告死亡的"作者",却在电影这一最年轻的艺术中借尸还魂。这一矛盾产生的原因,则同样基于电影史的特定现实。就电影制作、尤其是商业电影制作的现实而言,它首先是一种工业系统;而好莱坞的大制片厂制度则成就了一种影片生产的流水线。在这条流水线上,几乎没有任何艺术,遑论艺术家的位置,主创人员只是其中的齿轮、螺丝钉。彼时,好莱坞大制片人的说法——"一部好莱坞生产的影片与大众汽车公司生产的轿车没有任何区别"——正说明了这一电影制作、生产的现实。因此,"电影作者论"将欧洲人文主义的传统再度引入电影,便对已成形的电影工业系统构成了某种颠覆和反抗。但这一电影史的内部成因,仍不能完全消解"电影作者论"与60年代欧洲、欧美文化(准确地说,是反文化)间的内在矛盾。这一矛盾在欧美60年代文化/反文化运动的一个关键词——"个人"上找到了某种平衡。可以说,"个人"作为一个关键词,间或成为连接欧美1968年社会大动荡、大变迁前后的一座浮桥,一个断裂中的连续因素。我们知道，作为一种意识形态的个人主义是原发自欧洲的现代性话语建构的核心概念，是所谓理性主义或者说启蒙主义中的一个关键词。但是作为欧洲红色60年代的思想准备和整个欧洲60年代的反抗实践，"个人"这一概念被重写，被用作一个文化反抗的单元，使之脱离了个人主义的意识形态。例证之一，是作为60年代反抗性的社会运动之一的激进女性主义，其口号正是"个人即政治"。在某种意义上，关于"个人"的表述和再定义，也成为连接现代主义和后现代主义的浮桥。这一重写的"个人"不再覆盖着启蒙主义大写的"人"的光环，而成为粉碎高度整合的本质主义的世界，同时又对抗原子化、栅栏化的后工业世界的文化想象与实践的表述单元。然而，类似内在矛盾的存在，仍造成了在"电影作者论"影响下产生的电影实践的分裂。"电影作者论"对个人、风格的强调凸现了电影的艺术价值和审美功能，而无视甚或遮蔽了电影在现代社会所负载的巨大的社会功能意义，无视甚或遮蔽了电影作为世俗神话系统所具有或可能具有的意识形态、反意识形态的功能角色。这一无视或遮蔽，在60年代实践了"电影作者论"的法国电影新浪潮中，显得格外引人注目。法国电影新浪潮的主将们，大都在某种意义上是1968年"五月风暴"（亦称"最后一次欧洲革命"）的支持者或积极参与者；与其说他们是在新浪潮电影中建构了一种新的电影美学，不如说他们正是通过反美学的电影实践，将自己的创作加入到旨在颠覆、反抗资产阶级主流文化的运动中去。但在60—70年代之后、尤其是在欧洲各国的电影新浪潮之外，"电影作者论"毕竟确立了一套艺术电影的美学标准。用丹麦导演拉斯·冯·特利尔三十年之后的概括，便是："一次反资产阶级的文化运动成就了资产阶级美学在电影中的确立。"因此他著名的"道格玛95"／DV电影宣言，便成为对"电影作者论"的反对和反动。

我们曾在开篇处指出，"电影作者论"尽管出现在20世纪60年代，但它却是"语言学转型"后的当代电影脉络中唯一的一支，与结构主义、后结构主义的理论思潮鲜有关联。但在作为一种创作论而产生影响的"电影作者论"之后，英国电影符号学家、先锋电影导演彼德·沃伦将结构主义的理论思路应用于"电影作者论"，提出了一种名为"结构作者论"的理论／批评思路。简单说来，"结构作者论"不同于"电影作者论"之处首先在于:"电影作者论"所倡导的是一个导演对于自己身为影片作者的自觉意识,一个导演可以通过在影片中确立个人风格标志、特征的自觉努力,成长为一位电影作者;而"结构作者论"则是作为一种分析方法、批评思路,与导演的自我意识与定位无关,同样与一位导演的作品是否具有鲜明的个人风格、一以贯之的个性特征无关。广义地说,"结构作者论"几乎可以应用于所有电影导演的作品序列的分析,不论他/她是一位艺术电影导演,还是一位商业电影制作者。"结构作者论"不关乎艺术家的命名机制,不关乎影片的审美价值评判。关于"结构作者论",彼得·沃伦将其概括为:一个导演一生只拍摄"一部影片",一个批评者的工作是去发现它。这里所谓的"一部影片",当然并非指一部电影,而是旨在强调,在任何一位电影艺术家的作品序列中,都必然存在着某种近乎不变的深层结构,这位导演的不同作品仅仅是这种深层结构的变奏形式——无论其诸多作品有着可直观辨识的风格特征,还是面目各异、五彩纷呈。用一个通俗的说法,便是在"结构作者论"中,主角由导演变成了批评家。而这一来自结构主义理论范畴的"深层结构",通常呈现为一系列二项对立式;所谓批评者的工作正在于剥离影片表象系统的包装,发现或曰还原这一"深层结构"。彼得·沃伦同时指出,正是导演/电影艺术家生存的时代、他所置身或参与的历史、他的个人生活遭遇,共同构成了那一文化的深层结构,并始终影响、制约着其可能的呈现方式。

下面,我们将联系"电影作者论",将波兰/法国电影导演克日什托夫·基耶斯洛夫斯基、尤其是其代表作《三色·蓝色》作为个案来加以讨论。

第二节 电影作者:基耶斯洛夫斯基

在世界电影史上,基耶斯洛夫斯基是一位大器晚成却英年早逝的电影艺术家。人们为他在创作的巅峰状态急流勇退发出的喝彩声尚未沉寂,他就突然辞别了人世。这位以电影/电视系列片《十诫》突然进入世界艺术电影视野的导演,几乎即刻获得了欧美、世界影坛无保留的、众口一词的赞叹。几乎没有任何疑义地,基耶斯洛夫斯基被公认为20世纪最后二十年里最为独特而成熟的电影作者。1988年，当基耶斯洛夫斯基携《十诫》登临欧美影坛时，如同一位令人喜出望外的电影天才"从天而降"，人们不遗余力的拥抱与欢呼声，传达出艺术电影世界面对一位久期不至的、完美的电影作者的狂喜。在基耶斯洛夫斯基近旁，原本在"电影作者论"的规范下涌现并努力实践着"电影

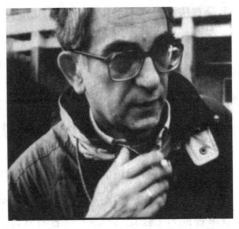

基耶斯洛夫斯基

作者论"理想的欧洲(准确地说，是西欧)电影导演们黯然失色。即使在最为直观的层次上，基耶斯洛夫斯基的影片序列似乎已完美地呈现出"作者电影"的全部特征。他的影片有着如此鲜明、难于仿效的个人风格，人文/反人文主题丰富、绵密到几乎令人窒息，哲学的玄思演化为极富原创性的视听语言。从某种意义上说，在伟大的欧洲电影作者的系列中，基耶斯洛夫斯基堪称伯格曼后第一人。他的影片似乎以直观的方式展示并印证着某种几近崇高的审美体验。可以说，他的影片是对后现代社会、反人文主义现实的人文主义思考，同样可以说，那又是对"古老的"人文主义主题的反人文呈现。我们会发现，基耶斯洛夫斯基的大部分影片、尤其是其成熟期的影片序列，共同探讨着文明的危机，那是现代文明，或者更为准确地说，是欧洲文明的危机；基耶斯洛夫斯基的影片因此呈现出某种临渊回眸的姿态，某种沉静、广漠中的疏离，某种文明表象下的荒芜，充满偶然的宿命，无处不在的囚禁与放逐，异样敏感又空前的漠然。他的电影是对不可表达之物的表达。但这不可表达之物不仅是现代主义的媒体自反、对媒介自身不可逾越的限定的挑战，而且是以视听语言表达不可表达之电影主题。基耶斯洛夫斯基的电影作品无疑是光与影、声与画、感性与知性的交响乐。尽管发轫并成熟于昔日的社会主义阵营之中，但基耶斯洛夫斯基的电影却在叙事层面上近似于意大利导演米开朗基罗·安东尼奥尼所首创的无情节电影，在基耶斯洛夫斯基的作品中，有事件，却几

乎没有传统意义上的情节。我们知道,在叙事研究中,情节与故事的权威区分出自英国文学理论家弗斯特的定义:"国王死了,后来王后也死了",这是故事,即对时间链条上相继发生的事件的陈述;而"国王死了,王后因伤心过度而死去",便成为情节。情节与故事的不同之处在于,情节为在时间链条上相继发生的事件赋予了因果关系,成为对事件的某种阐释。而在基耶斯洛夫斯基的影片中,故事蜕变为某种情境。传统意义上的"情节高潮"几乎在序幕中便已发生,影片的主体便成为对那极端偶然又似乎宿命的事件回声的展示。同样在直观的层面上,基耶斯洛夫斯基甚至满足了"电影作者论"的细部要求:他成名于欧洲/世界的作品,确乎有着某种极为个性化的"签字"/署名方式。在《十诫》中,那是一位"沉默的目击者"的形象,他贯穿了十部作品,出现在主人公生命的某一转折性时刻,但永远在不可穿越的距离之外,动情却无助地目击着事件的发生。而在《三色》中,则是一位佝偻着脊背的老妇,无望地试图将空瓶投入到可回收垃圾箱中。她从《蓝色》中登场,直到《红色》中,女主人公瓦伦蒂娜帮她将空瓶投入箱中。

  然而,如果我们对基耶斯洛夫斯基及其电影作品做深入辨析,不难发现这位骤然凸现在世界影坛上的"完美的电影作者",却携带着若干与"电影作者论"的理论与实践大相径庭的特征。基耶斯洛夫斯基这位骤然闯入欧洲电影视野的"迟到的天才",当然并非从"天"而降,而是从曾经被柏林墙所标志的冷战分界线的另一端——昔日以苏联为首的社会主义阵营中走来。因此,他的作品序列与倡导并实践于欧美——昔日以美国为首的资本主义阵营的"电影作者论"必然形成某些错位。一是以苏联制片体制为模式、以社会主义计划经济为基础的苏联/东欧的电影工业,有着与西欧、美国电影迥异的文化、政治与经济现实。如果借重特吕弗的描述,彼时彼地,对于一位电影导演/电影艺术家来说,最大的"噪音"不是制片方/金钱,而是审查制度/政治工具论的要求。因此,一位伟大的电影导演/电影作者,只能是另一类型的"体制内的天才",一位在与体制的游击战中成长并成熟的电影艺术家。也正是这一游击战的限定,决定了基耶斯洛夫斯基的影片呈现出一种鲜明的风格特征:永远与政治迎面相向,却永远与政治擦肩而过。他的作品具有充裕的政治性,却始终不关乎政治,政治性的命题在他的作品中演化为个人的、宿命的情景,演化为寂寂无声却一触即发的文明的危机与文明表象的脆弱。正如一位波兰籍的批评家在讨论《三色》时指出的:一个关于法国大革命的口号应该是政治性的,但在影片中基耶斯洛夫斯基却的确将其演化为"三色"——三部影片不同的色彩基调。这一演化使得影片的主题脱离了政治,提供了表述个人化命题的可能。用基耶斯洛夫斯基本人的说法,当皮埃谢维茨提议,为何不将蓝白红——自由、平等、博爱拍成电影呢,基耶斯洛夫斯基指出,"没有人告诉我、也没法想象如何将它们拍成电影"。而影片最后确认的基点是,自由、平等、博爱这三种理念的现代功能究竟是什么?基耶斯洛夫斯基指出,我们想针对的是人性化、隐私和个人的层面,不是哲学、政治和社会层面。所以,《三色》是对古老欧洲文明主题的重返,又是对这一文明的质询。将政治的主题转化为个人化层面上的讨论,这一为冷战的现实所造就的特征,却成就了基耶斯洛夫斯基对冷战意识形态的超越,为他被命名为伟大的电影作者奠定了基础。也正是在以苏联为范本的社会主义制片体制内部,"电影文学论"、对剧作同时也是对作品"内容"的高度重视,决定了基耶斯洛夫斯基作为一位电影作者的重要缺憾:他的作品始终不是编导合一的,他始终只是传统意义上的电影导演而已。相反,在基耶斯洛夫斯基的国际成名作中,他的合作者、编剧克日什托夫·皮耶谢维茨占据着举足轻重的地位。事实上,正是这位前律师、无疑也是一位电影天才,首先提出了关于《十诫》和《三色》的创作动议,并通过两人亲密无间的合作,将不可能的奇想变成了电影的事实。

尽管有着如此多的"缺憾",基耶斯洛夫斯基仍获得了无保留的"电影作者"命名这一事实本身,引申出"电影作者论"及其命名机制所包含的理论与实践命题。尽管"电影作者论"或者说欧洲艺术电影传统所标举的是艺术、准确地说是"纯"艺术的旗帜,确立了某种电影评判的审美标准,但"电影作者"的命名机制,一如人类社会的全部话语、命名系统及其机制,始终不可能自外于权力结构与历史语境。从某种意义上说,围绕着基耶斯洛夫斯基及其作品的热潮,固然由于基耶斯洛夫斯基电影作品的艺术成就,但同样深刻联系着一个重要的区域:欧洲,其政治与文化象征意义的历史变迁。事实上,基耶斯洛夫斯基从籍籍无名到誉满天下短短数年间,正是世界经历20世纪又一次巨变的时刻。电影/电视系列片《十诫》是在前社会主义阵营波兰的制片体制之中完成的。但几乎在《十诫》为基耶斯洛夫斯基赢得世界性声誉的同时,发生了苏联解体、东欧剧变的历史事件。基耶斯洛夫斯基亦作为为数甚少、幸运的东欧导演转移到西欧——法国继续创作,并迅速攀升到一位电影导演、一位"电影作者"名望的顶峰。从某种意义上说,与基耶斯洛夫斯基作为一位"完美的电影作者"的命名同时发生,甚至早于他作为"伟大的电影作者"的命名而出现的,是他作为一位伟大的"欧洲导演"的命名。开启了他世界性声誉的第一个电影奖项,正是系列片《十诫》之五:《关于杀人的短片》获得了欧洲电影节的最高荣誉菲利克斯奖。而毋庸赘言,《十诫》的选题(《圣经》中摩西的"十诫"),无疑涉及了欧洲文明的重要源头之一——基督教文明的核心;同样无需多言,取自法国国旗的颜色——蓝白红,也是取自启蒙主义或曰现代性话语核心的自由、平等、博爱的《三色》,是对现代欧洲文明之源的探询。在这一特定的语境之中,对基耶斯洛夫斯基的命名,不仅仅是对一位电影天才的发现,而且成为另一层面上弥合的象征,标识着冷战的终结、后冷战时代的到来。对于欧洲,这一资本主义数百年来世界的"中心地带"来说,20世纪是一个持续经历重创的年代:作为两次世界大战的主战场,其文明内部的分裂使这一世界霸主所在的空间成了自相杀戮之地;而二战后全球风起云涌的民族解放运动,则使得众多的欧洲国家渐次失去了他们在资本主义开拓期所霸占的殖民地。就政治与文化层面而言,二战的结束、冷战时代的到来,给欧洲带来的最深切的创痛,是欧洲的分裂。用英国著名的保守党首相丘吉尔1946年著名的"富尔敦演说"中的说法,是"从波罗的海的斯德丁到亚得里亚海的里雅斯特,一道铁幕缓缓落下,将欧洲一分为二"。这一分裂不久将被一处充满冷战意味的建筑物——柏林墙所标识。因此,基耶斯洛夫斯基的"发现",尤其是《三色》的创作,便被赋予了如拆毁柏林墙般的团圆、弥合的意味。在这一解读脉络上,在《十诫》与《三色》之间创作的《维罗尼卡双重生命》(香港译为《异地两生花》),便不再仅仅是一个无解的神秘故事。影片讲述了两个"像两滴水一般相像"的姑娘,同样名叫维罗尼卡,一个生活在波兰,一个生长于法国。她们之间没有任何血缘的或现实的联系,但彼此感知着对方的存在,充满欣悦地体认着"自己不是孤独的"。可以说,影片正是以这如诗一般、对不可表达的神秘的表达,提供了一种镜像结构——镜像,透过玻璃球、玻璃窗的观看,也正是这部影片影像的突出特征之一,化解了冷战年代东欧与西欧间水火不容的对立,将异己、昔日的恶魔映照为自我的形象。然而,时常为人们所忽略的是,冷战的终结带给世界的并非一场其乐融融的大团圆、大和解;这一终结意味着西方/欧美世界成了无可置疑的胜利者。我们已经知道,历史始终由胜利者来书写,战利品也始终由胜利者来携带。因此,在歌咏欧洲统一的意义上,来自东欧——失败者世界的基耶斯洛夫斯基,便不仅是最佳的见证,而且其本身便具有了战利品和锦标的双重象征意义。当然,在后冷战的全球格局中,欧洲的统一——欧盟的成立,相对于世界一极化的现实具有更为复杂而多元的意义。在这一意义层面上,《三色》便不仅是作为电影作者的基耶斯洛夫斯基作品序列中新的三部曲,而且是某种统一的欧洲的自我表达与自我凝视。可以说,这远不只是解读者的臆测或发现,而是某种电影的事实,某种高度自觉的电影的事实。三部曲分别在欧洲三个著名的城市摄制:《蓝色》的场景是巴黎,《白色》是华沙,《红色》是日内瓦。三部影片相继入围欧洲三大 A 级国际电影节,其中《蓝色》获意大利威尼斯电影节金狮奖,《白色》获德国柏林电影节金熊奖,《红色》获法国戛纳电影节金棕榈奖。而在《三色》中,欧洲意味最为浓郁的,便是我们即将分析的《蓝色》。影片中最重要的元素之一,是在序幕的车祸中死去的作曲家,正在创作一部大型交响乐;那正是为庆祝欧盟诞生而作的作品。这里有一个围绕基耶斯洛夫斯基及其创作班底的趣味,那便是他们称其影片序列中的许多音乐主题、动机来自一位古老的欧洲作曲家冯·登·鲍德梅耶,事实上那完全是影片的作曲茨比格涅夫·普莱兹纳的原创。但仍有许多人乐意相信这个有趣无害的谎言,普莱兹纳的乐曲也以冯·登·鲍德梅耶的名义而畅销。这个小小的插曲,似乎同样提示着《蓝色》在多个叙事、表意层面上的欧洲意味和欧洲象征。同样关于片中交响乐的一个细节则告知我们,在其第四乐章中,将出现大型合唱团的演唱,那将是以希腊文演唱的《圣经》段落。就剧情逻辑而言,使用希腊文演唱《圣经》,间或由于《圣经》的原初文字——希伯来文的版本已毁于流离、战火,希腊文版的《圣经》是世界上保存最为完整的《圣经》版本;但就影片的意义结构而言,这无疑成为欧洲文明的两大源头——(经过文艺复兴时代重新阐释的)古希腊、罗马文明和基督教文明的重合,意味着一次对欧洲文明母体的重返与探询。

第三节 《蓝色》:主题与色彩

依照作者论所重新引入的传统文学批评的思路,首先出现的问题是:何为影片《蓝色》的主题?似乎不存在任何疑义,影片的主题是自由,或者是自由的不可能。《三色》的后期制作中,基耶斯洛夫斯基在接受访谈时指出:"蓝色是自由。当然它也可以是平等,更可以是博爱。不过《蓝色》是一部讲自由的电影:它在讲人类自由的缺陷。我们到底能有多自由呢?"《蓝色》中主题的选取、剧情的切入,具有典型的基耶斯洛夫斯基特征:所谓自由的获取,巨大的自由的降临,以一场惨剧、一份酷烈的丧失或剥夺为开端。用基耶斯洛夫斯基的原话,那便是:"姑且不论发生在茱莉身上的悲剧及戏剧性经历,我们其实很难想象比她更奢华的处境。"在一场骤临的车祸中,茱莉失去了丈夫和孩子,失去了显然为她所珍视、所深爱的一切,但在基耶斯洛夫斯基的"笔"下,这同时意味着她摆脱了社会性的责任,获得了充分的自由。导演同时给茱莉设定了一个充分自由的前提,一个政治经济学的前提:那便是被"解脱"了其社会责任的茱莉,同时是一个富有的女人。在另一次电视访谈中,他更为直接地指出:要讨论一个女人的自由,足够的金钱是前提性条件。在基耶斯洛夫斯基式的自由命题中,任何一种自由同时是一种囚禁,而任何一种囚禁同时意味着享有自由。自

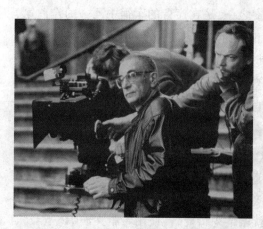

《蓝色》工作照

由始终有着它必需的前提和巨大的代价。基耶斯洛夫斯基继而指出："那就是属于个人自由的范畴。我们可以从感觉中解脱的程度到底有多大？爱是一种牢狱吗？抑或是一种自由？"自由不仅是一种解放或解脱，同时意味着拥有，而拥有者所惧怕的丧失，便使得自由成为一种囚禁。至此，我们似乎已经可以读出基耶斯洛夫斯基式的、高度个性化的主题建构与表达方式：它讨论自由，但却是通过自由的反题——囚禁来完成。同样是基耶斯洛夫斯基本人告知我们："《蓝色》中的牢狱是由情感和记忆这两件事造成的。她（茱莉）在电影的某一时刻曾明确表示这一切都是陷阱：爱，怜悯、友谊。"那是茱莉在老人院对显然已丧失了智力和理解可能的母亲的一段倾诉："我什么都不想要，不想要爱，不想要友谊和怜悯，那都是陷阱。"影片的主体——按照传统剧作法来说的情节到了高潮，便是茱莉如何承受或面对自己的"宿命"：她不断地逃离，逃离陷阱——爱、友谊和怜悯，相信逃离会使她享有自由；但这场奔逃的前提，是人力不可抗拒的暴力依然夺走了她曾经拥有的"陷阱"或"囚禁"——爱、友谊和怜悯。但剥夺发生之后，她仍然被囚禁，被情感和记忆所囚禁。在《蓝色》中传达着无形却无处可逃的囚禁的，是视觉元素蓝色及听觉元素音乐。正是在这里，再度显露出基耶斯洛夫斯基的标识：法国三色旗中的蓝色象征着自由的理念和理想，但在影片《蓝色》中，蓝色却是最为直观的囚禁的形象。茱莉为了享有自由而绝望地尝试挣脱创痛、离丧，但那份情感和记忆无所不在的追逐，正是画面上不时涌动、几乎将茱莉淹没的蓝色。在基耶斯洛夫斯基这里，正题与反题、自由与囚禁，始终不是任何意义上的两项对立，更不是恶魔与天使的鲜明分立或对抗。它们共存于一种状态之中，呈现着人类生存的限定和无助。

在影片《蓝色》中，蓝色不仅是一以贯之的影调与色彩基调，而且是一个最重要的视觉形象。如果我们借助传统文学批评的方式予以描述，那么，这出近乎茱莉独角戏的影片叙事中，蓝色成了茱莉的敌手，她内心深处温柔而狂暴的恶魔。蓝色从影片的第一时刻便开始出现。序幕开启处，是载有茱莉全家的轿车疾驶在高速公路上。摄影机选取了某种基耶斯洛夫斯基式的机位——非常规机位，以一个地面上的低角度拍摄疾行中的汽车，一只高速运转的车轮充满了画面的前景。而整幅画面、整个场景中充满了幽暗的蓝色光。英国电影研究者 P. 考茨曾在他讨论影片《蓝色》的文章中写道:"蓝色……主要是夜的颜色,但它只是黑暗的近亲,不是黑暗本身。"但正是这浓重的蓝色调,从第一分钟开始,便使得画面充满了强烈的阴郁和不祥之感。但有趣的是,在这一时刻,悲剧尚未发生,茱莉仍拥有一切:爱、家庭、亲人。接着画面切换为一个特写镜头,半开的车窗中伸出了孩子的手,孩子手中一张宝蓝色的糖纸,在车外呼啸的风中飘动;但在为蓝色调所充满的特写中,那蓝色的锡箔纸更像是在剧烈地颤抖。车停在路旁,孩子从打开的车门中跑出,驾车的丈夫打开车门走下来舒展身体。这一场景始终通过车后方无人称视点机位予以拍摄,摄影机如同一个冷漠的目击者,又像是一份邪恶的威胁,注视着这尚不知毁灭已近在咫尺的一家人;接着,画面再度切换为超常规机位,一个车下的、极低的机位显现出漏油的刹车管,画面上厚重的蓝色使得渗漏的刹车油的油滴也浸满了蓝色;在这一画面焦点之外的朦胧的景深处,是从路旁的山坡上跑来的小姑娘,伴着母亲的画外音——"安娜,快一点",孩子上了车。全景画面中,轿车再度进入高速行驶。同样不经转换且不曾提供叙事动机,画面切换为特写镜头:一只无名的手在玩着球棒游戏,用一只木棍的顶端接住一只抛出的木球。这件极端平常的玩具,却在充满蓝色调画面的特写镜头中传递出无名的焦虑与不宁:试图立在木棍顶端的球在放大的画面中携带着一份岌岌可危之感。镜头反打,出现了游戏的主体:街头少年安东。这是影片中第一次出现了观看主体,我们第一次知道谁在看。然而这一观看主体却无疑成为《十诫》中"沉默的目击者"的复沓形式,尽管他将再度走进故事,走近茱莉身边,但他毕竟是故事情景中的"外人",一个偶然或曰宿命的悲剧场景的偶然或命定的目击者。在安东的正面近景中,传来疾驰而至的车声,安东抬头望去,镜头反打,大全景画面中一辆轿车从浓雾中高速驶来,镜头切换为球棒游戏的成功——球终于立在了棒上,反打为特写:安东脸上露出了明亮的微笑。与此同时,画外传来了剧烈的撞击声,撞击声再次重复——显然,刹车失灵的轿车高速撞在树上,巨大的冲击力将车身弹开,并再次抛回。但在安东的视点镜头中,那只是浓雾中远远的一幕,甚至几乎完全撞毁的车辆也似乎在雾中呈现出某种宁谧安详的气息。两个基耶斯洛夫斯基式的画面:一只狗惊逃开去

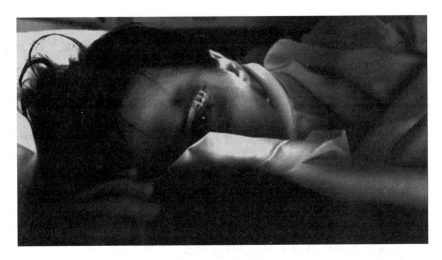

《蓝色》剧照

之后,撞击中打开的车门里静静地滚出彩色的气球。

序幕之后的第一场,是从车祸中幸存的茱莉在医院醒来,被告知丈夫和孩子都已死于车祸。这一场景的开端相当突兀和奇特。在一个为暖色调所充满、朦胧而难以分辨的画面——苏醒时分茱莉的视点镜头之后,切换为茱莉一只眼睛的大特写镜头,在这只圆睁而空洞的眼睛中,我们在她的瞳孔里看到医生的影像,画外音中他在告知死亡的消息。尔后丈夫生前的助手奥利维尔将一个小的电视转播器放在她面前,那上面是丈夫和女儿的葬礼。作为一个基耶斯洛夫斯基式的书写方式,这事实上极端残酷和惨烈的场景中,几乎没有出现蓝色,相反整个场景是暖调的,朦胧而不无暖意的光斑闪烁在画面之中,只有前景中始终带着一抹冷色调。这也是影片一以贯之的结构性呈现方式:在那些可以感知到悲剧的场景中,蓝色并不出现。因为,一如折射在瞳孔中的医生的影像、回声般传来的死亡告知,在类似可以预知的场景中,心灵和身体同样遭受重创的茱莉紧紧地封闭起自己的内心,她成功地将一切和自己囚禁在躯体的牢笼之中。但蓝色——情感和记忆始终会在她猝不及防的时刻袭击她。接着是她引开护士,试图自杀一场,没有刻意为之的蓝色,只有极端接近蓝色、比蓝色更为沉重的夜色。同样,基耶斯洛夫斯基不曾在任何意义上渲染这一决意赴死的场面,他只是如他所有影片一样,选择了那些似乎琐屑同时极为残酷的细节:茱莉口中满是药片,以致她无法咀嚼、无法吞咽;赶到窗前目击这一场景的护士,似乎也将全部紧张和同情置于这艰难的吞咽之上:她的喉咙下意识地抽动着,似乎在分担着茱莉的困境——仿佛不是放弃生命、以期与挚爱的亲人同赴黄泉的决定,而只是一份难于下咽的尴尬。茱莉似乎也只是由于难于吞下那满口苦涩的药片而放弃了赴死的决定,她吐出药片,交给护士:"对不起,我做不到。"这正是我们将在下一小节中予以分析的:从心理研究的角度上看,在这部以茱莉为绝对和唯一主角的影片中,茱莉在自觉与不自觉间背负的,是弗洛伊德所谓的"哀悼的工作",那是强烈的自毁欲望与求生欲望撕扯的心灵搏斗。当求生的欲望终于获胜,生者哀悼的意义,正在于"杀死死者"——接受他/她/他们已经永远离去的事实,挣扎着独自继续活下去。

作为情感与记忆之囚禁的蓝色,与音乐——丈夫或茱莉的未完成的交响乐同时出现,是在这放弃自杀之后的疗养院的场景中。在全景画面之后,切换为茱莉的近景镜头,她躺在摇椅上,满脸未愈的伤痕,似乎仅仅是在明亮的阳光中小憩。但水渍般的蓝色从画面右下角升起,交响乐的片段旋律似乎从一片宁静中陡然闯入,茱莉近乎惊惧地睁开了双眼;当乐声加强的时候,汹涌的蓝色几乎以淹没的力量覆盖并模糊了整个画面。此时,摄影机从茱莉的正面近景镜头向旁侧拉摇开去——我们可以将此时的摄影机运动体认为茱莉的心理动作,一次无助而绝望的挣扎,她想逃离这音乐、这蓝色,这从幽冥中追逐而来的情感和记忆。当摄影机摇拉开去的时候,蓝色渐次淡去。但伴着又一处音乐的强音,蓝色的波涛再次淹没了整幅画面。当蓝色伴着音乐第三次冲刷画面的时候,摄影机反向运动,摇推为茱莉的近景镜头,而观众几乎难以在这幅近景画面中辨认茱莉的容颜,因为整幅画面似乎将隐没在浓重的蓝色之中。此后的场景中,茱莉出院,返回她的乡间住宅中。她问家中佣人的第一个问题,是有没有按照"我的愿望"清空蓝色房间。也是此时,我们/观众第一次获知了蓝色对于茱莉所具有的具体而形而下的含义,在她和家人的郊区住宅中,曾有一个蓝色房间,那是她和丈夫一起工作、生活、创作乐曲的地方。而她走进家中的第一件事是进入蓝色房间。当房门被推开时,蓝色的墙壁作为一片饱满而突出的色块占据了画面的大部分。那房间确已空无一物,但

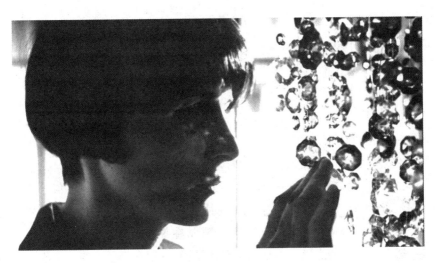

《蓝色》剧照

茱莉一眼看到的是缀满宝蓝色玻璃流苏的吊灯。她近乎疯狂地走上去，扯断了其中的一束。此时，画外传来老仆人隐忍的呜咽声，茱莉走过去安慰她，似乎一无所知地询问她为什么哭。那回答平常而惊心动魄："因为你没有哭。我想他们。一切就像在眼前，怎么忘得了？"在这一段落中，整个画面充满了明亮的暖调——茱莉再一次用铠甲抵御着注定要袭击她的一切。但在这一场景之后，我们在大全景镜头中看到茱莉从楼梯旁走过，要进入某个房间，但她的腿似乎已不能支撑自己的身体，于是她扶着门框滑坐在门前，画面切换为她的近景镜头，她的脸上闪耀着浅淡的蓝色光斑，微弱的音乐声响起，当蓝色光斑消失的时候，她的眼中有了泪光——但她不能哭，不仅因为哭便意味着自己的崩溃，而且由于哭泣不能挽回任何丧失：泪水与茱莉所丧失的一切相比，太过轻飘。在奥利维尔带着蓝色的文件夹（丈夫的遗物）前来，显然遭到拒绝而去之间，出现了空镜：仰拍乡间住宅石墙上的天空。那粗石垒成的墙壁，晴朗却冰冷的天光之间，没有任何生命的气息与迹象，仿佛某种远古废墟般的荒芜——这间或是选择了生命、选择了活下去的茱莉的内心视像。

当求生的愿望取代了毁灭的冲动，为了活下去，茱莉进行了一系列仪式般、却是为她所必需的象征性的毁灭与自杀行动：她找到经济人，要求卖掉和丈夫共有的一切，将钱打入死者的账号——她拒绝对此做出解释，但此时,和她轻松的声调、平静甚至开朗的面容形成对比的,是她下意识地紧握的手中攥着一块从吊灯上扯下的蓝色玻璃;她从誊写社取出了未完成交响乐总谱的手稿,将它们全部投入了垃圾粉碎机;强烈的、充满了整个空间之中的音乐终于被粉碎机的铁齿撕碎,成为一片噪音;她打电话邀来了显然深爱着她的奥利维尔,在蓝色房间中几乎立刻开始和他做爱——那如同一个仪式,茱莉需要告诉自己,她在背叛,她在放纵,她是无耻的女人,她可以在丈夫、女儿尸骨未寒之时,便与他人"通奸"。在毁灭和玷污了一切之后,茱莉孑然一身,悄然出走,住进了闹市中心,似乎希望将自己淹没在大都市的人海之中,她甚至恢复了自己婚前的本姓。如同一个逃亡者,她从自己的内心深处逃离,从她曾赖以生存的情感与记忆中逃离。然而,她却必然不断地与蓝色不期而遇:留在钢琴上的一张潦草地写有五线谱的纸片,茱莉拾起它时,特写镜头中一片蓝色光,五线谱在不断扭曲变形,音乐却如喷泉般地流淌而出;为了制止这乐声,茱莉砰然摔下钢琴盖,但在震颤未了的琴音中,一片缭乱的蓝色光在她脸上游走。当她销毁了总谱,在除了一张床垫外空空荡荡的蓝色房间里倒空自己的手袋,撕肝裂胆地,里面赫然掉出了宝蓝色锡箔纸包裹着的女儿的蓝色棒糖。茱莉以疯狂的手势扯下糖纸,开始如野兽般咀嚼着棒糖。在一次对茱莉的扮演者、著名的法国女演员朱丽叶·比诺什的访谈中,她说,她为人物的这一动作设定的潜台词是,用牙齿咬碎牢笼的铁栏。一位俄罗斯电影研究者阿布杜拉耶娃认为:"这部影片没有任何多余的东西,也许影片中除了朱丽叶·比诺什的脸什么也没有。这张脸是影片的'存在主义哲学',是影片的造型和思想内涵。"观众不断地为这张始终流动变幻着天真少女和蛇蝎美女的脸庞所倾倒。当经纪人问及茱莉能否请她解释何以决绝地卖掉一切并分文不取时,手中紧握着蓝色玻璃流苏的茱莉展开一个极为迷人甜美的微笑:"你不能问。"而在与之做爱之后,茱莉在清晨唤醒了奥利维尔,似乎颇为甜蜜地端来了一杯咖啡,尔后告诉他:一切已然完结——一次彬彬有礼的"弃若敝屣"。但在同一个清晨只身出走的茱莉,我们却在特写镜头中看到她将自己的手伸向粗粝的石墙,似乎无知觉地让石壁深深地擦伤了自己的手指。(一个相关花絮是,这是一场实拍,以投入和敬业精神著称的比诺什的确如此在石墙上划烂了自己的手。

她拒绝特技,拒绝替身。关于她的一个更为著名的故事,是为了在《新桥恋人》一片中扮演一个离家出走、露宿街头的女画家,她长达一年混迹于巴黎街头的无家可归者中间,风餐露宿。)那是茱莉一连串的自毁/象征性自杀行为的复沓,她必须伤害自己、也许同时伤害他人,以便能够活下去。她用毁灭、用玷污,将自己变为一无所有,变为一个没有来处、没有历史的零。

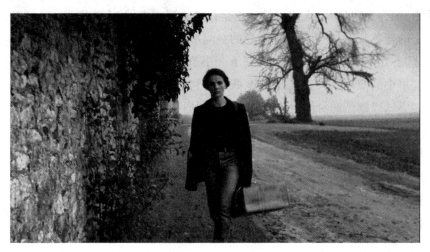

《蓝色》剧照

然而,基耶斯洛夫斯基关于自由与囚禁的表达远非如此单纯,只身出走的茱莉随身只携带了一只纸箱,箱中装着蓝色房间唯一留下的饰有玻璃流苏的吊灯。如果说,蓝色——情感和记忆是对获得了"充分自由"的茱莉的囚禁,那么,它们无疑是茱莉曾经拥有并渴望永远拥有的一切。她奔逃,渴望逃离那阴影的追逐和心灵的囚禁;但她同时留恋,不断用拒绝的双手攀援住她亲手象征性地毁灭的一切。茱莉住进新居后的第一件事,是找到合适的地方,挂起缀有蓝色流苏的吊灯,尔后凝视着它。这一段落以茱莉的正面近景镜头开始,她的面庞占据了画面的大部,只有画面的上缘露出几颗蓝色的玻璃流苏——类似构图似乎表明,茱莉片刻间逃离了情感与记忆的追逐,或者说,这情感与记忆片刻间未曾携带着灼热的创痛;但继而摄影机开始了缓慢的摇移,蓝色流苏逐渐充满画面,渐次遮没了茱莉,音乐响起。摄影机继续摇移,茱莉的面庞再次显现出来,与此同时,尖利的噪音撕碎了音乐;镜头切换,蓝色玻璃流苏和茱莉侧面近景镜头近乎平均地分切画面,但此时浓重的蓝色光斑投射在茱莉的脸上,我们看到她抬起划伤的手抵在嘴上——似乎要品尝伤口的滋味,或制止一声尖利的嘶喊冲出喉咙。画面渐隐。再次的遭遇、再次的挣扎,但并非某种单纯的渴望获取自由的呈现,相反是"生命中不能承受之轻",无从享有如此"奢华"的自由,自由便成为囚禁,这是某种比囚徒更为悲惨的自由,因为无可期待,无路可逃。正是在这一层面上,游泳池作为一个视觉上的蓝色载体,一个巨大的蓝色的空间形象,再度强化了这自由/囚禁、逃离/眷恋的双重变奏。我们将在下一小节中分析游泳池这一空间场景在叙事中的变奏意义。在影片中,我们看到茱莉四度跃入泳池,几乎每次都是尝试以剧烈的身体运动逃离心灵的剧痛;但在视觉上,这一动作却构成了跃入蓝色的表述。如果说,在整个影片的表意系统中,蓝色是囚禁或者说是自由的囚禁,从某种意义上说,整部影片展示的是一个逃离蓝色的心理历程,那么,在与游泳池相关的段落中,逃离心灵创痛却呈现为投身蓝色。这也正是典型的基耶斯洛夫斯基式的表述。没有黑白双项,没有天使恶魔,有的是远非完善的人类,远非完美的人生,哲学与生存的永恒困境与悖论。

　　茱莉迁入新居之后,蓝色光的再次出现同样耐人寻味。这是一场夜景,午夜的街头发生了一场斗殴——斗殴场景呈现在蓝调的夜色之中,被惊醒的茱莉起身想弄清发生了什么。此时,银幕空间和画面后景充满了暖调的微光,没有任何光源依据,蓝色光覆盖了前景中的茱莉。此时的蓝色,与其说是记忆与情感的追逐,不如说是孤独与渴望的呈现。就"绝对的自由"或作为理念的"自由"而言,与之伴行的必然便是孤独。自由不仅是一种囚禁,而且始终是一种放逐。说得浅白一些,便是自由必然以孤独为其代价,享有自由同时意味着承受孤独、恐惧与绝望。

　　就影片《蓝色》而言,茱莉最终获救。但那并非她成功地逃离了蓝色/囚禁/情感与记忆,而是由于某种似乎荒诞间或悲惨的遭遇。不期然地,在色情演出场所的电视屏幕上,茱莉看到了奥利维尔,看到他在讲述交响乐、丈夫和自己;但唯一打动了茱莉的,是奥利维尔出示的照片上,丈夫身边有着另一位蓝衣女人,一个与丈夫并肩而坐、显然沐浴在爱情之中的女人。如果说,此刻出现的蓝色尚不足以掏空茱莉心中的蓝色,但它至少深深地改变了茱莉的记忆——她认为自己丧失的,或许是不曾拥有的幻觉。颇为荒诞而有趣的是,这意外的获知,唤起了迟到的嫉妒;嫉妒之情,无疑损害了她所享有的"绝对的自由",但却激活了她生命的愿望,她开始奔跑、开始跟踪、开始质询、开始行动。她终于在不自由的状态中获取了自由。她拿起笔来,重新叙写未完成的交响乐。作为基耶斯洛夫斯基影片的叙事特征之一,便是他拒绝充当上帝——拒绝充当剧情背后的全知全能者;因此他拒绝回答剧情不曾展示的问题;诸如茱莉是否始终是丈夫背后真正的作曲者,抑或她只是长于修订?这正是女记者向茱莉提出而茱莉拒不答复的问题。导演同样拒绝回答影片中一个不无神秘感的细节:露宿街头的流浪艺人为什么会吹奏出交响乐的主弦?——基耶斯洛夫斯基影片一以贯之的表达正是,对于我们所生存的世界,我们所知晓的,永远是无法知晓、没有答案的一切中极小的部分;人类的生存始终在众多的谜团、臆测与误解之中。

茱莉重新执笔的场景,蓝色不再成为一种刻意规避的色彩,她一身蓝衣,以蓝色的笔谱写出蓝色的乐谱,但整个场景之中,蓝色存在着却不再携带着切肤的创痛。当茱莉完成了交响乐的谱写,却意外地遭到了奥利维尔的拒绝。那无疑是一个明确的姿态:他拒绝成为她丈夫的替代物,拒绝成为又一个冒名者,他要自己亲手完成交响乐的谱写,以此表明他是自己而非任何人的影子,只有这样,他对茱莉的爱才不是一种等而下之的替代。遭到拒绝的茱莉选择了接受,她第一次运用了她所享有的自由,接受了奥利维尔的爱,这同时意味着她放弃了那份奢华、绝对的自由。画面上,我们看到茱莉以染着蓝墨水的手指读着蓝色的乐谱,祈祷般的雄浑音乐响起。茱莉平静而决绝地卷起总谱,向门外走出。在她背后,摄影机升拉开去,饰有蓝色玻璃流苏的吊灯渐次在前景中充满画面,但茱莉再未回头,走向景深处的房门,门在她身后关闭了——这一场景在视觉上成为名副其实的"走出蓝色"。但在基耶斯洛夫斯基"笔"下,这获救的结局,并非如此单纯和完满。茱莉决定接受奥利维尔,并不确定地意味着她再度拥有真爱,而仅仅意味着她再度与生命和解,接受了伤痕累累、也许满目疮痍的人生。蓝色再度出现在茱莉与奥利维尔做爱的场景中。在这一场

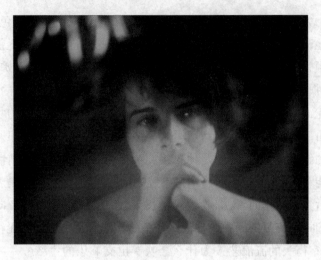

《蓝色》剧照

景中,我们始终没有看到任何一个双人镜头——而在电影的视觉语境中,画面空间的分享、共有,意味着心灵空间的分享和共有;而且这一场景别具匠心地选择了透过金鱼箱拍摄,于是整个做爱场景被赋予了某种梦魇中的溺水感。射入鱼箱中的暖色光与其内部的冷调彼此消长。稍后摄影机升拉开去,进入了一个似乎是长长的穿越空间的平移段落,镜头在黑暗中切换。这一蒙太奇段落最后落幅在茱莉的正面近景镜头上。画面上蓝色光斑再次从下方升起,遮住了她近三分之一的面孔,但没再继续上升。暖色调慢慢渗入,但并未将蓝色彻底逐出或完全中和,在安魂曲般的歌吟中,我们看到泪水——被茱莉所拒绝的隐忍的泪水夺眶而出。在生命的这一时刻,茱莉或许走出了蓝色——情感与记忆的囚牢,但她没有、也没有人能够真正走出人类自由或曰不自由的境况。

第四节 生命与死亡的变奏

从另一个角度上看,影片《蓝色》的主题,无疑是生命与死亡、记忆与遗忘。如上所述,基耶斯洛夫斯基的影片不仅始终拒绝任何分类编目法的限定,而且始终拒绝泾渭分明的两项对立式。因此,影片关于生死的表述,与其说是生死相对,不如说是生死变奏。在影片的绝大部分中,茱莉事实上置身于生死之间。这首先呈现出时间的破碎、断裂与无为时间的绵延。相当引人瞩目的，是影片在连续的时间呈现中四次运用的画面渐隐（又称淡出）：画面渐次消隐在黑暗之中，在电影语言的通例中被用作某种视觉的删节号，表明一段时间的消失，或略过不表；但在《蓝色》中，渐隐却用在未曾间断的时间呈现之中，而成为一个极具震撼力的心理陈述。这一手法的第一次出现是在疗养院之中，在茱莉被蓝色所淹没、所窒息的时刻，出现了一个显然对茱莉一家十分熟悉的女记者。迎着她的问候："你好！"茱莉循声回望，画面渐隐。在长时间的黑画面之后，再度切回正常空间，茱莉应答："你好！"显然，在这互致问候之间，时间并未消失或断裂，但对于茱莉，那是近乎死亡的黑洞般的体验。女记者的出现，显然在茱莉未曾设防的时刻，蓦然带回了太多的记忆，而这记忆与此刻之间，横亘着巨大的创痛与伤口。近乎本能地，茱莉在这个时刻封闭起一切，似乎意识骤然消失或隐没在绝对的虚空之间。这近乎死亡的体验，却出自一种生命的本能：在重创、剧痛中为心灵披起铠甲。类似的渐隐场景的第二次出现，则是茱莉与目击了那场毁灭的少年安东的约见。这一场景的第一个镜头是前景中晃动的十字架项链坠——一个物证，我们此后将得知那是丈夫的礼物，是茱莉曾经拥有幸福和她所经历的毁灭的见证。茱莉将拒绝这物证，无论在哪种意义上。当安东告知："我是第一个到现场的。你有什么要问的吗？"画面再次隐入黑暗。终于返回时，茱莉回答："没有。"——她不想知道，她不需要知道，因为再没有什么能改变那结局。也是在这一场景中，茱莉展露出她在整部影片中最为灿烂的笑容；因为安东告知的丈夫最后的话——应该是他的遗言，竟是重复着他在车祸发生前夕讲述的笑话的最后一句。她将项坠送给了安东，毋宁说她拒绝了他的归还。十字架项坠将再次进入情节，不过下一次，它挂在丈夫的情人、女法官的胸前，茱莉对此的回应是："我不需要问他是否爱你了。"——一句简单而潜台词丰富的台词。它似乎在说，那项坠告诉我他爱你；同时也是在说：因为我知道他爱我。给妻子和情人准备同样的礼物，无疑是情节剧的滥套，基耶斯洛夫斯基不回避类似的滥套，但他也绝不会展开这类滥套。在猫与老鼠的插曲之后，从事色情业的露西娅在游泳池边找到了茱莉，当她问道："你在哭吗？"画面再度隐入黑暗。而当茱莉发现了丈夫的不忠之后,奥利维尔问,"那,你想怎么样?"画面再度渐隐。在那之后,茱莉回答,"我要见她。"她见了她,发现她将为人母;茱莉将准备卖掉的乡间住宅送给了这位情人,并希望孩子沿袭父亲的姓氏。这无疑是一份慷慨,但将其送给丈夫的情人和将其变卖并分文不取,对于茱莉有着完全相同的意义,甚至是某种更好的方式:抹去过去,埋葬旧日,或者用弗洛伊德的表述——"杀死"死者。——无法真实地感知死者之死,无法相信亲人永不回还,意味着一再地于五雷轰顶的剧痛中体认着离丧与剥夺;相反在心理上接受了死者已死、亲人已逝的事实,那么生者将携带着可以承受的伤痛和间或温暖的怀念继续生存下去。这便是所谓"哀悼的工作。"

四次渐隐的超常规使用,表现了茱莉心中,为了避免触及太过巨大、新鲜的伤口而瞬间将全部感知系统遁入黑洞的心理体验。影片同样成功而富于原创的表达,则是对茱莉试图逃离旧日的一切,将自己淹没在无为时间中的呈现:沐浴在巴黎街头的阳光中,似乎极为闲适的茱莉闭着眼睛,如同盲人般,扬起面庞去感知并捕捉阳光的和煦;显然已极为熟悉的咖啡馆中,充满了温暖而明亮的光照,甚至阴影也充满了透明之感,而非不可穿透;特写镜头里的咖啡杯,极具形式感的光影缓慢的移动暗示了颇为漫长却不被感知的时间的流逝;大特写镜头中,一个变形的倒影,稍后

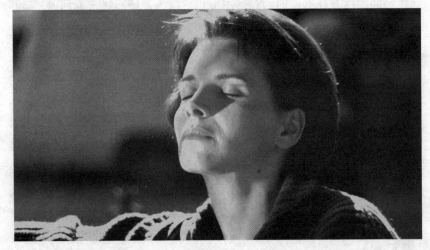

《蓝色》剧照

我们会发现,那是插在空饮料瓶口上的一种铮亮的不锈钢勺上映出的倒影,茱莉似乎相当专注乃至着迷地久久注视着它。在这一场景中,苦苦寻找的奥利维尔找到了她,但在他离去之后,同样在特写镜头中,我们看到茱莉将手中方糖的一角浸入咖啡,直到整块渗透了,茱莉才将它丢入杯中,咖啡溢出杯边。这一切都经过了极为周密的设计和准备。在一次电视访谈中,基耶斯洛夫斯基谈到,他预定这个镜头:雪白的方糖被棕色的咖啡完全渗透的时间应该是 5 秒,长或短都将影响那种微妙且无法言说的心理表达。于是,剧务跑遍了巴黎,才找到了体积和密度完全吻合的方糖以资拍摄。这幅画面在告知我们,对于茱莉来说,观赏方糖饱吸咖啡的过程,远比一个爱她的男人在寻找她、渴求她、思念她来得重要。或许更为准确的表述是,类似捕捉阳光的暖意、长久地凝视光影的移动或自己勺中的倒影,成为一种途径、一道围栏,茱莉可以凭借它们将自己托付给时间之流,或将自己封闭在身体感觉之中,从而将自己变为一无所感的空白,以此抗拒情感与记忆的涌现。一如茱莉对完全无法了解并回应她的母亲倾诉:"以前我什么都有,他们爱我,我也爱他们,但现在我已经一无所有,只剩下一件事:无所事事。"已有太多的研究者谈到了影片《蓝色》的呈现特征:尽管以悼亡为被述事件,但这部影片中除了模糊的荧屏上的葬礼场景,始终没有墓地、没有碑文、没有照片、没有纪念物。茱莉拒绝了所有连接着旧日的一切。她拒绝记忆,拒绝与记忆相关的一切,正是由于无法遗忘。她只能将自己"浸泡"在无为时间之中,将自己囚禁在自己的肌肤之下——为了能活下去,尽管生命于她已成为完全的磨难和煎熬。

在《蓝色》关于生与死、记忆与遗忘的主题中,母亲或曰母爱是一个潜在而隐忍的线索。但不同于一般意义上的情节剧,在《蓝色》中这一线索只是以极端节制的方式隐约浮现或简介表述,以至观众难以直觉地体认茱莉作为一个骤然间失去了孩子的母亲身份。当医生告知亲人的死讯,茱莉唯一的问题是:"安娜呢?"当医生确认了安娜的死讯,茱莉闭上眼睛,面颊上出现了剧烈的抽搐。而葬礼现场转播的屏幕上,可以清晰地看到茱莉的一只手指,抚摸着荧屏上那具小小的棺木。但自此,不再有人提起安娜。甚至在那挟音乐与蓝色同时袭来的情感与记忆中,似乎安娜——那活泼的小姑娘也成为缺席者。但这正是基耶斯洛夫斯基的表达方式：茱莉以遗忘对抗记忆，藉此本能地寻找着活下去的可能。安娜的"消失"，正在于那是茱莉所遭到的离丧和剥夺中最为痛切、完全无法补偿的所在：爱情或许可以更生，但被剥夺的孩子却是母亲永难治愈的伤口。那是茱莉必须从心底彻底抹去的记忆。于是，茱莉只身"出逃"，她寻找公寓时唯一的条件是"没有孩子"，而且她的确关闭起了心灵和记忆中关于孩子的一切。事实上，茱莉"出逃"之后，影片叙述的两条重要线索正是茱莉为战胜痛失孩子的剧痛所本能寻找的挣扎和救赎。首先是某种精神分析式的转移：作为某种重创后的自我投射，茱莉将自己变成了孩子，一再地来到母亲身边，向她倾诉，寻找抚慰和庇护。然而，也正是在这里显现了基耶斯洛夫斯基式的"书写"特征：其主人公所尝试去依靠的墙壁原本便是流沙——住在老人院中的母亲，是几乎完全丧失了理智的老人，她甚至无法辨认和确定茱莉的身份；那与其说是一位母亲，不如说更像是一个孩子。于是，茱莉的倾诉便如同朝向虚空、朝向幻影的独白。而另一插曲——储藏室中的老鼠，则以基耶斯洛夫斯基式的方式强化、凸现着这一内心最酷烈的挣扎。首先是老鼠唤起了茱莉童年非理性的恐惧，使她直接而强烈地体认着自己如同一个无助的孩子的绝望。而另一边，当茱莉为老鼠所惊吓，她同时发现，那是一只刚做了母亲的老鼠。这在双重意义上触动了茱莉的创伤性记忆，她再次来到母亲身边；继而，她从邻居那里借来了一只猫，将它放入了储藏室的门内。又一处基耶斯洛夫斯基式的表达：在这一捕杀老鼠的行动之前，他以一个无人称视点的插入镜头，在暖调的光照中拍摄母鼠搬运小鼠的场景——一个似乎关于自然生命、关于永恒母爱的场景。于是，对于茱莉，这成了另一个象征性的自杀和毁灭的动作。因此她再次跳入游泳池，并无法自抑地哭泣。也正是在这一场景之中，欢快吵闹着出现在游泳池旁的孩子们，再次给茱莉以重创，于是，她只能让自己如浮尸般躲藏/漂浮在水中。

从某种意义上说，反复出现的游泳池场景，如同非常规运用的渐隐技巧，事实上成了影片叙事的节拍器。而游泳池，不仅作为影片重要的蓝色载体被纳入色彩/意义结构之中，而且无疑负载着生与死的象征表达。影片的摄影师斯拉沃米尔·伊札克在接受电视采访时谈到，在影片实拍时，大家都意识到了游泳池的象征意义:水下是死,水上是生。水面成为生死分界线。跃入或浮出水面的动作构成了生死间的穿行。而同一电视访谈节目中,比诺什则说,在她对自己角色茱莉的设定中,游泳池具有母腹的象征意义,一次次地跃入游泳池,意味着一次次象征性地重归母腹。而我们知道,在精神分析的脉络中,母腹,准确地说是母亲的子宫,具有双重象征意义:其一,是最安全温暖的所在,是人类向死而生的悲剧生命之旅的起点处唯一一段完满、安全的"岁月";其二,依照弗洛伊德的表述,成年人重归母腹的愿望,事实上出自"涅槃本能",即死本能。因此,茱莉一次次地跃入游泳池,一边表达她将自己变为一个孩子,以期在象征性的母亲怀抱/母腹之中获得想象性的安全与庇护,一边则是一次次象征性地经历死亡与毁灭。比诺什谈到,她因此为自己设计了一个在水中漂浮的动作,如同母腹中的胎儿的体态。

如果说,在影片的叙述中,茱莉间或"幸运"地完成了"哀悼的工作",但自由与囚禁、生命与死亡的主题却继续延伸。影片的尾声,在为欧盟而作的交响乐声中,那透过鱼箱拍摄的做爱场景之后,摄影机在黑暗中平移开去,在似乎连续的画面中,黑暗渐次演变成蓝色调,闹钟响起,一只手入画关掉闹钟,镜头拉开,我们看到了少年安东,他或许是在清晨惊醒,独坐在黑暗中,在蓝色光照里下意识地抚摸着胸前的十字架——另一个孤独与爱的故事,一个爱却无法到达的故事,一个自由与囚禁的故事;再次经历了黑暗的片段之后,似乎持续平移的画面中显出了幽暗的光照,打开的窗上有茱莉母亲的重叠影像,直到我们看到坐在电视机前的母亲之时,才意识到她已颇为安详地永远闭上了双眼,后景中,我们看到了奔跑而来的护士——一个死亡的形象与死亡的场景;平移的摄影机再度隐入黑暗之后,朦胧中显现出露西娅的面庞,脸上流露着极度孤寂;再次经过黑暗,显露出在孕妇的腹部移动着的听诊器,接着,显露出荧屏上B超成像的胎儿,继而出现将为人母的女法官平静幸福的面庞——死亡近旁,生命在延续;再次从黑暗中浮现的影像,是无名者的眼睛和瞳孔中无名的影像,重现了创伤、剥夺、囚禁的主题;最后的影像是我们讨论过的茱莉的正面近景,当泪水涌出眼眶,画面渐隐,银幕渐次转换为饱满的蓝色,片尾字幕开始在蓝色的衬底上滚动。在黑暗中隐藏起画面切换的尾声,与其说是一个蒙太奇段落,不如说更像是一幅长卷画,它展示影片中与茱莉相关的人物的状态,同时展示着生生不息又经灾历劫的人类生存的状态。背景中,为欧盟所作交响乐的最后乐章,如歌咏,如祈愿,为这绝非完美却值得付出的人类和生命。

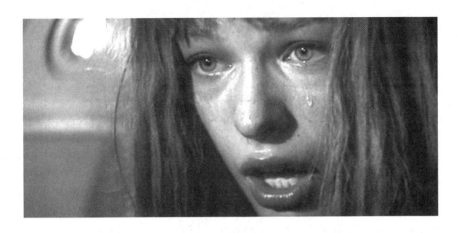

《第五元素》

英文片名：The Fifth Element
导　　演：吕克·贝松(Luc Besson)
编　　剧：吕克·贝松、罗伯特·马克·卡曼(Robert Mark Kamen)
摄　　影：希尔里·阿伯加斯(Thierry Arbogast)
主　　演：布鲁斯·威利(Bruce Willy)饰前特种兵少校科本·达拉斯
　　　　　米拉·乔沃维奇(Milla Jovovich)饰"第五元素"莉露
　　　　　加里·奥尔德曼(Gary Oldman)饰佐格
　　　　　伊恩·霍姆(Ian Holm)饰考内留斯神父
　　　　　克里斯·塔克(Chris Tucker)饰主持人卢比·拉德

法国、美国合拍，彩色故事片，113分钟，1997年
获戛纳国际电影节技术大奖，法国电影凯撒奖最佳导演、最佳摄影、最佳制作创意奖，法国巴黎卢米埃尔奖最佳导演奖

第三章　叙事学理论与世俗神话:《第五元素》

毫无疑问,叙事研究在当代电影理论及其批评实践中占有相当重要的位置。这不仅由于在结构、后结构主义时代,"叙事"成了一个重要的理论概念与探讨众多文化事实的基点,而且由于今天我们所谓的电影——故事片正诞生于电影这一现代科技的记录手段同叙事极为偶然的相遇与结合。

法国电影理论家、当代电影理论的奠基人克利斯蒂安·麦茨一个不无晦涩的表述,相当准确地说明了叙事之于电影/故事片的重要意义:并非由于电影是一种语言,它才讲述了如此美妙的故事;而是由于讲述了如此美妙的故事,它才使自己成为了一种语言。或者,用意大利著名电影导演、电影理论家帕索里尼的说法,便是:"电影就其本质而言,是一种新语言。"电影"语言"是为了叙事的需要而创造出来的。因此,电影的叙事研究不仅是对于所谓电影"内容"的研究。

然而,我们在这一章中所介绍并应用于分析实践的叙事学理论及其分析方法,却并非电影理论所专有。所谓叙事学,所指的并非关于叙事/虚构性文学艺术作品的研究,而是特指结构主义理论与实践的一个重要脉络。

第一节　叙事学的基本分析类型

关于叙事学,首先会追溯到两位开启结构主义时代理论灵感的大师,一位是结构主义人类学家,被称为"结构主义之父"的列维-斯特劳斯,一位是弗拉基米尔·普罗普和他的《俄罗斯民间故事研究》。

列维-斯特劳斯众多的人类学研究成果与另一位结构主义之父、瑞士语言学家索绪尔的《普通语言学教程》以及将索绪尔依照语言学模式建立普通符号学的构想付诸实践的法国思想家罗兰·巴特一起,启动了后人称为"语言学转型"的人文、社会科学的巨大变更。为列维-斯特劳斯所标识出的理论路径,远不止于叙事学。与叙事学理论、同时也是与整个结构主义时代直接相关的,是列维-斯特劳斯对古希腊神话传说的研究。在列维-斯特劳斯看来,尽管穿越漫长久远的历史岁月,今人所读到的故事、希腊传说已斑斑驳驳、残缺不全,但将不同的故事彼此参照,我们仍可以从其共同的意义单元里解读、整合出一个共同的意义"内核",一个在面目各异的神话传说故事中不断复沓出现的结构性单元:对亲属关系的过度重视与对亲属关系的过低估价。依照列维-斯特劳斯的阐释,古希腊神话对于古代希腊社会的意义,正在于通过不断的讲述,尝试解决内在于彼时彼地社会文化内部的一个深刻的矛盾:作为彼时社会信仰的人类源土而生,以及在现实生活中,人类依血缘为母亲孕育而生。在此姑且搁置对古希腊神话及其意义的深入探讨,列维-斯特劳斯这一研究的意义,不仅在于神话学或古希腊,而且在于他尝试指出古往今来人类不同时代的叙事行为具有共同的社会功能:通过千差万别、面目各异的故事,共同呈现某种潜在于其社会文化结构中的矛盾,并尝试予以平衡或提供想象性解决。这一研究成果极大地启发并打开了叙事学及整个结构主义时代的研究思路。

而普罗普的研究却直接成为结构主义叙事学的源头,成为叙事学的鼻祖之一。有趣的是,普罗普的研究与结构主义的产生并不存在任何直接的关联,这一研究自身也不存在任何理论的超越性意图。就其本身而言,它只是一个具体的领域——俄罗斯民间故事的一次具体的研究。但普罗普的成功研究却事实上开启并参与了俄国形式主义的产生及发展,经由莫斯科——布拉格——巴黎这一理论旅行的脉络,成为结构主义叙事学理论的起点之一。而列维-斯特劳斯与普罗普之间关于叙事研究问题的一次著名的论战,也是使普罗普列入结构主义理论家"名册"的原因之一。就普罗普的具体研究而言,在对数量极为浩繁的俄罗斯民间故事进行极为深入细致的研究之后,他发现,尽管俄罗斯民间故事有着千变万化的人物、千差万别的情节，但其中无疑存在着一些基本的、始终不变的元素。

首先，是众多身份、面目各异的人物，却不外乎七种角色，普罗普将其称为七种"行动范畴"。这七种角色或行动范畴分别是：

1. 坏人
2. 施惠者
3. 帮手
4. 公主，或要找的人和物
5. 派遣者或发出者
6. 英雄或受害者
7. 假英雄

普罗普所谓的角色/行动范畴，并不等于故事中的人物，而是在故事中的不同段落、情节发展的不同时刻所具有的功能。故事中的一个人物可以在故事发展的不同段落、不同时刻中扮演不同的角色，置身于不同的"行动范畴"；同样，同一个角色或"行动范畴"也可以由不同的人物来扮演，不同的人物在同一个情节段落中扮演同一个角色，置身于同一"行动范畴"。诸如《第五元素》中莉露在影片的前一部分英雄科本·达拉斯与警察的对峙中充当被争夺的"公主"，但在"失落的天堂"的战斗中却充当着英雄或受害者的角色，而在影片最后段落中再度成为必须为科本的爱所温暖和拯救的客体；而在争夺前往"失落的天堂"机票的段落中，考内留斯神父、佐格的爪牙、警察同时扮演英雄科本的对手，即坏人。

当我们尝试将普罗普的七种角色或行动范畴的描述广泛应用于其他叙事类型，其中有几种角色需要予以补充说明。一是派遣者或发出者。这是指故事中的某种权威形象，通常是长者、领袖。他同时是故事中元社会的象征。所谓元社会，便是故事中陷于困境或危机之中的某个村庄、部落、城市、国家或家庭等等所代表的人类社会。而派遣者/发出者，便是这一社会中权威或秩序的象征。在经典故事中，常常是由这一权威人物对英雄发出行动的指令。但在现代叙事中，派遣者却不再是一个绝对必要的角色；主人公常常为了自己的目的、利益或为了拯救自己而行动。换言之，是英雄/受害者同时充当了自己的派遣者——某一人物，通常是主角在叙事中同时充当两种功能角色/行动范畴。另外需要说明的"行动范畴"是"坏人"。在经典的民间故事或不同时代的主流叙事中,"坏人"——破坏或威胁元社会的安宁,阻碍主人公完成人物或实现自己愿望的角色,诸如一段爱情故事中拨乱其间的小人,是一个充分必要的元素。在现代叙事中亦如此。只是在现代叙事中,实施"坏人"这一角色功能的,经常并非一个人物,也许是险恶或异化的环境,也许是某种心理创伤或心理疾患。同样需要说明的,是施惠者的角色。顾名思义,所谓施惠者尽管同样为主人公完成人物或实现其目标提供了帮助,但不同于一般意义上的帮手,施惠者是在叙事的特殊时刻为主人公提供了某种特殊帮助的角色,诸如武侠小说中,主人公遭遇了"山中高人",因此而获得了某种特殊的法力、法器或武功。施惠者也可能是某种人生导师式的角色,在他的指点下,主人公战胜了自身的弱点(内在的敌手)而走向成功。在叙事研究的普遍意义上,普罗普的角色或行动范畴中最为特殊的一个是"假英雄",这是在形形色色的民间故事中十分常见的一个角色,经常呈现为英雄的冒名顶替者。但在其他的叙事类型中,这一角色并非充分必需的叙事元素。

同时,在普罗普对俄罗斯民间故事的研究中,数量浩繁、千差万别的民间故事被他总结为六个叙事单元,这六个叙事单元又具体划分为三十一种叙事功能:

单元一,准备:

1. 炉边缺少一位家庭成员
2. 一个禁令或规定加诸英雄身上
3. 禁令遭违背
4. 坏人试图刺探情报
5. 坏人得到了一些情报
6. 坏人试图欺骗受害人以控制他或他的所有物
7. 受害人上当违心助敌

单元二,纠纷:

8. 坏人伤害了家庭成员
8a. 家庭成员需要或渴望某种东西

9. 需要或不幸被申明；英雄被请求、命令或自愿前往执行使命
10. 英雄计划对付坏人

单元三,转移：

11. 英雄离家
12. 英雄被试探、攻击、质询,并因而获得了一个有法力的施惠者或帮手
13. 英雄对这位未来的施惠者的行动做出反应
14. 英雄借重这位有法力的人
15. 英雄到达他的任务所在的地点

单元四,对抗：

16. 英雄与坏人面对面作战
17. 英雄被侮辱
18. 坏人被击败
19. 此前的不幸或需要得到解决

单元五,归来：

20. 英雄归来
21. 英雄被追捕
22. 英雄脱险
23. 英雄回到故乡或某处却不被承认
24. 假英雄做出假声明
25. 英雄面临艰巨挑战
26. 英雄战胜挑战
27. 英雄获得命名

单元六,接受：

28. 假英雄/坏人的身份败露
29. 假英雄被变形
30. 坏人遭惩罚
31. 英雄迎娶公主或登上王位

普罗普的结论是：1. 不管叙事人如何编排演绎,叙事功能是故事中

不变的元素。它们是故事中的基本元素。2. 民间故事中可知的叙事功能永远是有限的,千变万化不出此三十一种功能。3. 叙事功能的出现顺序永远不变。并非每一个故事都完整地包含这三十一种功能,但是一旦这一功能序列出现,其前后顺序不会颠倒或改变。就其结构而言,民间故事属于同一类型。某些时候,某些叙事功能或单元会重合或者重复。

随着结构主义时代的到来,普罗普关于俄罗斯民间故事的研究,也经由英译本而获得了全球范围内的广泛传播。世界各国研究叙事理论和叙事艺术的人们,不无惊讶地发现普罗普的理论可以适用于大部分的叙事类型,尤其是大众文化的诸多叙事类型,诸如民间故事、连本戏曲、话本小说、武侠小说、连环画、商业电影、电视连续剧等等。不少著名的大众文化和电影理论的研究者都运用普罗普的模式对相关的叙事文本进行过研究。颇为神奇的是,人们发现,普罗普的模式和结论在多种现代大众文化的叙事类型中仍相当有效。当然,类似的研究也遭到了某种非议和指责。种种非议的要点在于,类似应用研究常具有某种削足适履的倾向,研究者未免通过阐释甚至过度阐释将某个现代情节牵强地附会在普罗普的某个单元或某种功能之上。事实上,就现代文本的叙事研究而言,普罗普的结论更适用于某些叙事类型,诸如动作片的若干类型——西部片、警匪片以及我们将要涉及的科幻—动作类型,适用于诸如新武侠小说及其武侠类型的电影、电视剧,而非所有叙事类型。对普罗普理论的应用研究的批评,再度明确了普罗普的研究原本并非为了建立具有泛性的叙事理论,它只是一项关于俄罗斯民间故事的具体研究。

因此,结构语义学家格雷马斯在普罗普研究的基础上,对普罗普所概括的模式做了进一步的修正和深化,以建立一个具有普遍意义的叙事分析模式为目的,将普罗普的七种角色/行为范畴概括为三组、六个动素,它们分别是主体/客体、发出者/接受者、敌手/帮手,并建立了自己的动素模型:

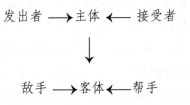

另外,他还将普罗普的六个叙事单元、三十一种功能概括为四个叙事/意义单元:契约、考验、移置、交流。不难看出,格雷马斯的动素模型对普罗普的角色/行动范畴说的改动,首先是取消了两种基本上为民间故事所独有的角色——假英雄和施惠者,添加了一个新的元素——接受者,即主体/英雄行为的受益者。我们将看到,在《第五元素》中,接受者被设定为人类、地球上的生命之源:因科本·达拉斯的英雄壮举,地球/人类重获五大元素,并因此而获救,生命、光明、希望和爱因此而继续绵延。其次,也是更重要的是,格雷马斯动素模型并非普罗普的角色或行动范畴的简约形式或"简体版",其中的六个动素分别构成了三组二项对立式,它们不仅构成了叙事功能上的对立或对应,而且初步揭示了叙事文本的意义结构。从某种意义上说,当我们准确地解读出叙事文本的动素模型,已经初步把握了叙事作品的文本结构,尤其是一部叙事性作品的时代或曰历史特征与某种文化意义定位。联系对普罗普角色/行为范畴的讨论,我们将看到,如果发出者与接受者是同一个象征正义与秩序的元社会,而敌手是黑暗的恶势力,那么已经可以基本断定这一叙事文本属于经典的主流叙事序列,而主人公——叙事文本中的主体,必定是匡扶正义、惩恶扬善的经典英雄。如果主人公集发出者、接受者与主体于一身,那么,它已多少透露出某种个人主义的意识形态或哲学支撑;在这种情形下,如果将敌手设定为某种社会权威或权力象征,那么我们已可以基本断定作品所具有的某种黑色寓言或反面乌托邦特征,当然,它也可能仅仅是某种特定的叙事类型,诸如警匪片中的惯例。与此相关,如果主人公集发出者与行动主体于一身,那么接受者的不同设置便将赋予作品完全不同的意味。诸如《神雕侠侣》中的杨过原本无父、无师,为象征武侠小说中的元社会的正派武林所放逐,是集发出者与行为主体于一身的独行侠;但小说的结局,杨过终于加入了抵御金兵的行列,并建功立业、救万民于水火,得到了元社会——正派武林与正统汉家皇权的认可,重归正统英雄的行列。而在冯小刚的影片《没完没了》中,当主人公行为的受益者/接受者被设置为韩冬(葛优饰)唯一的亲人、已成植物人的姐姐的时候,故事便从中国市场化时代的喜闹剧悄然转化为不无温情与苦涩感的情节剧,亲情跃居金钱之上,成为故事意义的核心和叙事驱动。换言之,不是每一个动素自身,而是它们之间的相互关系,建构出文本的表层与深度意义结构。

格雷马斯不仅将普罗普的研究成果从一个具体对象的研究演化为一个结构语义学的范式,同时在列维-斯特劳斯关于古希腊神话研究的基础上,推演出了他关于"意义矩形"的范式。格雷马斯指出:所有的叙事文本乃至全部文本中,一定包含着一个意义的深层结构;而这一深层结构是一组核心的二项对立式(设定为 A/B)及其所推演出的另一组相关且相对的二项对立式(−A/ −B)建构而成的。我们将这两组二项对立作为一个四方形的四个端点予以排列,便获得了一个意义的矩形。格雷马斯将其图示如下:

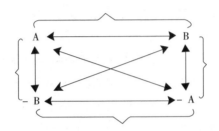

我们由此获得了又一个六对三组关系:其中 A 与 B、非 B 与非 A 之间是对抗性关系,A 和非 B、B 和非 A 之间是互补性关系,A 与非 A、B 与非 B 之间是矛盾性关系。文本的意义结构或曰深层,便呈现在这三组关系的变化组合之中。我们将以《第五元素》作为示范,来演示并实践这一意义矩形与作品意义结构的关系。

而另一位结构主义理论家茨维坦·托多罗夫,在他的结构主义诗学阶段则延续了罗兰·巴特的研究思路,侧重依照语言学模式,尝试建立叙事语法研究。他所提出的叙述范式如下:

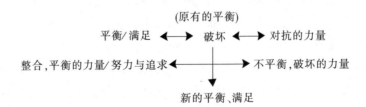

与此相近,克罗德·布雷蒙则设定了一个不同的范式,以呈现叙事表

层逻辑的发展,他认为一部叙事性文本便是一个不断二分的枝形结构:

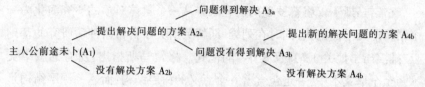

依照布雷蒙的理论,叙事所给定的初始情境是主人公——我们也可以将其置换为元社会——面临某种问题和困境,由此打开了叙事的两种可能:试图去解决问题,打破困境;问题无从解决,处境已成僵局。至此叙事体尚未形成,文本所展示的只是一种状况。因为所谓叙事,尽管有成千上万种定义和阐释,却始终难以超出亚里士多德所谓的"情节律":叙事包含着一个开端,一个中段,一个结尾。就布雷蒙的叙事链 $A_1 \rightarrow A_{2b}$ 而言,故事在其开端处便已终结。而经典叙事大都在问题→尝试解决问题→问题部分得到解决,同时出现新的问题→尝试新的解决方案的类似模式中持续推进。因为狭义的叙事:讲述故事的秘密,表面看来是推进情节的发展,而事实上却是延宕情节的发展,使故事在通往结局的过程中峰回路转、异峰迭起。如果这一枝形的叙事链最终以"问题没有得到解决",即主人公的努力最终以失败告终,那么,我们可以将其视为直接、简约的悲剧形态;相反,这一不断展开的枝形链条,以问题得到解决而结束,我们则可以将其视为正剧或喜剧的简约形态。

在结构主义时代,叙事学这一领域造就了一代理论大师。这些理论家——结构主义语义学家、结构功能论者,都尝试创造出某种简明有效的理论范式,使其对于千差万别、千变万化的文化文本,尤其是叙事性文本,具有普泛性与绝对的覆盖力,成为破解叙事的秘密与深藏的意义结构的利器。在此,我们暂且搁置对宏大叙事与具有普泛性理论诉求的批判,仅就实践层面而言,可以说,没有哪一种研究范式具有放之四海而皆准的普遍真理的价值。一般说来,结构主义诗学范畴内的叙事学范式,对于今天的大众文化文本具有更广泛的适用性,但也并非任何一种范式都具备相对于所有大众文化文本的有效阐释力。在此,需要强调的是,任何一种理论,无论其出自欧美或出自本土,都一定具有它自身的历史、现实脉络,因此具有它自身的历史与现实限定;同时,任何一种理论范式,在为我们揭示出某些隐藏的面向的同时，也可能造成我们对另外一些重要面向的盲视。结构主义时代，理论一如批评，只是一种社会的表意实践，并不具有相对于批评与其他文化实践的优越或优先的地位。因此，相对于批评实践（包括其他的文化和表意实践），理论，只是或可借重的利器。将某种理论应用于批评实践，无所谓成败，关键在于这一理论范式是否对对象文本具有阐释力，是否开启了思想与批评的新的空间和可能。

第二节 叙事范式与批评实践

下面我们将把法国导演吕克·贝松摄制的英语影片《第五元素》作为应用叙事学范式的实践场域与演练标靶，以演示将叙事学的理论范式应用于电影文本研究的可能。

关于《第五元素》，需要首先说明的是，这是以《杀手莱昂》(*Leon*，另译为《这个杀手不太冷》)而确定了自己的影坛地位的法国导演吕克·贝松的第一部国际线路或者直称为好莱坞线路的"大片"。影片作为法国电影出品，却采用了英文作为原声对白，并以好莱坞的硬汉型影星布鲁斯·威利斯为主角，对于高度重视本土电影，同时在文化心态上极度排斥好莱坞电影的法国电影工业而言，正是全球化时代的文化奇观之一。此后，吕克·贝松的又一部大片《圣女贞德》(*The Messager: Story of Joan of Arc*)，直接作为法国产好莱坞电影出品，获得国际范围内更大的票房成功。因此，在世界电影史

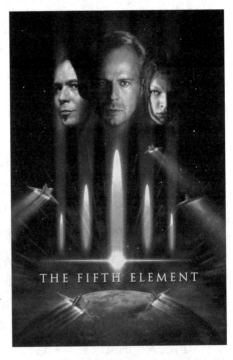

《第五元素》海报

的脉络中,《第五元素》更接近好莱坞的世俗神话,而非欧洲艺术电影的传统。用导演本人的说法,便是:"这是我最远离现实的影片……我想制作一部纯娱乐电影。"从某种意义上说,主流商业电影、尤其是好莱坞电影在20世纪上半叶的欧美社会中,某种程度取代了教堂在公众生活中的位置。人们到电影院中去寻找感情的释放,获取想象性抚慰。人们或者在影院中沉浸于某种远离现实的白日梦境,或者在影片中再度遭遇某种现实困境、社会问题的再现,同时获取现实中无法获得的"想象性解决"。在无尽的爱神和死神之后,主流商业电影永远会将我们带往一个"大团圆的结局"。其次,这部导演声称产生于自己16岁时的奇思妙想的影片,无疑是好莱坞科幻片、法国通俗喜剧、连环画等等大众文化产品的拼帖,导演自称:"如果让我来界定《第五元素》,那么它是三分之一的《巴西》、三分之一的《星球大战》、三分之一的雅克·塔堤(著名法国喜剧演员)。"同时,影片的研究者也指出,我们可以从《第五元素》未来大都市的空间造型中,发现弗朗兹·朗的《大都会》、里德雷·斯考特的《银翼杀手》间鲜明的互文承接。影片中尚有诸多互文拼贴与戏仿因素,使之具有了鲜明的后现代主义的电影特征。但在此章节中,我们主要通过《第五元素》示范作为一种批评、分析方法的叙事学范式,因此,将搁置对影片的后现代特征的讨论。

　　从某种意义上说,影片《第五元素》自身的现代世俗神话的特征,极大地诱惑着我们运用叙事学的有关理论范式去予以解读。

　　这是一个高度吻合于托多罗夫叙述范式的影片。2259年,未来的人类原本平静地生活在"宇宙联邦政府"的管理下(原有的平衡),但一个来自邪恶黑星的"有智能巨大火球"恶意地向地球逼近,人类所拥有的全部抵御手段不仅无效,反而增加了敌人的力量,人类的生存危在旦夕(平衡遭破坏)。此时,代表宇宙间善良力量的蒙杜沙瓦星球为宇宙联邦政府、也就是人类送来了唯一可能战胜邪恶敌手的五大元素(恢复平衡的力量);但人类获取五大元素的过程,却遭到了人类的败类、邪恶黑星的地球代理人佐格和残暴、贪婪的外星孟加罗人的破坏、阻挠(继续破坏的力量)。于是,人类的英雄科本·达拉斯在蒙杜沙瓦星球的地球联络人考内留斯神父的帮助下,与地球科学家以残骸再生的第五元素莉露一起与佐格和孟加罗人展开了搏斗并战胜之。科本等人在千钧一发的时刻(经典电影叙事中的典型时刻:"最后一分钟营救"),在埃及的古神殿中启动了五大元素,地球上的人类和生命获得了拯救,科本与第五元素莉露获得了爱情(新的平衡和满足的达成)。

我们同样可以运用普罗普的叙事单元与功能序列来重述《第五元素》。除去没有假英雄这一功能角色,影片与普罗普功能序列的大部分都吻合,说明影片具有当代世俗神话的特征。

准备单元。影片开端处,我们看到颇为落魄的科本·达拉斯形单影只地独居在2259年的纽约。他的妻子已离他而去(炉边缺少一位家人·功能1)。影片以特写镜头凸现了一幅倒扣在桌面上的结婚照,并通过一只和科本相伴的猫、尤其是二者一起在"中国人"的快餐车上"共进"

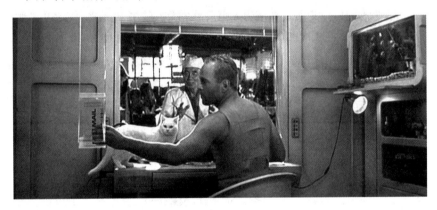

《第五元素》剧照

晚餐强调了科本生活中这一匮乏状态。在科本的朋友"手指"(一个只存在于画外音中、始终未曾露面的人物)的电话中,科本被警告要安全驾驶,不得再度违章(禁令下达·功能2)。但接着,他遭遇交通事故并拒绝与警方合作,救下了莉露(禁令被违背,功能3)。恶棍佐格从邪恶的孟加罗人那里得到一个空箱子,因此他想向神父刺探情报(功能4)。神父拒绝合作,但佐格的爪牙通过窃听宇宙联邦政府获得了部分情报(功能5)。

纠纷单元。人类社会在邪恶黑星的威胁下急需四大元素(功能8a)。将军命令科本前往失落天堂,接收四大元素(功能9)。

转移单元。科本前往失落天堂(英雄离家·功能11),并抵达失落天堂(功能15)。

抗争单元。莉露和科本分别与敌手战斗(功能16)。莉露受伤并丧失了斗争意志(功能17)。科本打败敌手(功能18),获得四大元素(此前的需要得到满足·功能19)。

归来单元。科本带着神石、莉露、神父和助手成功起航(功能20)。火球以加速度向地球推进(新的挑战·功能25)。他们抵达埃及神殿,安装神石,但更大的挑战在于说服莉露相信绝非完美的人类有理由继续生存下去,莉露终于为科本的爱所感召,启动了四大元素,人类终于获救(功能26)。

接受单元。总统亲自来嘉奖(功能27)。科本和莉露结合(功能31)。

尽管我们可以更细致地分析《第五元素》中的情节元素,使之更为贴切、详尽地吻合于普罗普的功能序列,但我们借助叙事理论的目的,是为了揭示出文本叙事所潜藏的意义,而不是为了舍本求末,以文本反身印证某一理论范式的万能,因此,必须指出,我们上面所做的分析,不仅显然具有削足适履的倾向(诸如在影片中外星女歌星无疑扮演着施惠者的角色,但她却出现在抗争而非转移单元之中,等等),而且类似的对号入座,并未推进我们对影片叙事的剖析。我们首先应该看到,尽管《第五元素》具有相当突出的现代世俗神话的特征,但所谓电影——现代世俗神话,毕竟只是一种类比的表达。电影作为"机械复制时代的艺术",不可能完全等同于上古神话或农业文明时代所产生的口耳相传的民间故事。如果说,主流商业电影在现代工业文明或后工业文明时代仍发挥着某种昔日神话与民间故事的社会功能,那么,产生它并接受它的社会已发生了极其深刻的变化。我们将看到,不仅需要将《第五元素》定位于大众文化所生产的世俗神话序列之中,还要在世界电影史的版图内寻找《第五元素》的坐标。

在直观的观察中,我们已经可以发现,影片《第五元素》中有动作片、科幻片及喜剧电影的元素;深入考察,我们会发现它属于好莱坞电影工业所创造的一个新的类型序列:历险—动作—科幻—灾难类型。这一复合的类型序列,以"印第安纳·琼斯系列"、007系列和《星球大战》系列、

《独立日》(中文另译为《天煞:地球反击战》)为代表。

就一种新的世俗神话叙述类型(或曰复合类型)而言,这类影片的文本结构通常是两个功能序列的重合。换言之,这种当代版的"神话",并非一个单纯的故事,而是两个故事、两种意义结构的互补和叠加。其中的第一序列是拯救世界的故事,即一个在邪恶势力的袭击面前丧失了宁静祥和的元社会,如何经过善/恶搏斗、经历黑暗/光明王国之间的角逐、经过英雄历尽坎坷的历险而重获和平的故事,这正是传统民间文学故事中的功能序列。在类似影片中,这一功能序列仍然是叙事的主要构成部分。但第二序列却更多地出自工业文明、后工业文明时代大众文化的"创造":那便是承担起拯救世界使命的英雄的自我拯救。也就是说,在一部影片中存在着两个故事与意义的层面,其一是社会神话层面,我们在战胜外来威胁(这一外部威胁,常常是某种社会内在困境的外部透射)的过程中,重新整合起自己的社群;其二则是个人的神话,自主意志的神话或主体的神话:一个在现代社会中遭到挫败、体认着匮乏的个人在拯救社会的过程中遭遇真爱或治愈创伤,重获生命的意义和完满。类似影片的成功,正在于它能否给出双重的抚慰和双重的满足。

我们再次结合普罗普的功能序列和格雷马斯的动素模型,对《第五元素》中的两个功能序列进行分析。对于我们所讨论的复合类型的影片而言,在第一个功能序列中,民间故事中的家庭或王国通常被更换为现代民族国家。在好莱坞电影中,这个遭遇威胁、又终于安度危机的现代民族国家当然是美国。在科幻片—灾难片中,情节的主体常常是外星邪恶势力与地球人类间的大对决,于是,影片中的美国政府便当然地成了人类的代表,成为善、生命、光明的所在,并成为拯救人类的力量。在《第五元素》中,元社会/未来人类社会的象征是宇宙联邦政府。它作为影片动素模型中的唯一发出者和接受者,确定影片第一功能序列的神话基调。所谓宇宙联邦政府的总部设置在纽约,无疑令人们联想到联合国或美国政府。有趣的是,作为好莱坞经典电影的一个差异元素,影片的宇宙联邦政府有着黑人总统形象。但这与其说是一种更为进步的种族立场,不如说只是主流文化面对黑人民权运动风起云涌半个世纪之后所采取的表层的应对策略。一如根据德国导演威姆·文德斯的名片《柏林苍穹下》重拍的好莱坞电影《天使之城》中，白天使的主角身边增加了一名黑天使作为陪衬，《第五元素》中的黑人总统固然威风凛凛、临危不乱，但是事实上，作为元社会的最高权威人物、人类象征、光明王国的守护者，这位总统面对危机一筹莫展，毫无作为；他所采取的应对举措，如果不能说愚蠢，至少是完全无效。

依照第一序列，《第五元素》的准备单元的开端——"炉边缺少一个家庭成员"，所指的并不是一个缺席的人物，而是对应着序幕：蒙杜沙瓦人带走了五大元素，人类因此在未来的袭击面前失去了屏障。于是，三百年后，人类遭到邪恶黑星的袭击，无力抵抗，必须重获五大元素。在这一功能序列中，的确存在着一道禁令，但这禁令同样不是下达给某个人物，而是由考内留斯神父传达的针对人类的禁令：人类不能反抗，人类的反抗只会加强邪恶势力。人类只能等待五大元素的重返。但禁令被违背。总统与将军以人类的自大和无知声称"我们不欢迎不速之客"，发射了防御导弹，结果却导致逼近地球的炽热星球的体积成百倍地扩张。此时佐格获得情报，伙同孟加罗人击毁了蒙杜沙瓦人来送五大元素的飞船，试图获取五大元素。在这第一序列的准备单元中，出现的行为主体尚不是科本·达拉斯而是考内留斯神父，他原本就是五大元素的守护者，是蒙杜沙瓦人与地球人之间的联络者。他试图主持大局，但没有成功。接着第二个序列进入，真正的英雄登场，神父退居为帮手、在某些时候是喜剧性的敌手。

我们可以看到，在《第五元素》中，促使叙事高峰迭起、同时也促使叙述的主体事件不断延宕的，不仅是两个叙事功能序列间的切换，而且是主要的功能序列不断转换为次功能序列。借助布雷蒙的范式，《第五元素》中的主序列是人类在五千年一次的邪恶黑星的袭击面前生死未卜，解决问题的方案——人类的反击遭到挫败。新的解决方案是等待蒙杜沙瓦星球的五大元素到来。这一期待由于佐格和孟加罗人的介入而遭到延宕。于是叙事进入了一个次序列：如何获取五大元素。解决方案之一：科学家以第五元素的残骸再生了第五元素莉露。但莉露粉碎密闭罩出逃，引出了一个插曲式的序列。她与科本·达拉斯的相遇使得影片叙事的第一功能序列与第二功能序列相遇，并交织在一起。当科本将莉露送至考内

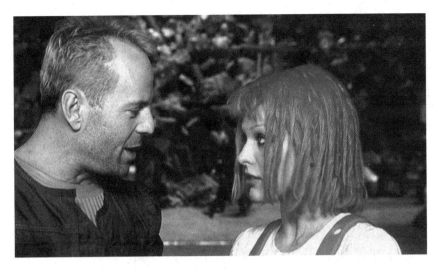

《第五元素》剧照

斯处,人类的问题变成了如何得到女歌星带往"失落的天堂"的代表四大元素风、水、火、土的神石。在拯救世界的功能序列中,充当善恶两大营垒争夺对象客体的是四大元素的神石,第五元素则具有相当特殊而复杂的功能意义。第五元素的再生,是影片中高科技迷人的奇观段落之一;在这一段落中,我们被科学家告知:第五元素的DNA与人类相同,并非异类,她与人类的区别仅仅在于"完美程度"。第五元素获得再生之后,她履行的第一个使命是为人类传递关于四大元素神石的信息。也就是说,她在叙事的第一功能序列中出演的是施惠者的角色。她跌入了科本的出租车,请求帮助,科本给出帮助,因此而获得了未来行动中的英雄资格;在第二功能序列中,这无疑是他"遭遇真爱"的"命定"时刻。而在抗争单元中,她作为四大元素的法定接受者,事实上与科本共同占有着主体的动素位置。直到最后段落中,她才成为由科本加以拯救的客体。

在关于现代个人的神话,即影片叙事的第二个功能序列中,"炉边缺少"的"一位家人"是科本的妻子,在现代逻辑和观念的个体生命史中,这显然标识着孤独或情感的匮乏与欲望的匮乏;而在影片的特定语境中,这同时标识着某种男性生命的挫败和伤痛。这也是科本·达拉斯的扮演者布鲁斯·威利斯这一明星形象所携带并传达的信息。就主流电影工业系统的"明星制"而言,所谓"明星"并非知名演员的代名词。"明星"意味着一种成功的定型化角色,一个演员不断饰演的同一类型角色特征会渐次叠加,积淀在其"明星"形象之中。大制片公司与相关传媒也会有意识地采取某些策略,以混淆此明星所饰演的角色与其个人生活的"真实"报道。而布鲁斯·威利斯正是一位以扮演好莱坞电影中特有的类型形象——"硬汉"而获得成功的超级明星。他的"明星"形象,也是"硬汉"这一定型化的形象,不变特征之一,便是其登场之时,通常是一个在现代社会中不甚适宜甚至饱受挫败的形象,失意,有几分落拓。但也正是这个似乎作为典型失败者的小人物,在关键时刻迸发出超人的力量,从而拯救社会于危难之中。在关于《第五元素》的众多影评中,不时有人善意地嘲弄道:似乎需要认真计算一下,这究竟是布鲁斯·威利斯第几次成功地拯救美国、拯救人类。因此,在《第五元素》的开头段落,科本和"手指"的对话,暗示那位缺席的妻子是主动弃科本而去。当"手指"指责他重视猫超过人时,科本的回答是:"猫至少会回家。"当"手指"认定他仍不能忘怀妻子,提醒他世界上还有许多其他女人时,科本则说:"我不需要女人,除非是一个完美的女人。"于是,这个完美的女人名副其实地"从天而降"。在这第二个功能序列中,莉露出演客体——典型的主流叙事中男性主人公的欲望客体。这也正是两个功能序列叠加所提供的双重客体与双重归属;某种拯救人类的宝物将归属于元社会,在多数好莱坞电影中,是归属于美国政府;而女人归属于英雄,是英雄获救的标识,也是英雄获胜的锦

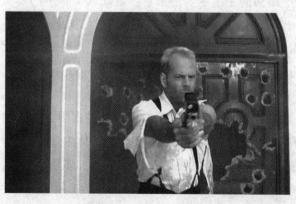
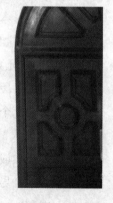

《第五元素》剧照

旗。这最后一层的意义构成,并不具有任何新鲜的意味。古希腊史诗《伊利亚特》,便记述了为争夺绝代美女海伦而起的战争,当希腊大军终于攻陷特洛伊城,海伦出现在城头的时候,胜利者万众欢呼,认定为了这样的锦标,大军征战十年,死伤无数,实有所值。这类故事的现代版本之变奏在于,作为胜利的锦标的女人——当然一定是绝色美女的获得,同时意味着男主人公从现代社会的诸多挫败、放逐与疏离中获救。

我们可以再度明确地梳理一下《第五元素》中的动素模型:按照格雷马斯的定义,《第五元素》中的发出者和接受者相当清晰地定位为宇宙联邦政府。它作为元社会象征着人类;作为一个神话元素,在宇宙间的善恶力量、光明王国与黑暗王国的大对决中,它象征着宇宙中善良的正义力量与光明王国之所在,象征着生命的力量。我们已经讨论过,在第二功能序列中,科本同时成为欲望客体莉露的接受者。而主体,则在不同段落中分别由考内留斯神父、第五元素莉露、尤其是联邦政府前空军特种部队少校科本·达拉斯出演。所谓客体,在第一功能序列中是四大元素的神石,在第二功能序列中是第五元素莉露。其中的敌手,首先是幽冥之中不可见的邪恶黑星,代表宇宙中的黑暗势力与灭绝的力量;其次直接呈现在影片中,则是邪恶、贪婪的佐格,以及与他狼狈为奸又钩心斗角的孟加罗人。后者愚钝、残暴,生着丑陋的猪头,不时幻化成人形;或许需要提示的是,当其幻化成人类的时候,采用的是黑人的形象,从无例外。影片中出演帮手这一动素的,是考内留斯神父和卢比(黑人的节目主持人)。

和大部分讲述外星邪恶势力进犯地球的科幻小说、科幻电影一样,我们可以相当轻松地获得格雷马斯意义矩形中的核心二项对立式;那便是人类(A)与反人类(B);依此类推,其相关的对立项便是非人类(-A)与非反人类(-B),于是我们便可以建立起《第五元素》的意义矩形:

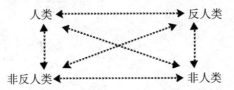

我们接着便可以在不同的相对关系中,为影片中诸多人物找到他们在意

义结构中所居的位置:

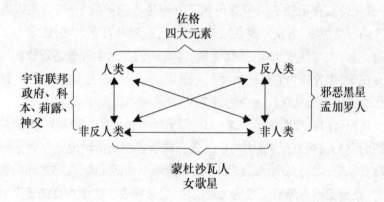

从这个意义矩形中,我们可以直观地看出,就影片的意义结构而言,这是一场宇宙联邦政府、英雄科本、完美女性莉露、守护着人类生命的考内留斯神父与邪恶的黑星,简言之,便是人类的代表与邪恶黑星、毁灭与死亡力量之间的角逐。就像片中所言,那是五千年一次,"黑洞之门打开,终极的邪恶逸出,带来毁灭和混沌",其"目标是毁灭生命,所有形式的生命"。唯一能保护生命的,是"构成生命的四大元素围绕着第五元素:超级生命,终极武士,发出创造之光"。然而,一旦邪恶占据了第五元素的位置,那么"白变黑,光明变黑暗,生命变死亡,直至永远"。有趣的是,是孟加罗人——某种来路不明的邪恶外星人,而不是佐格,在影片的意义结构中,占据毁灭力量一边,成为银幕上可见的邪恶化身;而佐格,这个人类

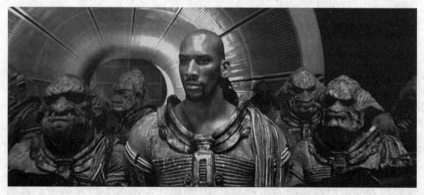

《第五元素》剧照

败类,在影片的意义结构中,只是某种喜剧性丑角,他似乎足智多谋,但也只是一再地获取空无一物的木箱,最后死在自己设定的定时炸弹之上。蒙杜沙瓦人和外星女歌星只是其中的帮手,四大元素只是某种中性的武器,谁获取它,谁就获取了超级力量,因此始终只是双方角逐争夺的绝对客体。

如果我们参照着影片中的描述,邪恶力量的唯一特征和唯一目的就是毁灭生命,而考内留斯神父重申了蒙杜沙瓦使者的遗言:"重要的不是时间,而是生命。"用导演本人的说法,便是:"这基本上是一个善恶交战的老故事,唯一不同寻常的是,这是至高的、绝对的邪恶。生命的存在影响了它的扩张。它并不谋求金钱、权力和统治……它的目的是毁灭男人、女人、孩子、动物、植物,甚至光明。它每五千年一次闯进我们的宇宙发动战争,——每五千年一次,我们忘记了如何战胜它。"于是,我们可以再建立起另一相关的意义矩形:

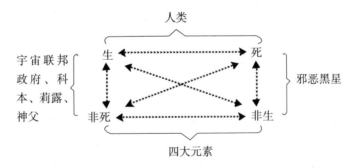

在这一意义矩形中,人类位于生死之间,四大元素仍是善恶两大营垒争夺的客体,人类的象征——宇宙联邦政府、英雄和完美的女人在与"至高的、绝对的邪恶"作战。这一意义矩形更为鲜明简洁地突出了影片的结构:这是正义与邪恶的决战,胜负的关键是人类能否重获四大元素。其中已经不再有佐格和孟加罗人的位置:相对于这绝对的邪恶,佐格或孟加罗人小小的贪欲与残暴已成了微不足道的恶行。然而,一如我们在影片中所看到的,这"绝对的邪恶"是不可见的,它始终未呈现为银幕视觉形象,而只存在于人们的对白描述之中;唯一可见的邪恶异类,只是愚不可及的孟加罗人(且不时幻化为人类/黑人的形象)。形象确乎怪异的外星人——蒙杜沙瓦人和不知所出的女歌星,显然是站在善、生命之营垒一方;而且序幕中的蒙杜沙瓦使者和抗争单元中的女歌星,都为人类的继续生存而献出了生命。于是,邪恶——真正的、绝对的力量,只存在于我们的外部,甚至在我们的"宇宙"之外,而且是五千年才有一次的威胁。这两组意义矩形相当明确地揭示出这一科幻—灾难类型影片的社会功能意义:将现代人类文明内部的重重危机转移到人类、地球乃至我们的"宇宙"之外,将其呈现为一种绝对异己和外在的力量,并且战而胜之。事实上,科幻—灾难类型的影片尽管在世界电影史上源远流长,但在好莱坞电影工业内部,却全盛于第二次世界大战之后。其原因显而易见:二战的惨烈事实,第一次全面地粉碎了人类对于科学技术的发展将带来人类全面进步、将把人类带向更加光明未来的信念/意识形态;奥斯威辛集中营、南京大屠杀和广岛的悲剧,使人类目睹了现代文明所创造的空前规模的杀戮和残暴。在世界范围内,尤其是在欧美发达国家,广岛上空的蘑菇云久久地笼罩在人们心头,难于散去,并渐次成为一种巨大的集体心理恐怖。可以说,这便是科幻—灾难类型影片盛行的潜在的社会成因。在这一类型之中,毁灭的威胁是空前巨大而且难于甚至是不可战胜的,但每一次,人类凭借自身的力量最终排除并战胜了这一威胁。更重要的是,在这些关于外星袭击的影片中,威胁来自异己的、外在的力量,而不是始终并继续存在于我们文明内部的因素,这一想象性的转移,为影片的观者提供了绝大的心理抚慰。而第二功能序列的介入,一般说来,是为了在个人神话的层面上强化对"人"、人的高尚与潜能的信任;在极为成功的影片中,它也构成与观者另外一些更为切身的社会现实问题的遭遇,在影片所提供的超级大团圆、人类的大团圆结局中,这些问题获得另一番想象性解决。这也正是《第五元素》独具魅力的原因所在:影片将两个功能序列的关键时刻——"最后一分钟营救"(在这部影片中,是"最后一秒钟营救")和"表达真爱"叠加在同一时刻;在这一时刻,莉露同时出演科本·达拉斯——第一功能序列中的英雄/主体与第二序列中的个人/主体的敌手和客体。在第一序列中,这一人类生死存亡系于一瞬的时刻,唯一的障碍(即敌手的功能)是第五元素——唯一能汇聚和调动起四大元素力量的"完美武士"莉露对人类是否值得获救产生了怀疑。影片呈现在归来的

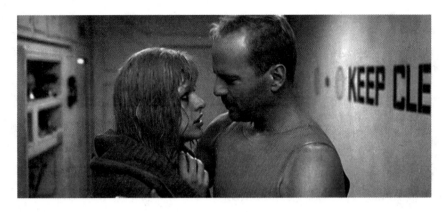

《第五元素》剧照

宇宙飞船中,莉露以超人的智能继续获取人类文明史的知识,快速剪辑的蒙太奇画面呈现了电子百科全书中关于战争、现代战争的酷烈记录。身受重伤的莉露一边快速阅读,一边颤抖、啜泣。事实上,影片正是以这种巧妙的方式,呈现了这一类型影片通常要设计遮蔽的真正叙事动机:人类对于自身毁灭的恐惧和想象,正源自人类的历史和现实自身,人类文明、尤其是现代文明自身包含着巨大的自我毁灭的因素。影片让莉露在这千钧一发的时刻提出自己的疑问:"看看你们做过的一切吧,拯救生命又有什么用?"然而,影片的高妙之处正在于它在这一时刻将叙事的意义转移到第二功能序列之中,当科本试图说服:"你说得对。可还是有许多好的东西……美丽的东西……"时,让莉露接上:"比如爱情……",科本立刻认可:"对极了!"于是人类生存下去的理由被认可为爱情,事实上,是作为一个女性的莉露是否会拥有爱情:"可是我不了解爱……我就像一个拯救生命的机械程序,可我从没有自己的生活。我拥有千百万个记忆,却没有一个属于自己。没有人需要我。我是没有生命的不朽。"于是,当大众文化中永恒的神圣咒语"我爱你"从科本口中说出的时候,石破天惊,因丧失了生的愿望而濒死的莉露在第五元素的位置上站立起来,在她与科本忘我的亲吻之中,四大元素汇聚成生命的圣光,携带着彻底毁灭的火球停止了逼近,它滞停、凝固并冷却为地球的又一颗卫星。

如果我们参照格雷马斯关于叙事意义的四个基本单元——契约、考验、移置、交流来考察这一双重叙事功能序列,会发现这同时是不同功能

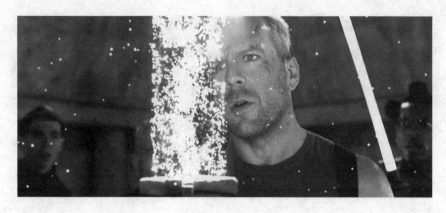

《第五元素》剧照

序列中意义单元的叠加:

契约。从某种意义上说,影片《第五元素》中存在三重契约关系:蒙杜沙瓦人和地球人类的契约(即序幕中出现的,五千年的守候和五千年的期待),那是生命的契约,是善终将战胜恶的契约。第二重契约是个人/公民与社会之间的契约,无论社会是否厚待科本,他都有舍身拯救社会的义务。在影片中,科本出发前往"失落的天堂"的时候,几乎不知道自己能做什么,但仍然义无反顾。第三重契约则是科本与莉露之间的爱情契约,这是大众文化中的万应灵方。它和第二重契约一样,都在个人神话的层面上运作,但当这一爱情契约同时是对人类生存意义的印证时,它便返回了第一功能序列,成为拯救世界之神话的一部分。

考验。影片所呈现的,首先是对人类社会、对生命的考验。因为这是与"终极邪恶"的大对决。而在拯救社会的神话层面上,这是对宇宙间的善良力量和光明王国的考验。"终极邪恶"正是从五千年一次打开的黑洞中逸出;而恶棍佐格的主宰者,索性名之为"阴影先生"(Mr. Shadow)。它同时构成对英雄、对个人的生命力量及其潜能的考验。

移置。在影片中构成移置单元的,首先是五大元素——从地球到蒙杜沙瓦星球经由失落天堂回地球。这是叙述中最重要的移置,是否成功关系着人类的生死与善恶角逐的成败。其次则是英雄的旅途:科本从地球出发,携带五大元素返归地球。再次则是神话与民间故事中最为典型的移置:女人的移置。在"最后一分钟营救"的时刻,经由科本的爱情表白,女人——完美的女人由元社会转移给英雄/男人。

交流。在影片中,这首先是光明王国之间的交流。其次是人类社会自身的交流,在外敌入侵的时刻,人类真正指认了自身的同一性。再次则是两性——男人和女人之间的交流。就影片叙事而言,后两个层面的交流事实上是彼此重叠的:男人和女人——科本和莉露之间的交流,即那段关于人类是否应该继续生存下去的著名对白,同时构成了人类社会对自身价值的交流、指认过程。

第三节 类型的变奏与类型的意义

所谓类型电影,已成为人们耳熟能详的一个概念。在多数情况下,它似乎成了商业电影的代名词。但事实上,类型片是好莱坞电影工业特有的产物;"纯粹"的类型片,也只存在于好莱坞电影的黄金时代——20世纪30—50年代之间。尽管在世界各国的国别电影中,都可能存在着某种电影类型生产,但只有在好莱坞电影系统之中,类型片才成为其电影工业和商业系统的内在组成部分。

所谓类型(genre),是一个借自欧美古典文学理论的概念。即使在相对于文学极为年轻的电影理论与批评之中,类型片也是一个约定俗成又众说纷纭的概念。因为划分电影类型,并没有任何共同的标准。它有时依据故事内容,诸如战争片、科幻片、灾难片;有时则借自文学理论,诸如喜剧或情节剧;有时依据形式和媒介特征,诸如歌舞片;有时依据故事发生的场景,诸如西部片;有时依据制作预算,诸如 B 级片;有时则依据某种叙事和视觉基调,诸如黑色电影。相对于典型的类型电影,我们有时以其导演、主演、编剧、制片人来区分和命名影片;有时根据预期的观众群体,诸如儿童片或青春偶像剧;有时根据导演的身份和意义取向,比如"黑人电影"或"女性电影";有时甚至根据其意识形态取向,诸如反主流电影。但后面这些划分方式,已不在约定俗成的类型片的概念范畴之内。

根据英国电影学者丹尼尔·钱德勒的相关研究,经典的类型片具有如下特征:

叙事:相似的、有时是公式化的情节和结构,可预知的情境、段落、插曲、困境、冲突和结局。

人物：相似的、有时是定型化的人物类型、角色、个性、行为动机、目的和习惯。

基本主题：某些社会的、文化的、心理的、政治的、性别的、道德的主题和价值构成循环的意义模式。

场景：某些不变的地理或历史场景。

形象：对应着叙事、人物、主题和场景，某些相似的影像和形象动机负载着固定的内涵，首先是包括设计、服装、道具于其中的造型因素，尤其某些类型化的演员，其中有些人可能成为"偶像"；还有相似的对话模式，有代表性的音乐和音响，以及相应的造型空间。

电影技巧：摄影、布光、声音、色彩、剪辑等元素的风格化或形式化惯例。（相对于类型片的相关内容，观众绝少意识到这些视觉构成的惯例。）

在经历了20世纪60年代的社会危机和文化变迁的冲刷之后，好莱坞电影工业同样发生了众多变化。一类电影类型渐次消失，诸如西部片和歌舞片；而在更多情况下，则出现了越来越多的"嫁接"或拼贴的类型：两种或多种类型的混用形式。《第五元素》便是这样一种兼有科幻、灾难、喜剧类型的影片。

不同的类型片，包括其嫁接或拼贴的样式，召唤着、同时也内在地建构着自己的观众。某种类型片的观众在观影时所获得的快感，正来自于其极端熟悉的故事、角色与叙述模式的再度翻新。换言之，一部类型片，首先存在于这一类型序列之中；一个素有某类型片观影经验的观众，正是在同一类型影片的相互参照即互文关系之间，从发现老套路的新变奏中获得快乐。因此，对于一部类型电影的叙事研究而言，重要的不是再度发现它绝少变化的模式，而是发现其中的变奏所在。

就《第五元素》而言，我们已经讨论过类型片作为现代世俗神话，相对于传统民间故事的变奏，即它已然是两个叙事功能序列的重合。同样相对于农业文明时代的民间故事，类型片、尤其是动作类型片中的英雄，其基本的变奏性特征，是他与故事中的元社会间的关系发生了极大的转移和变化。在传统的民间故事中，英雄和元社会间有着无保留的认同，如果他与社会权威间存在某种误解、某种摩擦,那么,这只能唤起他更为强烈地归属社会、获得承认的愿望。在其当代版本——类型片中,英雄与他将要拯救的元社会之间的关系则充满了张力,其认同带有极大的间隙和游移。其中最为典型的是西部片。如果说,在西部片中,核心的两项对立式是田园/荒原、犁铧/军刀、定居/游猎、和平/暴力、法律/违法,那么,西部片中的英雄却都是从荒原中来,最终向荒原中去。他与其元社会——西部片中白人移民(准确地说是殖民者)的定居点之间,通常呈现为某种疏离乃至对立的关系。影片的结局处,除暴安良的英雄绝不会就此安居乐业,而是独自返归荒原。这是一个自我放逐的姿态,同时也是影片意义的深层结构中的社会放逐式。已成为美国电影史经典的西部片《原野奇侠》的结局中,负伤的英雄独自离去,女主人公的孩子追上他,试图挽留他。而主人公施恩回答:"回去吧,告诉你妈妈,山谷里从此再没有枪了。"这既是说,英雄已彻底地消灭了武装的歹徒,也是说,他必须离去,因为他自己正是山谷里的"最后一支枪"。西部片的英雄通常是以"替天行道"、法外执法的方式战胜歹徒,对社会秩序与法律而言,英雄与歹徒有着极为近似的行为逻辑。同样,在类型叙述的晚近版本《终结者 II》中,施瓦辛格扮演的来自未来的机器人最终焚毁了自己,因为他就是"这个世界上最后一块芯片"。在经典的类型片中,主人公的历险是一次拯救/自我拯救、放逐/自我放逐的双重叙述。而在我们所讨论的《第五元素》这类科幻/灾难类型中,一个新的总变奏,是主人公仍保持着某种反社会性,但已经过了极大的弱化。在《第五元素》中科本·达拉斯登场之时,他更接近于一个不受约束、率性而为的落魄者,而不是法外之徒。他与社会秩序间仍存在着冲突张力,但已经不具有破坏性质:他最多只是一个不守交通规则的出租车司机。在准备阶段,他的确抗拒警察,冒犯了秩序和法律的尊严,但我们清楚地看到,那也是在莉露的哀恳之下,一个无法拒绝救护女人的男人的不得已。因此,他可以在拯救人类的壮举中完成自我救赎,从社会边缘重入主流。

这部影片相对于同一类型影片叙事的变奏之一,是莉露这个角色,以及她在叙事中所出演的多重行动范畴或动素。我们从序幕得知,占据第五元素位置的应该是一个"完美的终极武士",而当第五元素再生之时,令人大感意外的,是这位武士居然是一个女人。而且这个女人的确在抗争单元中出演着行动主体,独自大败孟加罗人。这是经典类型片叙述中不可能出现的性别逻辑。然而,一如《第五元素》中的黑人形象,这同样是面对女权运动与女性主义文化勃兴,好莱坞所做出的策略性调整和表象层面的应对。诸如《古墓丽影》等影片中出现了似乎绝对意义上的女性行动主体。但我们稍做细查,便会发现和动作片中的男性主角不同,《古墓丽影》中劳拉固然是毫无疑问的主角、行动者、主体,却只是执行父亲意志的工具。尽管父亲已死,但仍然留下一个个"锦囊"以供女儿在恰当的时刻开启。于是,我们的女英雄便完全在父亲的引导下行动;而她行动的全部愿望是与父亲重新团聚,而不是占有宝物或拯救世界。在《第五元素》中,这一变奏中的性别策略既表现在莉露在第一功能序列中充当着施惠者、主体,在第二功能序列中充当着客体,又表现在她的形象以外星的女歌星濒死的遗言作为转折,一分为二。女歌星在濒死之时,告诉科本:"她很强壮,也很脆弱,她需要你的保护,她需要你的爱。"科本带着这样的嘱托去寻找莉露,发现她已身负重伤,几乎丧失了行动能力。此前的莉露,是"完美的武士",影片叙述突出了她的鲁莽、超人的能力与极端特殊的权威身份,而此后则表现她的脆弱、无助,她作为一个敏感而饱含爱心的女性,面对人类历史暴行时的伤痛和绝望(事实上,莉露在科本视野中登场的时刻,她已经作为经典的而非变奏的女性形象而出现:我们看到她眼泪涟涟地恳求科本保护,当她的目光接触了丢在后座上的救助孤

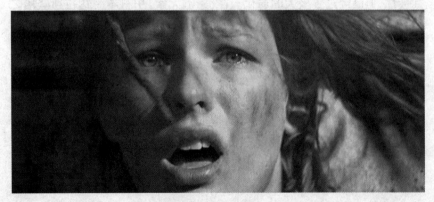

《第五元素》剧照

儿的募捐宣传品时,便吃力地试图重复上面的词:"求……求你……",致使科本完全无法拒绝她的要求)。在这一层面上,她始终不是第五元素、完美武士,而是经典叙事的女人——有待男人去保护、抚慰,有待男人的爱去赋予她生命的意义。在"最后一分钟营救"的时刻,我们可以看到,站到第五元素位置上的,并非"第五元素"莉露,而是一对相爱的男人和女人。同样,我们看到影片叙述巧妙地借助了语词的多义。当序幕中告知我们第五元素应是"完美武士"之时,参照"武士"字样,我们对第五元素的想象是超人的能力和作为生命形态的完美。而莉露再生之际,操作再生程序的科学家、将军、救助了她的科本、迎接她的神父都在第一眼之下便脱口赞叹:"完美!"而此时莉露尚未表现出任何超人之处。显然,此处的"完美"被转换为男人欲望视野中的女性标准——完美的身体,其完美的含义无外乎:年轻而美丽。所谓变奏,当然是老套的翻新而已。

《第五元素》自身的变奏之二,是导演吕克·贝松在科幻—灾难这一以视觉奇观、同时以庄严主题取胜的类型中,拼贴了喜剧、而且是法国喜剧意味。这多少为其中拯救人类或英雄命名等等老套的叙事添加了某种后现代式的观照。而喜剧元素的进入,又进一步使种种叙事的滥套挪用成为可能。诸如争夺前往"失落的天堂"机票一场中,不速之客纷至沓来。于是,科本必须在他"接待"下一批客人之前,在狭小得可怜的公寓里藏起前一批客人,因此,将军及其助手在冰箱中冻成雪人,神父在自动缩入墙壁的床铺里如同保鲜食品,莉露则在自动洗衣机中成为一个湿淋淋且楚楚动人的"小可怜"。卢比·拉德——这位 DJ、节目主持人,则使得"失落的天堂"中的圣战充满了喜闹剧的色彩。而影片中一个最为突出的噱头,是导演在这部救世传奇中加入了精神分析意义上的"恶魔母亲"。她专横、聒噪,不断地"电话骚扰",抱怨没有得到儿子应有的关注,试图取得通往"失落的天堂"的位置。在精神分析的论说中,一个侵犯性的、强占有欲的母亲是反英雄的主题,类似母亲的存在意味着男人无法长大成人,更不必说成为英雄。但在《第五元素》中,由布鲁斯·威利斯这一定型化的"硬汉"形象出现的科本·达拉斯,也就是说,类似形象早在影片叙事的"史前"便已然成为一个长成的汉子,完全不可能是任何意义上被恶魔母亲"胎化"的懦弱的男人。因此,这个插曲性元素,便成为不折不扣的喜剧噱头。在《第五元素》中，吕克·贝松善于利用他的喜剧性角色制造某种倒高潮式的间离。当科本和莉露在忘我的亲吻中启动了圣光，并终止了撞向地球的火球时，卢比·拉德望着科本宣称："我一眼就看出他不是个好东西……"，而总统前往嘉奖并试图向"英雄的母亲"致意时，科本的母亲用震耳欲聋的音量聒噪："总统？总统是傻瓜，你可一点都不傻，你要不想听妈说话就找个更好的借口。……"如果我们仍将这个喜剧噱头视为某种意义单元的话，那么，在科本登场的第一幕中出现的母亲（始终作为一个喋喋不休的声音），凸现了"炉边缺少一位家人"，凸现了科本生活中无爱的孤寂；结局中，这个侵犯性元素再度出现时，科本和莉露则在第五元素诞生的密闭罩中间做爱——一个象征完满而封闭的空间，任何侵犯和挤压已不可能到达或穿透。

电影叙事学理论的一个重要的分支，便是依据列维-施特劳斯的神话研究范式，尝试阐释（好莱坞）电影类型自身的意义。有关学者指出，好莱坞电影类型（在此处指的是其全盛期"纯粹"的类型样式）作为现代世俗神话的不同版本，正是尝试通过其深层结构所负载的二项对立式及在叙事过程中完成的二项对立式的想象性和解，来呈现、转移某种现代西方社会（尤其是现代美国社会）的深刻的社会意识危机。诸如西部片作为美国自身的民族"创世"神话，它尝试负载的是暴力血腥的殖民史实与善良的欧洲移民开垦新大陆荒原的自我叙述之间的矛盾，因此，一个置身在法与非法间的西部英雄应运而生。当第二次世界大战结束，美国作为超级现代帝国全面崛起，其"民族"溯源与自我辩护便不再成为必需，西部片亦悄然褪色。而歌舞片这一同样为好莱坞创造的类型片种，则尝试呈现并想象性地解决新教伦理所规定的自我节制、现代工业文明所带来的高度机械化的生产生活方式与作为现代性核心许诺的享有自由、快乐乃至幸福间的巨大反差和矛盾。于是，我们在歌舞片中看到的是在任何时刻、任何场域翩翩起舞或引吭高歌的人们，看到的是一种快乐、自由且和谐的歌舞场景，但在典型歌舞片的结尾却一如此后香港的成龙电影，有着若干剪余片所构成的段落：其中，歌舞片的主角们为了拍成我们看到的轻松自如的场景，经过极端刻苦的训练和彩排，一次次地为实现影片中似乎漫不经心的优美场景而重拍、负伤。于是，观众在两相对照之下，"了悟"

了自由、快乐的享有,正建筑在自我约束乃至某种牺牲性的付出之上。而欧美社会文化内部的这组内在矛盾,在所谓第三次浪潮、后工业时代、SOHO族、布波族、创意阶级出现之后,似乎已获得了"真正的"缓解或解决,歌舞片由此消隐。在此,或许需要补充的是,欧美社会内部类似矛盾的解决,在某种程度上,正建筑在《摩登时代》式的流水线生产、被欲望所驱使、又为延迟享乐的伦理所约束的社会现实和文化矛盾与发达国家的产业中空化同时转移向第三世界的后发现代化国家之上。

我们已经指出,与经典的类型片褪色或退场同时发生的,是科幻片及其种种嫁接样式的黄金时代的到来。而科幻片,作为一个电影类型,同样负载、传递并尝试想象性地转移和解决另一组内在于欧美资本主义文明、内在于现代性叙述中的矛盾。那便是科学与技术间的分裂和对立。尽管科学与技术无疑是两位一体,而且任何技术进步无疑依托科学发现、发明而生,但在现代人的感知中,技术有着十分明确的实用价值和功利目的,可以成为标识和度量人类进步的可见的尺度,它每日每时显现并深入到现代人的日常生活之中。而现代科学则是多数人无从理解、无可预知、遑论驾驭的因素。于是,现代文明内部诸多深刻的危机因素被推诿于科学这只神圣而可怖的怪龙。科幻片由是而尝试传递现代人意识中普遍存在的言说困境和内心恐惧:对技术的无尽依赖、需求乃至崇拜,以及内心深处不可祛除的科学恐惧。在高度发达的资本主义文明中,在人们的意识和潜意识中,这份对科学的恐惧在第二次世界大战的创痛记忆中再度被放大。就科幻类型而言,其始作俑者是玛丽·雪莱的小说《弗兰肯斯坦》,它也成为表达科学恐惧的第一个原型。科学将产生一个最后吞噬它的创造者并吞噬一切的怪物。因此,在科幻片中,尤其是我们所讨论的科幻—灾难类型中,一定包含一个放逐异类、消弭恐惧的故事。而这个异类或者是疯狂的科学家不合时宜的创造,诸如《侏罗纪公园》,或者是来自外星的邪恶力量。就后者而言,他们常常以人类难以望其项背的、高度发达的科学为象征。两者都足以威胁元社会乃至整个人类的生存。科幻片所提供的矛盾转移与想象性解决在两个层面上发生:首先,是故事层面:在科幻—灾难片中常常直接包含着一个长发蓬乱、目光如鹰隼的科学狂人,他会首先死于怪物或异类之手。其次,在类似影片中,战胜了不可战胜的高科技对手的绝非科技手段自身,而常常依凭的是人的力量,生命的力量、人类要继续生存下去的愿望和勇气。在《独立日》中,我们看到现代化的美国空军及空中防御力量在强大的外星袭击面前顷刻灰飞烟灭。最后关头美国总统率领犹太人、黑人和酗酒堕落的穷白人"御驾亲征",驾驶民用飞机、淘汰落伍的军用飞机,去战胜高科技外星飞船。而在《第五元素》中,我们看到人类战胜"高智能"敌手的"武器"是古老的人类文明——古希腊哲学家美学家赫拉克利特论说中的四大元素风、火、水、土,而其中最重要的是第五元素:完美的人,完美的终极武士。我们已经说过:这里没有完美的终极武士,只有一对相爱中的男人和女人。

而这组矛盾的呈现和消解同时呈现在电影的视听结构之中。科幻片的视听结构的基本特征,正是高科技创造出的奇观影像。于是,影片的观影快感,既来自惊险的故事——人类凭借自己战胜了非人的、高科技的邪恶,同时又来自轻松愉快地消费、欣赏高科技所成就的视听奇观。正是奇观所带来的观影快感,再度将科学恐惧转换成技术愉悦;甚至银幕上不可战胜的高科技恶魔,也不过是我们可以充分掌控的特技而已。于是,大部分《第五元素》的讨论者都会津津乐道于影片中大量的奇观场景与特技运用,包括 24 世纪的纽约景观、飞船启程时反观人类城市的图景、莉露的再生、"失落的天堂"的造型。据称,影片包含了二百余个特技镜头,大量使用电控模具、电脑特技合成,运用了当时最新的电脑制图软件,以及电脑动画与两维、三维电脑动画合成。这无疑是影片令人迷恋、叹服的重要

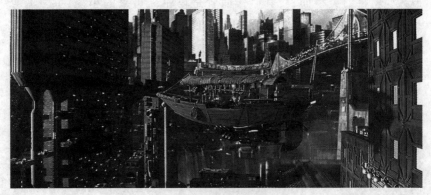

《第五元素》剧照

因素之一,但它同时也招致了刻薄的批评:"炫目的设计超过剧情的逻辑,空洞的激情压抑了理智;这是一个拯救人性的故事,可是,就电影本身来说,人性早已沦丧。"

一篇简短的中文影评写道:"在喧哗炫目的后现代光影元素中,《第五元素》包藏的是再古老不过的白种男性幻想:三百年后,中国人还在纽约卖烧腊;美国总统与超级流行偶像变成黑人,拯救世界的却仍然是白人英雄;至于女人,终究必须是美丽的性别。"但这已是我们将在女性主义和意识形态批评的章节中讨论的命题。

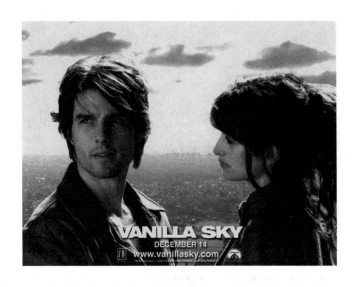

《香草天空》
(一译《香草的天空》)

英文片名：Vanilla Sky

导　　演：卡梅伦·克劳(Cameron Crowe)

编　　剧：阿雷汉德罗·阿梅纳巴尔(Alejandro Amenabar)

　　　　　玛蒂欧·吉尔(Mateo Gil)

　　　　　卡梅伦·克劳

摄　　影：约翰·多尔(John Toll)

制　　片：汤姆·克鲁斯(Tom Cruise)

主　　演：汤姆·克鲁斯饰大卫·艾姆斯

　　　　　佩内洛普·克鲁兹(Penelope Cruz)饰索非娅·塞拉诺

　　　　　卡梅伦·迪雅兹(Cameron Diaz)饰茱莉·吉亚尼

　　　　　库尔特·拉塞尔(Kurt Russell)饰精神分析医师

　　　　　杰森·李(Jason Lee)饰布莱恩·谢尔比

根据西班牙导演阿雷汉德罗·阿梅纳巴尔编导的 Al lado del At (Open Your Eyes/睁开你的眼睛，1997年)重拍

美国派拉蒙影业公司，彩色故事片，134分钟，2001年

第四章　精神分析、女性主义与银幕之梦：
《香草天空》

在 20 世纪的文化图景中，弗洛伊德及其精神分析理论，无疑是对人文科学及种种艺术创作产生了广泛而深刻影响的理论之一。可以说，精神分析在一定程度上改变了人文科学的思考脉络，改变了艺术家的创作意识，提供了理论与批评的特殊面向。

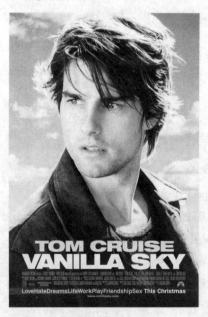

《香草天空》海报

而精神分析理论，也在一定程度上成为全盛于后 60 年代的后结构、后现代主义及在这一背景和语境中发生发展的当代电影理论的某种原点或曰十字路口。许多重要的理论联系着弗洛伊德所开启的精神分析理论而获得展开。精神分析的电影理论、女性主义电影理论的一支，正是其中重要的组成部分。

在这一章中，我们将结合着对美国电影《香草天空》的分析和细读，来介绍并尝试运用精神分析及精神分析的女性主义理论。

第一节　梦·释梦与电影

从某种意义上说,艰深且不无晦涩的精神分析电影理论,有一个简单明了的切入路径,即其核心表述是建立在两组类比之上:电影/梦,银幕/镜。

事实上,早在电影诞生初始,20世纪初年,便有人提出了电影——梦工厂的说法,其中无疑已包含了电影/梦的类比。而弗洛伊德的精神分析理论中仅次于他著名的潜意识说、"俄狄浦斯情结"和他关于人的心理结构——超我、自我、本我论述的,便是他关于梦、关于释梦的论述。弗洛伊德认为,梦的意义是愿望(wish)的实现(旧译为欲望的达成)。而构成梦境的基本材料,或者说梦所包含的基本内容,是身体刺激、白日残余和梦思维。其中"梦思维"指的是在梦中以"化妆"的形态出现的童年记忆、创伤场景和愿望。身体刺激、白日经历的残余和梦思维,通过梦的工作转换成梦境。而梦的工作效应称为变形,即将梦思维变为形象、形象序列,使梦成为某种以形象呈现的叙事。经过梦的工作所完成的变形,构成梦思维的素材已难以辨认出其原型。在弗洛伊德的论述中,梦的工作通过四种机制得以完成。它们分别是:浓缩、一致、具象化(也翻译为表象性思维、显象性考量)、二次加工(也被翻译为二级制作或次加工)。换言之,梦的工作将身体刺激、白日经历的残余和梦思维转换为一系列的形象,即完成一次具象化的过程。而在这一具象化的过程中,梦思维中的童年记忆、尤其是创伤情境会经过浓缩或一致化的"处理",连贯地呈现在梦境中的"故事场景"里。而二次加工则指梦的工作对梦境进行修饰。这一修饰的目的,首先是为了避开超我的审查机制和超我的禁令。它去掉梦境中的"毛边"——因为使梦得以出现的生理机制正是为了保证睡眠,如果梦中的场景"冒犯"或刺激了超我的审查机制,我们便会从梦中惊醒。二次加工的另一个重要功能,则是使梦中的"情节"相对统一流畅,具有某种可理解性与逻辑性,而不是纯粹的混乱与浑沌。在梦中,当超我的审查机制相对松弛之时,童年记忆、创伤情境与身体受到的刺激、白日经历的残片一起,经过梦的工作变为梦境;在梦中,准确地说,是在美梦中,我们获得愿望的满足——即我们在现实生活中无法实现的愿望,无法获得的满足在梦中得以实现。

在弗洛伊德关于梦的这一论述中,我们已不难看到,电影、尤其是主流商业电影与梦/美梦有着极为相似的特征和功能。之所以称主流电影工业为梦工厂,正是因为我们在影院所观看的故事、所获得的满足和快感,恰恰来自现实生活中的缺憾和匮乏。在影院中、在影片里,这些缺憾和匮乏得以补足并完满——尽管只是在通常一个半小时的美妙幻觉之中。

自精神分析作为一种重要的理论资源进入电影研究,便不断有人提出质疑:电影更近似于白日梦,而不是梦;梦是潜意识的工作,而电影则是意识的造物。但细读弗洛伊德的论述,我们会发现,至少在他的论述中,梦与白日梦并无本质性的区别。可以说梦、白日梦和幻觉构成了同一类型的愿望的实现,或者说是一种现实匮乏的想象性满足。电影/梦的类比正是在这个意义层面上得以成立。梦、白日梦、幻想依次地接近意识,远离潜意识,但是它们都是潜意识和意识共同建构的愿望的满足。与梦一样,白日梦的创造力得自于超我的审查机制与禁令的松弛;但在白日梦中,二次加工的主导作用更强、更深、更彻底,因此白日梦的场景大都是完满、美好、逻辑的。一部著名的美国短篇小说《华尔脱先生的隐秘生活》,以相当幽默而精当的语言展现了白日梦的特征。小说的主人公华尔脱·密蒂是一个微末的小人物,在现实生活中不断遭受着老婆的呵斥和周围人的嘲弄,于是,他便不断地沉湎在白日梦之中。在白日梦里,他是技艺超群、视死如归的空军英雄,是潇洒不羁却能在千钧一发之际挽救病人性命的外科医生……尽管在现实中,他甚至无法将轿车顺利地倒进车位。这篇小说使得"华尔脱·密蒂的隐秘生活"成为英语中的一句成语,成为白日梦者的代名词。

如上所述,梦与白日梦的区别仅仅在于二次加工的程度。因为促使梦和白日梦产生的同样是愿望或曰欲望的动机。而依照弗洛伊德的论述,一如梦,同样是来自童年记忆的素材构成了白日梦的内容物;但愿望的动机和二次加工变形了或曰重新排列了那些素材。对此,弗洛伊德做了一个比喻:如同罗马的巴洛克建筑使用了许多上古建筑的材料,但在罗马的巴洛克建筑中,那些材料已与其他材料浑然一体,我们无法将其逐个分辨出来。而在梦与白日梦中,童年记忆与创伤情境同样与其他材料相混用,不再具有可辨识、指认的"本来面目"。但有趣的是,至少在《华尔脱先生的隐秘生活》中,华尔脱·密蒂先生白日梦的素材——至少是其中可清晰分辨的部分,刚好来自美国的大众文化,即好莱坞电影,他的白日梦场景正是典型的好莱坞电影中英雄的高潮戏。而这部小说也在1947年改编为一部新的好莱坞电影。这或许是梦/电影的另一有趣的例证或曰互文本关系。

在弗洛伊德有关梦的论述中,影响更为广泛的,是其释梦理论。依照弗洛伊德的论述,人类的潜意识犹如一片茫茫黑海,而意识只是这黑海上漂浮着的灯标。于是释梦便成为我们进入人类潜意识、至少是前意识的屈指可数的入口之一。当然,弗洛伊德的释梦与传统中国民间文化中的释梦或曰详梦完全不同。在中国民间文化中,释梦/详梦是将梦作为一个预兆系统来予以阐释,将梦中出现的种种形象还原成为一个象征系统;中国民间的释梦/详梦,或许更多地联系着弗洛伊德众多弟子之一、也是精神分析理论众多分支之一荣格的原型理论,而非弗洛伊德本人的释梦说。对弗洛伊德来说,所谓释梦,是将梦作为某种欲掩盖其真相和真意的表象系统来予以分析,以发现掩藏于其下的愿望与童年或创伤性的记忆内容和意义。梦一旦经过释梦解析之后,便不再是一个以形象构成的叙事系统,而成为、还原为表达多种愿望、记忆的话语结构。对于借重弗洛伊德学说而建立的精神分析电影理论来说,释梦说既提供了一种阐释观众观影心理与观影快感的途径,又提供了一种电影文本分析的解读可能。

正是在梦/释梦/电影这一理论与解读的可能路径之上,《香草天空》成为一个十分恰当而特殊的电影文本。就电影类型而言,《香草天空》是一部爱情故事(romance)加惊悚片(thriller)。作为美国电影一个重要类型的惊悚片,不同于似乎与其极为相近的恐怖片。恐怖片中的威胁来自某种或许超自然但具象、具体的威胁,而惊悚片中尽管可能同样存在着某种来自外部的威胁力量,但其中的真正威胁与恐怖主要出自主人公内心的黑暗力量——它常常源自于某种痛苦的童年记忆或心理创伤。从某种意义上说,惊悚片是最为直接而密切地与弗洛伊德的精神分析理论联系在一起的电影类型;甚至可以说,惊悚片始终是某种电影化了或曰电影版的精神分析故事。美国的电影大师希区柯克,正是惊悚片这一在二战后才开始进入黄金时代的电影类型的集大成者。但《香草天空》与精神分析理论的联系尚不止于此。它同时是一部关于梦的电影。影片以一场噩梦开始,以一次觉醒结束,而且梦中有梦,噩梦变为美梦,美梦转换成噩梦;梦中有释梦,而释梦的场景则成为另一次释梦的素材。我们或许可以将《香草天空》的叙事结构称为"梦的套层"——其中梦境与释梦犹如俄罗斯套娃,层层相套。

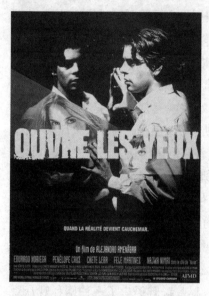

《睁开你的眼睛》海报

这部好莱坞电影,事实上是一部西班牙电影《睁开你的双眼》的重拍版。西班牙原作的编剧、导演阿雷汉德罗·阿梅纳巴尔是这部美国好莱坞电影的编剧之一。几乎可以说,除了将男主角更换为其好莱坞版的制片人、美国的百万富翁、好莱坞的常青树汤姆·克鲁斯之外,影片近乎"一字不易"地重拍了原作——尽管汤姆·克鲁斯及其好莱坞版的导演不断申明影片的原创特征,但它所呈现的无外乎是美国财大气粗的资本逻辑。但此间,汤姆·克鲁斯和导演卡梅伦·克劳关于影片的一种解释,却可以将我们带入关于这部影片解读的第二个理论路径:尽管这无疑是一部有着超现实故事的影片,但影片的美国主创人员却反复声称,影片表现了"美国男人的典型生活历程"。由于《香草天空》事实上是一部从"西班牙男人"那里借来的故事,于是,我们或许可以暂且搁置关于国别的定语"美国",而着眼于"男人"这一性别定位。它因此导入了另一种可能的、事实上也是极为贴切的解读、批判路径:女性主义,准确地说是精神分析女性主义的理论与批判。

第二节　精神分析女性主义的电影理论

我们可以将精神分析的女性主义电影理论视为精神分析理论的分支之一,同时视为对精神分析理论的批判与颠覆。这一理论的奠基之作,是英国女性主义电影理论家、先锋电影导演劳拉·穆尔维的重要论文《观影快感与叙事性电影》。我们已经谈到,当代电影理论形成并全盛于60年代之后,成为后结构主义、后现代主义理论的一个重要的组成部分和前沿地带;也正是在这一时期,一反此前电影理论持续的对文学理论与批评实践的追随,而出现了所谓理论的"倒流":电影理论开始转而影响文学研究,乃至影响并改变整个人文学科的关注。劳拉·穆尔维的这篇论文便是其中重要的一例。她在这篇论文中所提出的问题和理论,不仅成为当代电影理论和女性主义电影理论的基础,而且广泛影响到各种艺术门类及人文领域的性别研究。

和精神分析电影理论的主要分支一样,精神分析的女性主义电影理论不仅借重并批判弗洛伊德的理论,而且更多地建立在对弗洛伊德的后继者也是叛逆者——拉康的精神分析理论的借重和颠覆性批判之上。我们将在下一章中介绍拉康的主体理论,其对第二电影符号学,即精神分析电影符号学的形成和发展产生了深刻影响。在这里,我们将联系着精神分析的女性主义电影理论,介绍与性别差异表述相关的主体形成的理论论述。在女性主义者看来,精神分析理论一个重要而不曾明言的前提是,这是一种男性的、关于男性的、也是为了男性的理论,尽管在其全部表述中——一如迄今为止的男权、父权社会结构中的大部分文化一样,男性论述通常以人、人类的名义展开。如果说,精神分析理论不断地建构着某种关于男孩到男人的成长叙述和男性主体结构及社会心理、个体心理的论述,那么,它几乎从不曾有效地提供关于女性成长及主体形成的有效阐述。我们知道,弗洛伊德所建构的关于男性成长的主要论述,是俄狄浦斯情结,也可以直接地称为男性的恋母情结。借助古希腊著名的悲剧《俄狄浦斯王》中的故事,弗洛伊德认为,孩子/男孩在其成长过程中必然经历一个俄狄浦斯阶段,在这一时期,孩子/男孩的潜意识中有着杀父娶母的愿望。如果他不能最终战胜这种愿望,其人格形成与发展的过程便遭到某种阻断——弗洛伊德称之为"固置",形成某种心理症,某种病态,乃至心理疾患/精神病症。但大部分的孩子/男孩会在其成长过程中,意识到来自父亲的权威和威胁;用精神分析的表述,便是来自父亲的阉割威胁。孩子/男孩将迫于这种威胁,把对母亲的认同转化对父亲的认同,超越俄狄浦斯阶段,获得成长,将自己的欲望由母亲转向其他女人,最终使自己成为一位父亲。这种对来自父亲的权威、威胁的恐惧和最终认同,拉康称为对"父之名""父之法"的认同和接受。

不难看到,这里并不存在一种关于女孩成长的阐释可能。尽管弗洛伊德的众多后继者对此做出了某些努力,但迄今为止,这种努力仅仅是将女性作为精神分析理论内部对称性的修辞。诸如相对于俄狄浦斯情结,有关于女性的俄勒克忒拉情结的"说法"。所谓俄勒克忒拉情结——这个亦来自古希腊悲剧的称谓,同样可以直接地称为女性的恋父情结,但它却无从解释,女性何以最终放弃了对父亲的爱恋、认同,转而认同母亲并接受了母亲的角色。从某种意义上说,这是与精神分析理论相关联的女性主义理论的批判起点,也是它必然面临的理论挑战和困境。

而拉康对弗洛伊德(男性)主体理论的重要修正和补充在于,他认为,男性的成长历程及其对俄狄浦斯情结的战胜和超越,与其说是迫于具体的、有形的、来自父亲的阉割威胁,不如说是一个将"父之名""父之法"自觉内在化的过程。其中重要的因素之一,是对性别差异的发现。依照拉康的论述,男孩意识到自己与女孩的身体差异,以此为起点形成关于自我的认识,并最终确认自己的主体身份。在拉康的表述中,女性的形象首先是一个差异性的他者(the other),但同时是一个不完整的、匮乏的形象。在拉康看来,对于成长中的男性而言,女性便是一个活生生的、遭到阉割的形象。因此,"她"便是"父之名""父之法"的象征威胁和创伤:如果你不顺从"父之名""父之法",不能告别、超越俄狄浦斯情结,父亲将把你变为一个女人,一个匮乏的、不完全的生命。照拉康看来,即使当一个男性已然长大成人,获得了某种社会主体身份的确认之后,女性的形象仍是引发焦虑的形象,因为"她"便是血淋淋的伤口、活生生的阉割威胁的象征。于是,男性主体身份的进一步确认与象征权力的获得,始终包含着成功地驱逐女性所引发的象征焦虑与创伤记忆的过程。其途径之一,是物化和美化女性的身体,赋予女性的身体以神奇的力量和欲望的联想。经过充分地客体化的女性的身体,已不再是相对于男性的差异性的他者,而成了某种异己性的他者,某种观赏对象或欲望对象,从而成功地放逐并遮蔽了女性身体所传达的象征威胁与阉割焦虑。从某种意义上说,劳拉·穆尔维便是以此为前提建立了她批判性的电影论述。与此同时,劳拉·穆尔维借助拉康关于看(look)、凝视(gaze)作为欲望器官的眼睛的论述,深刻地揭示了主流商业电影、尤其是好莱坞电影,如何通过结构女性在影像与叙事中的位置,来成功地实践男权/父权文化的复制再生产,如何成功地使之服务于对男权文化的内在矛盾的想象性解决。

　　劳拉·穆尔维首先指出,主流商业电影的影像与叙事的基本构成原则,首先是男人看/女人被看,是建立在男人/女人、看/被看、主动/被动、主体/客体的一系列二项对立式间的叙述与影像序列。劳拉·穆尔维具有原创性的发现在于,主流商业电影或曰好莱坞电影并不如人们通常所阐释或理解的那样,以流畅剪辑、流畅叙事为其基本特征,即通过对故事的剪辑点的选择,以影像叙述的节奏成功地把握、左右观众的注意力,使观众始终沉浸在故事的紧张情节中;相反,主流商业电影的叙事,事实上是破碎并充满断裂的。两种影像与叙事机制交替构成主流商业电影的叙事体。其一,是叙事性的影像序列,它成功地制造着某种时空连续的幻觉,攫取着观众对剧情的紧张关注,始终以男性主人公、英雄的行动与历险为其表现对象;其二,则是奇观性的单元和影像,它通常是美丽而神奇化的女性的形象,尤其是其身体的局部。在好莱坞的黄金时代,最为典型的代表便是葛丽泰·嘉宝梦幻般的面容和玛丽莲·梦露性感的身体。叙事性的影像追求所谓"文艺复兴式的空间"——三维的中心透视空间,追求创造银幕这一两维的扁平空间中第三维度的纵深幻觉,这也是男性英雄纵横驰骋的舞台;而奇观性的影像则不仅打破了电影叙事的时空连续,而且有意凸现了画面的两维、平面特征,为特写镜头所切割的女性的身体形象被夸张为某种异己性的物象,成为审美观看或欲望观看的客体。主流商业电影正是以这不同的影像构成的交替出现,成功地诱导着观众的双重观看和认同。

就劳拉·穆尔维对观众认同的讨论而言,她的论述方式更多地是弗洛伊德式而非拉康式的。她指出,在主流商业电影的影像与叙事结构中,观众别无选择地在这双重机制中认同于男性的角色、行为与视点。主流商业电影诱导我们充分地认同男性主人公的角色,追随他的行动,在想象中与他同行同止、休戚与共;如同华尔脱·密蒂先生的白日梦一样,通过男主人公的奇妙历险,观众在片刻(通常是一个半小时)间超离日常生活的困窘和琐屑,分享奇迹与奇遇;同时,电影的内在叙事机制诱导观众认同于男性主人公的视线,通过他的视线给予女性主人公以欲望和色情的观看。于是,在主流商业电影中,女性形象只是充当着构成奇观、诱发欲望观看的视觉动机。她只是承受双重视线、双重欲望透射与观看的客体,其一是故事中男主人公投射的欲望观看,其二是影院中的观众通过认同于男性主人公而投向她的欲望观看。女主人公的形象诱发着人们的欲望也指称着人们的欲望,"她"只是欲望的能指、欲望的客体。而影片中的男性形象则主控着叙事结构,承担着制造并给出幻想的叙事功能。如果说,我们在影院中获得了某种华尔脱·密蒂先生式的满足,那么,正是男性角色为我们提供了双重幻想或曰白日梦式的满足。

在大部分主流商业电影、尤其是典型的好莱坞电影中,女性几乎与行动无涉,当危险临近或敌人袭来,男人将在前景中奋力搏击,而女人大多只是后景中一张美丽而张皇无措的面孔;一旦女主角落入魔掌("她"也的确频频落入魔掌,一是由于女人"与生俱来的无知",二是为了给男主人公提供展现其英雄豪气与柔情侠骨的机遇),她仅可以挣扎反抗,但几乎没有可能自救,必须等待男主人公将她救出苦海。女人被先在地派定在绝对被动、客体的位置上:作为男性行动的客体与男性欲望的客体。

在《观影快感与叙事性电影》这篇论文中,劳拉·穆尔维提出的另一个重要论述,则是分析主流商业电影如何通过其叙事/情节结构,成功消解男权文化的内在张力与矛盾。用一种直白的表述方法,这一内在矛盾呈现为:男人,他们爱女人(借用法国著名导演特吕弗的片名);但同时,男人,他们恐惧女人。其困境在于如何消解女性作为男性的欲望对象与焦虑之源的双重角色功能。根据这一需要,主流商业电影间或在情节结构中内在地设定一位男性窥视者的角色,但这并非病态的窥视狂的行径,相反是一个战胜恐惧、治愈病态的过程。通过男主角的窥视与追踪,某个充满诱惑却神秘莫测、携带威胁的女人,被"还原"为某种并非神秘的谎言、骗局或罪行;而这罪行中的女人将通过男主公之手遭到惩戒。女人所携带的威胁、引发的焦虑,由此而获得放逐。有趣的是,这与其说是一种司空见惯的将女性"妖魔化"的过程,不如说刚好是通过将女性"非妖魔化"——将其近乎妖魔的行径索解为理性范畴内的犯罪,以解除男性的焦虑,内在地强化男权/父权结构。为了论证这一观点,劳拉·穆尔维以好莱坞电影大师希区柯克的名片《晕眩》为例展开了分析。我们在影片中看到,正是通过男主人公、一名私家侦探跟踪、窥视的目光,一个美丽、优雅却充满了超现实神秘的女人,被指认为一场谋财害命的罪行中的帮凶。其匪夷所思的忧郁症,老肖像画阴魂附体式的经历,噩梦中怪诞的西班牙风格的村落,不过是一场精心策划的罪行中的"道具"。如果说,女主人公曾经成功地诱发了男主人公的同情与欲望,使他相信了预先策划的幻觉,并陷于病态的绝望和焦虑,那么,男主人公渐次明晰而犀利的目光将最终戳穿这一切,那伪装坠楼自尽的女人最终将从那塔楼上纵身跳下,以偿还她所犯下的罪行。而在更为通俗的电影作品中,这一跟踪、窥视的过程,则呈现为将美好、纯真的女人与邪恶、病态的女人区分开来的过程。以男人的爱与庇护作为对好女人的褒扬,以监禁、放逐作为对坏女人的惩戒。当然其真意无外乎尝试消解男权文化的内在矛盾,给男性主体以想象性的满足和抚慰。

毫无疑问,劳拉·穆尔维对于主流商业电影及其中的男权逻辑的窥破与批判,开启了一个电影研究与女性主义文化实践的新的时段。但正如其后继者提出的重要质疑所言,穆尔维在对男权文化提出强有力的解构与批判的同时,未能有力地回答一个重要的问题:如何阐释女性观众的位置和女性观众的观影体验。如果主流电影仅提供了一个认同于男性角色的行为及其欲望目光的位置,那么女性观众将如何从观影中获得快感?事实上,她们无疑与男性观众一样,可以沉迷在主流电影所提供的幻想空间中。对此,我们将如何予以解释?答案只能是女性对男权/父权文化的屈服或认同吗?换言之,即使在文化与心理体验中,女性也只能认同或"化装"为男人?对此,穆尔维提出的假说式解释是,女性通过认同于前俄狄浦斯阶段的男性转而确认自己的女性角色；同时，她认为主流商业电影在有意识地建构并且不断呼唤女性作为受虐者的身份认同，女性只有接受这一派定的身份才能获得自己的主体确认。对劳拉·穆尔维这一假说提出质疑的人们则尝试设定不同的阐释：影院中观众的观影体验，有如在梦中，是同时置身多处的主体；其认同常常并非单一固定的：他/她可以认同于英雄、也认同于恶棍，认同于男人、也认同于女人，认同于加害人、也认同于被害者，并非如穆尔维所表述的那般别无选择。同时，女性观众始终可以借助自己的主体性，选择在主流商业电影中为自己的男权/父权文化所始料不及的位置，甚至是某种具有颠覆性的位置与进入电影文本的可能。

如果说，理论阐释间或能重新界说女性观众的位置与观影体验，那么，穆尔维的理论一如后 60 年代的批判理论所面临的理论困境：无法为批判性的创作实践、包括女性自身的电影创作实践，提供新的空间与现实可能。依照穆尔维的观点，一部相对于男权与父权文化具有批判力的影片只能是激进的、毁灭快感的。她所未能回答的是，一部毁灭快感的影片，如何能面对主流文化而争取到观众的认同？而女性电影的实践自身将提供完全不同的答案并创造出不同的格局。

我们将看到，对于劳拉·穆尔维所开启的这一精神分析女性主义的批判脉络，《香草天空》同样是一个极为适宜的文本。

第三节 《香草天空》与梦的套层结构

相当有趣的是，影片《香草天空》（应该说是其原作《睁开你的眼睛》）毫无疑问是一部与精神分析理论有着直接且深刻的文化关联、乃至互文关系的影片。事实上，《睁开你的眼睛》也的确成为国际精神分析学学会高度评价的电影文本之一。我们几乎可以说，影片几乎包含了精神分析理论涉及的所有重要命题。关于俄狄浦斯情结：我们在影片中看到男主人公大卫·艾姆斯始终生活在父亲的"万丈光焰"之下。他的父亲、大卫所拥有的出版帝国的缔造者，无疑是资本主义世界的传奇英雄之一；影片中，父亲满脸成功者笑容的画像到处可见。尽管大卫在他 11 岁时便

"幸运"地失去了双亲,但他仍始终置身在人们关于天才、卓越的创业者与不成器的继承人的比较之中。他同时必须逐日面对他称为"七个矮老人"的董事会——父辈的合作者——的指责、威胁与阴谋。关于童年创伤:如果说大卫在11岁时突然失去了双亲,不仅使他"一劳永逸"地摆脱了父亲的威压、一夜之间继承了巨额财富,那么毫无疑问,这一"幸运"也同时使他失去了母亲,因此而必然成为一段难于治愈的创伤经验。关于心理症:在影片中,大卫显然是一个放荡不羁的花花公子,他不断地更换性爱对象,甚至绝少约会同一个女人。依照弗洛伊德的观点,这无疑是某种心理症的表征,是受挫的恋母情结的曲折呈现。关于梦:如上所述,这是一部为梦——男性之梦与梦魇所充满的影片;事实上,梦正是这部影片的主要被述对象与结构方式。

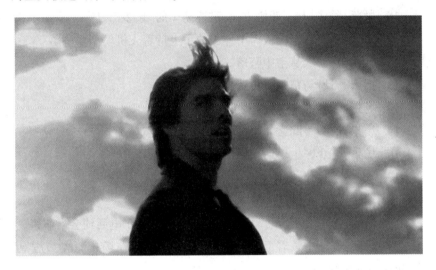

《香草天空》剧照

相对于好莱坞电影,这是一部叙事结构相当复杂的影片。我们首先对影片的叙事做一个C.麦茨的大组合段排列:

1. 序幕段落:七个航拍镜头,俯拍纽约,快推、切黑,伴着噪音般的女人的低语。

组合段:

2. 顺时段落:噩梦。大卫清晨被闹钟唤醒,进入阒无人迹的纽约。

3. 顺时段落:再次被闹钟从噩梦中唤醒。(非时序元素、闪前:狱中,大卫与精神分析医生麦考伯的对话。)开始正常的一天。

4. 闪前场景:监狱中的会见室和麦考伯对话。

非时序组合段:

5. 段落:大卫的生日派对。遇到索菲娅。摆脱茱莉的纠缠。

6. 场景:送索菲娅回到她的公寓。

7. 闪前场景:监狱中的会见室戴着面具和麦考伯对话。

8. 场景:索菲娅公寓中,两人相互画像,亲昵相处。电视中出现小狗班尼的故事和"生命延续"公司的广告。

9. 段落:与索菲娅告别,遇到茱莉。被茱莉强迫殉情。

交替叙事组合段:

10. 段落:梦境,与索菲娅重逢,讲述撞车的"噩梦"。

11. 括入镜头:冷调的被褥中伸出的手上持着飞机模型。坠落。

12. 括入镜头:人从空中坠落。

13. 括入场景:与精神分析医生的对话。

14. 场景:毁容的大卫处理公司事务。

15. 场景:街头跟踪索菲娅。

16. 场景:与众医生对话,结果只得到一张面具。

17. 段落:重整公司。

18. 场景:探访习舞厅中的索菲娅。

19. 场景:夜,大卫公寓。小狗班尼的电视节目。电话约会索菲娅。

20. 段落:舞厅中戴着面具约会索菲娅,布莱恩在场。酒醉,为索菲娅、布莱恩弃于街头。

非时序组合段:

21. 段落:醉卧街头的大卫被索菲娅唤醒(括入镜头:看到茱莉的幻觉),索菲娅表达了她的爱。两人幸福地结合在一起。

22. 非时序平行场景:狱中的会见室。大卫勾画索菲娅的素描。医生追问 E.L 的含义。

23. 段落:重做整容手术。

24. 非时序平行场景:狱中,与精神分析医生的对话。接着医生的发问:"幸福对你意味着什么?"(括入镜头:茱莉车中的发问。)

25. 段落:大卫的寓所。索菲娅揭开面膜,大卫恢复了容颜。两人分享幸福。

非时序组合段:

26. 场景:餐馆。大卫、索菲娅、布莱恩。注意到一个陌生、怪诞男人的目光。

27. 段落:夜,大卫寓所。噩梦,大卫从索菲娅身边起身,在卫生间的镜中照见自己毁容的脸,惨叫,惊醒。再度从索菲娅身边起身,在卫生间镜中看到自己完好的脸,但返回卧室,床上的女人却成了自称索菲娅的茱莉。大卫打电话报警。

28. 段落:大卫因殴打索菲娅被警察局拘留。汤米将其救出。布莱恩与其决裂。

29. 段落:在一间酒吧中再次遇到那个陌生、怪诞的男人。他告诉大卫,他自己可掌控、挽回一切。

30. 非时序平行场景:狱中。精神分析医生继续追问 E.L(括入镜头:一个无名空间和陌生女人的面孔。无法确认的时刻,大卫极度痛苦地在地上翻滚)。

31. 段落:大卫闯入索菲娅的公寓。发现所有的照片甚至大卫所画的素描上的索菲娅都变成了茱莉的面孔。茱莉/索菲娅将大卫误认为贼,并将他击倒。在照料他的过程中,又恢复为索菲娅的形象。两人在床上缠绵,但在这一过程中,索菲娅又变成了茱莉的形象。大卫绝望地近乎疯狂。

间断括入:大卫在卫生间的镜前吞入了大把药片。

习舞厅中的索菲娅冷漠的脸。

大卫在地板上翻滚,显然是濒死时刻。

茱莉的轿车撞毁在桥下的墙上,茱莉在桥上含笑下望。

三幅连续拍摄的照片上的索菲娅。

警察局纪录中茱莉/索菲娅被殴打后的照片。

三幅连续拍摄的照片,照片上的索菲娅逐幅变成了茱莉。

酒吧中与索菲娅相对,索菲娅在夜色中跑开去。

大卫用枕头闷死了茱莉/索菲娅。(括入镜头:童年的大卫惊恐地依偎在一个女人/母亲的怀中。)

32. 非时序平行场景:狱中。与精神分析医生对话。

33. 场景:杀死茱莉/索菲娅之后,大卫逃离现场,在楼道的镜中看到了自己毁容的脸。

非时序组合段:

34. 场景:与精神分析医生的对话。在后者离去时,大卫看到了电视中关于小狗班尼的故事,记起了 E.L——生命延续公司的含义。

35. 段落:精神分析医生和狱警一起将大卫带往 E.L——生命延续公司。(括入镜头:大卫记起他曾来到这里并签署了合同。)

36. 段落:陌生、怪诞的男人——公司的技术支持员艾德蒙出现,告知他自索菲娅在街头唤醒他之后的一切,包括狱中的精神分析,都是他死后公司为他制造的"明晰之梦"。

37. 闪回段落:大卫在签署合同之后,吞药自杀。

38. 段落:艾德蒙为之释梦。

39. 闪回镜头:大卫在汤米的协助下,从董事会手中收回公司。

40. 闪回段落:大卫死后,布莱恩在其寓所举办的追思会,索菲娅到来并离去。

41. 段落:在生命延续公司楼顶上,大卫在继续做梦和返回真实间选择了真实。布莱恩的形象出现,索菲娅出现。(括入镜头:车中的茱莉招手,大卫一笑进入。)大卫纵身跳下摩天大楼。在下坠过程中记起了自己的一生。

42. 尾声镜头:在"睁开眼睛"的呼唤中,一只眼睛的大特写。

通过对影片的大组合段排列,我们已经不难看出,我们可以将其视为一部关于梦的电影,如果联系着电影/梦的类比,或者说,联系电影便是梦工厂的说法,我们也可以将这部影片视为关于电影的电影,亦称为元电影。因为这部影片颇为复杂的叙事结构围绕着一个大梦,即影片中的"生命延续公司"所生产并推销的重要产品:"明晰之梦"。这一"明晰之梦"的理想状态,类似于主流商业电影:剔除一切苦难,剪去人生的琐屑辛酸,只有美好、纯净与愿望的实现。然而,我们同样在影片中看到,这理应美好的"明晰之梦"却变成了一场真正的噩梦,根据影片中给出的解释,这是出自潜意识的巨大干扰力量;于是,它同时在某种程度上构成了对主流电影制造白日梦、幻想和观影快感的返身质询。在影片的尾声中,主人公大卫选择从梦中醒来,不仅是从噩梦中醒来,而且也是从美梦和幻觉中醒来,面对苦乐参半的人生。

　　影片中包含着一个非常突出的结构性元素,它事实上构成了影片叙事的节拍器。那便是一个低沉的女声在呼唤:"睁眼吧(Open your eyes)。"它两次出现在片头中,还有一次出现在影片最重要的戏剧转折的时刻,尔后出现在尾声中,成为影片的第一句和最后一句道白。序幕段落之后,"睁眼吧,大卫,睁开眼"的呼唤(闹钟里的录音中金发美女茱莉的声音)唤醒了沉睡在纽约豪华公寓中的大卫。但有趣的是,它所"唤醒"的是一场噩梦,一种真正的、现代人内心中深藏的恐怖:一个突然空荡、完全丧失了人迹和任何生命迹象的现代都市场景。如同一个意大利诗人曾写下的诗句:都市,是现代人所创造的最伟大的文明丰碑,但只怕这丰碑比人类生存得更长久。而这正是影片中踌躇满志的天之骄子大卫"醒来"后所遭遇的"景色"。一个阳光明媚的早晨,都市充满了它自身的生命与活力,纽约的街头一切如"故":摩天大楼在蓝天下林立,巨型广告牌光怪陆离、歌舞升平,交通指示灯明明灭灭;但是,却没有一个人,没有一丝人类生命的痕迹。当大卫终于意识到究竟是什么如此异常时,他丢下了自己的轿车,开始在空无一人的纽约时代广场上狂奔并绝望地呼喊。事实上,对于欧美观众说,这一从西班牙原作中复制的场景,是影片中最重要的奇观和商业卖点,因为这并不是摄影棚中制造的视觉幻象,而是实景拍摄:《香草天空》摄制组在某个星期日上午长达两个小时封闭了或许是世界上最为繁忙、永远人满为患、车水马龙的纽约42大道和时代广场,拍摄了这一奇观场景。毫无疑问,这意味着一次天文数字的挥金如土之举。当大卫近乎疯狂地在空无一人的时代广场上,向画面纵深处奔去的时候,低沉的女声第二次出现:"睁眼吧",将大卫从这场噩梦中惊醒。似乎完全是重复,大卫起身洗漱,踌躇满志地走出家门,略有余悸地扫视街头:一切正常,灿烂的阳光下人流涌动,熙熙攘攘。大卫稍有自嘲地满意地笑了。这里包含了影片,准确地说,是其西班牙原作独具匠心之处,便

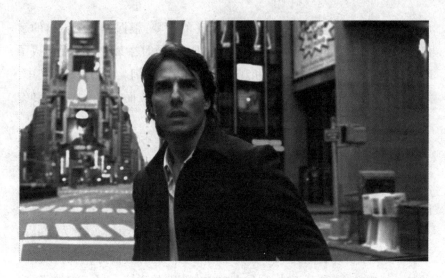

《香草天空》剧照

是剧情中的醒来常常是梦境的开端；而阳光明媚的早晨——醒来的时刻，则成为入梦时分。

然而，如果说第二次"睁眼吧"的呼唤将大卫带离了噩梦，那么，也正是在第二次"醒来"的时刻，两个噩梦性的元素已经悄然进入：一是第二次醒来时，大卫身边睡着一个金发美女——茱莉，她和她无望的爱将会把大卫带入无法醒来的噩梦之中；二是出现了一个观众此时完全无法索解的画外音，那是此后狱中的精神分析医生麦考伯在释梦。有趣的是，我们将看到，这是梦中的释梦。这也正是这部影片的结构特征，醒来是梦，梦中有梦，梦中释梦；释梦的场景仍需要再度纳入梦的阐释。因此我们说，这是俄罗斯套娃式的梦的套层结构。当茱莉强迫殉情，将大卫拖入无法醒来的噩梦深处之时，第三次出现了女声的呼唤："睁眼吧。"这一场首先以一个特写镜头开始：明亮的晨光中，画面左侧的是大卫的面具，右侧是一只手——被抛弃、醉卧街头的大卫的手。镜头切换为俯拍中的摇镜头，接近360°摇拍睡在地上、泥水之间的大卫，接着一只女人的手从画外伸入，伴随着一个温柔、迷人的声音："睁眼吧。"这是索菲娅的归来，是拯救和真爱到来的时刻。此后，我们将知晓，这正是"明晰之梦"的开端。又一次，"睁眼吧"的呼唤"唤醒"了一场梦，一场美梦。但是，影片在这场美

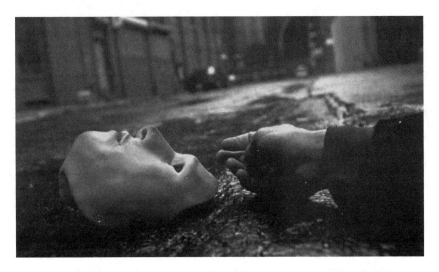

《香草天空》剧照

梦的第一时刻便潜伏了噩梦的元素。当大卫睁开眼睛,镜头反打为明媚的阳光下索菲娅清纯温柔的笑脸。我们可以看到"一夜"之后,索菲娅穿着大卫生日晚会上的衣服——事实上,剪去了此间所有的绝望及痛苦,那个一见钟情的时刻直接切转到索菲娅作为拯救者出现的时刻。反打为大卫难以置信地凝视着索菲娅,他无法相信索菲娅真的来到她面前。当大卫抬起身体迎向她的时候,镜头反打,画面中的形象是金发的茱莉诱惑而邪恶的笑脸。大卫惊惧地退缩,镜头再次反打,画面变回了索菲娅美丽而关切的面容。这个美梦成"真"的时刻,已然开启了一场心理的或曰潜意识的噩梦。直到影片尾声,大卫在无瑕疵的美梦和不完美的真实间选择真实/醒来之时,再度响起一个女声的呼唤:"睁眼吧。"按照剧情逻辑,我们可以认为这是女医生——将他解冻的人的声音:"放松一点,大卫,睁开眼睛。"影片的特写镜头:一只眼睛睁开了,在一个瞳孔充满了整个画面中结束。事实上,依照影片的叙事结构,这个时刻我们没有任何把握判定大卫是真的醒来了,还是进入了另一梦境。正是在这一时刻,片尾字幕开始滚动,观众起身,准备走出影院。于是,这一时刻可以有双重解释:一是带有自反性(关于电影的电影)的呈现:"睁眼吧"所唤醒的,不仅是剧中人,也是观众,我们结束了影院中的一场梦,返归现实生活;而它在剧情中的不确定特征,却呈现了希区柯克所开创(准确地说,是光大了)的类型——惊悚片的典型特征:影片终结的时刻,造成威胁与焦虑的因素并未获得彻底放逐和完全消解。

被第三次出现的索菲娅的声音"睁眼吧"所唤醒的,是理应无限完美的梦境、美梦——明晰之梦。和所有完美的梦境及典型的主流商业电影一样,索菲娅怀抱着真爱归来,不计较男人的背叛和他不仅不再风流潇洒,相反丑陋狰狞的面容。此时大卫的画外旁白倾诉:"我们是天生的一对,我们拥有一切,我们分享一切。"完满还不止于此。大卫重做整容手术,恢复了昔日的容颜。一个有趣的细节在于,整容手术一场中,影片中唯一的、全能主宰者式的角色——生命延续公司的技术专家艾德蒙第一次出现在画面上,他坐在一个类似主控室或者可以直接称为上帝般的位置上,俯瞰着进行中的一切。而场景中的其他元素则充满了现实主义的特征。作为一部叙事、视听结构都极为缜密的影片,这里露出了,准确地说,是刻意留出了一处破绽:我们知道,在缜密的电影叙事结构之中,一旦出现了第一人称的叙事人,便意味着影片中的场景应以此人物的在场为前提。换言之,影片中以画面呈现的场景应以此文本内的叙事人之在场为前提,观众所看到的,应是此人物目中所见。而这部影片无疑以大卫为第一人称叙事人,就其叙事结构而言,影片中的全部故事应是大卫在狱中对精神分析医生麦考伯追述自己的回忆。影片因此呈现为时空交错结构。所以,手术室中的场景原不应出现在画面之上,因为此时大卫应在深度麻醉状态之中,无法目击手术室中的一切。但在这里,与其说是影片的一处破绽,不如说正是故意暴露的"机关":这并非真实,而只是一场梦。只有在梦中,我们才同时身置多处,至少是两处——既在行动或发生的事件之中,又是一双目击进程的眼睛。完美的明晰之梦的极致,是索菲娅(而非医生)亲手揭开了一片片面膜,露出了大卫修复如初的容颜。也是在这温馨幸福的场景中,画面中出现了一处"谜底",大卫寓所的客厅墙壁上,悬挂着法国著名印象派画家莫奈的原作《香草天空》——正是在大卫和索菲娅初次相遇时,他告诉索菲娅:那是他母亲的遗物之一。这幅画,将成为影片中的最终释梦和我们对影片之梦阐释的关键:《香草天空》将母亲、大卫的童年创伤记忆,与索菲娅/真爱、男性的理想和成长联系在一起。"香草天空"出现的时刻,是完美的时刻。它不仅出现在大卫遇到索菲娅与恢复容颜的时刻,也出现在索菲娅在清晨的街头唤醒大卫的时刻,并将再度出现在生命延续公司的顶楼平台——大卫获悉了全部真相,选择了真实/成长的时刻。当大卫在一片香草天空的映衬下,纵身从生命延续公司的楼顶上跳下,快速剪辑的闪回镜头段落出现了母亲的形象与童年记忆的场景,但也包括明晰之梦中大卫与索菲娅温馨相处的段落——大卫重新整合起自己的一生并重新定义了自己真实的记忆。

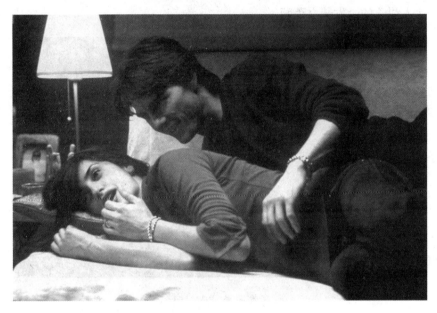

《香草天空》剧照

第四节 男性的噩梦与成长故事

如果我们对影片进行细读,不难发现,"睁眼吧"的呼唤在影片中不只出现四次,序幕段落的航拍、切黑镜头中,难于分辨的、女人窃窃私语般的声音,事实上便是女声"睁眼吧"的不断复沓。如果结合着其他因素:航拍中俯瞰纽约的镜头一次次威胁性地俯冲下来,一次次地短暂切换成黑画面,那么影片的开始处已构成了女人(女声所标识的)对男性主人公的威胁。或者说,这部梦的电影所表现的是男人之梦。用影片的美国复制者的表述便是,"美国男人的典型生活历程"。需要指出的是,在电影语言中,视觉上的下降动作:包括镜头的下降和场面调度中人物的下降动作——走下楼梯,走向低处,同时意味着叙事与意义上的悲剧转折、危险预警和否定性表述;视觉的上升动作则相反。那么,在序幕中,航拍镜头的七次俯冲效果,在视觉的下降动作的同时,表达了某种遭到袭击或威胁迫近的意味;威胁的确很近,"它"便睡在主人公大卫身边——一个似乎迷人甜美的金发美女茱莉。

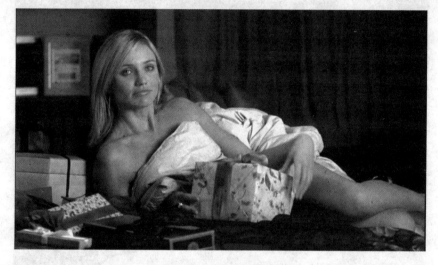

《香草天空》剧照

我们将看到,正如劳拉·穆尔维所言,这部影片不仅是男人之梦,甚至不仅是男人的噩梦,而且是双重噩梦。这噩梦首先呈现为男性个体生命经验中,女性具有双重意义,即作为欲望的对象,成为被渴望的、完美的、携带着幸福而来的和作为威胁的、制造不幸与带来毁灭的力量。从女性主义的视点看,即使不借助精神分析的观点与方法,我们仍可以看到,迄今为止,文字所记载的全部人类文明几乎都是父权制度之下的文明;因此,可以说,几乎所有的叙事形态都具有男性主体叙事的特征。在这数量浩如烟海的文字与叙事中,我们不难看出,女性的形象和意义大都是相对于男性主体而设定。在大众文化中尤其如此。其中一个突出的特征,便

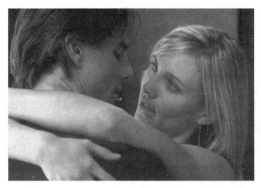 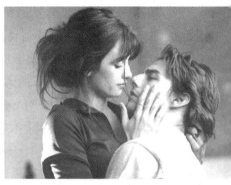

《香草天空》剧照

是根据相对于男性的意义,创造出若干种女性的类型化或曰定型化形象。女性主义电影理论第一阶段的工作,正是分析并划定好莱坞电影、也是主流商业电影中若干种不断被复制再生产的女性类型化角色。尽管分类的方式不同,但有两个基本类型不仅始终存在,而且事实上成为其他女性类型的变奏基调。那便是魔女/蛇蝎美女与天使/纯真少女。当然,在其现代版或曰精神分析版中,魔女/蛇蝎美女常常呈现为患有心理症的歇斯底里的女人。正是这两种基本类型,负载着、呈现了男性生命经验中女性的双重意义。在此,需要补充说明的是,在《香草天空》之中,影片的制造者借重了一个经过倒置的女性定型化形象序列。一如早期女性主义电影理论工作者所指出的,在好莱坞电影中曾长期存在着一种以伪人种学为基础的女性定型化形象:那便是金发碧眼的、天真的(准确地说,是近乎无头脑的)性感美女,男人的梦中情人和理想贤妻;另外是黑发女人,又称浅黑型女人或拉丁裔女人,神秘、聪慧,可能带给男人爱情与生命的奇遇,却同时可能充满未知的威胁和邪恶。其中最典型的例证,是玛丽莲·梦露和奥黛丽·赫本所象征的两极形象。而自二战结束、尤其是新好莱坞电影出现之后,这一定型化想象渐次发生了倒转,并且逐渐成为新的定型模式:那便是性感的金发女人是巨大的诱惑和激情,同时可能是歇斯底里的威胁、邪恶的深渊;而黑发女人则平实、善良、纯真且宜家宜室。好莱坞版的《香草天空》所借重的正是后者:纯洁的女孩,作为男性生命的希望与拯救所在的索菲娅,一头长长的黑发;而性感迷人却疯狂、邪恶的女人茱莉,则一头纯正的金发。

我们说,这是一个男性的噩梦,正在于它首先呈现了一个蛇蝎美女/歇斯底里的女人所可能带来的毁灭和威胁。当茱莉的形象刚刚出现的时候,她似乎是一个迷人的形象:性感、漂亮而独立。尽管她在生日晚会上不请自来,纠缠不休,令人不快,但毕竟令人同情。然而,当她在又一个晨光明澈的清晨,跟踪并拦住了从索菲娅家中走出来的大卫之时,她已经成了一个恶魔,至少是一个狂人。一道噩梦的深渊已经向着大卫打开。她载着大卫全速地冲破桥栏、冲下公路桥(再一次的下降动作),正面撞毁在钢筋水泥墙上。这是殉情,也是谋杀。尽管"幸运"的大卫免于一死,但这幸存却是真正的噩梦:他完全毁容,并且断臂致残。片头段落中的女声(茱莉的声音)两次将大卫从噩梦中唤醒的场景中,影片重复了同一动作:大卫起身后,睡眼蒙眬地走进盥洗室,对镜自照,细心地从头上拔掉一根白发,充满满足感地欣赏着自己镜中的形象。这无疑以顾影自怜、自我满足的动作,呈现着大卫内心中的自恋:一个美男子,同时是一个年轻的百万富翁,容貌、财富、成功使他成了资本主义世界中一个不容置疑的天之骄子。因此,如果说毁容的遭遇是对一个自恋者的重创,那么,他同时断腿断臂,在弗洛伊德的精神分析理论、尤其是释梦说中,毁容、断伤肢体,具有典型的阉割象征意义。茱莉强迫殉情的场景之后,影片首先以一场梦直接揭示出这场人为车祸的噩梦意味。在一个较长的黑画面后,切换为一个明亮美丽的场景,金黄色秋叶纷纷飘落的灿烂秋日,在纽约街头,大卫与索菲娅重逢,向她讲起一场噩梦。茱莉迫使他一同去死:"可怕的是我毁了容,摔断了胳膊……更可怕的是我醒不过来。"在这里,我们进入一个交替叙述的组合段。大卫在与索菲娅重逢的美梦中向她讲述自己的"噩梦",但那噩梦却是真实,重逢只是梦境。与此同时,平行插入了大卫与精神分析医生的对话——那是噩梦中的噩梦,或者说,是另一场美梦中的噩梦的低谷。画外音中大卫告诉医生:"即使在梦中我也是一个傻瓜,我知道我将要醒来,我不可能有别的梦。"伴随着这一画外音,画面切换为近景镜头,镜头快速变焦,骤然拉开了两人之间的空间距离。此时,在大卫与索菲娅的对话与对切镜头中,插入了一个观众尚不知所以然的镜头,与落叶缤纷的暖调画面不同,冷调的蓝色背景中出现,一只手拿着一只小飞机模型——不可能的飞行幻想——的画面。接着切换为大卫从空中坠落（另一个下降动作）的镜头。画面切换回纽约街头，两人之间的距离越拉越远，索菲娅突然奔开去。场景切换为监狱会见室中与精神分析医生的谈话。在这一断臂、断腿、毁容的噩梦中，最为绝望的时刻，是大卫鼓足勇气再次在舞厅中约会索菲娅，却遭到了拒绝和抛弃。这一场景包含了一个来自原作的富于原创性的视觉形象，便是绝望的大卫将医生给予的面具套在脑后，在视觉上成为两张脸：一张如同钟楼怪人般丑陋，一张带有似人非人的恐怖。两张狰狞的面孔，传达着噩梦的恐怖与大卫内心的极度痛苦和自我分裂。然而，在影片意义结构中，这尚只是男性之噩梦的第一重。第二重噩梦，更富深意地呈现着男权文化的困境与内在恐惧：那便是完全无法分辨天使/纯真女孩与魔女/蛇蝎美女。如果说，此前茱莉的形象只是颇为典型的现代社会中歇斯底里的女人，那么，当她再次出现时，已经具有了十足的恶魔意味。

《香草天空》（准确地说，是《睁开你的双眼》）中最具惊悚效果的构想之一，便是茱莉的"归来"。当索菲娅来到大卫身边，他恢复了容颜，两人在天堂岁月、田园牧歌般的完美中共度时光之时，噩梦再次进入。一个短暂的过渡之后，影片再次使用了唤醒噩梦、从噩梦中醒来遭遇噩梦的叙事方式。短暂的过渡中，布莱恩——大卫昔日的好友，出现在大卫与索菲娅的两人世界之中。其乐融融的餐馆场景中，首先出现的不和谐因素，是伴着超真实的电子噪音，大卫注意到了客人中艾德蒙那颇为怪诞的面孔。接着，布莱恩开了个不合时宜的恶毒玩笑——"你的脸裂开了"，唤起了大卫内心的极度恐惧。应该就是在这一天的深夜，大卫从睡梦中醒来，从索菲娅身边起身，蓦然在盥洗室的镜子中看到了自己毁容后狰狞的面孔，当他绝望地狂叫之时，目睹其面容的索菲娅同样开始尖叫。大卫被自己凄厉的叫声惊醒，再次走进盥洗室，如释重负地证明了刚刚发生的不过是一场梦，他的容颜依旧完好。但当他回到床上，他身边的女人却变成了自称索菲娅的金发茱莉的形象。真正的恐怖自此降临，并不断衍化为一连串噩梦。在这一场景中出现了一个同样重要的细节，那便是大卫的卧室中，有两张大幅的老电影海报：那是法国电影新浪潮的两位主导戈达尔的《精疲力尽》和特吕弗的《朱尔和吉姆》。如果说，这两幅海报提示着大卫

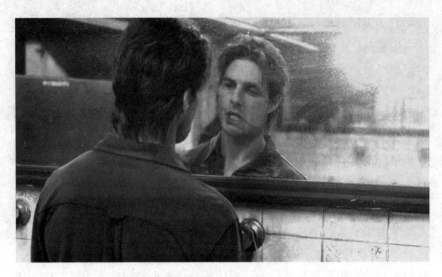

《香草天空》剧照

的童年岁月——60年代，那么，更重要的是，它们和《香草天空》一样，意味着大卫曾用来建构自己的梦境——"明晰之梦"——的童年记忆素材：大卫与索菲娅重逢，两人相互依偎着从画面纵深处走来的场景，来自《精疲力尽》中的著名镜头；索菲娅的纵声大笑，则借自《朱尔和吉姆》中女主人公的典型动作。——这一切将在艾德蒙的最终释梦中得到阐释。但此时，它们仅仅是大卫噩梦开启的背景和见证。当大卫发现身边的女人变成了金发的茱莉，他在绝望中打电话报警，反遭警察扣押，因为茱莉/索菲娅出示了遭到大卫殴打的证据。在同一场景中，他失去了布莱恩的友谊，并且失去了汤米——他在公司中唯一的盟友和忠仆。至此，噩梦尚未达到它的峰顶。这一呈现男性内心焦虑和恐怖的噩梦的峰顶，是大卫闯进了索菲娅的公寓，但屋内所有照片上、甚至从箱底翻出的两人初次相逢时大卫为索菲娅所作的画像上，索菲娅的形象都变成了茱莉。这是一个真正恐怖的时刻。一个将男性、也是男权文化的内在焦虑表达到极致的时刻：不再有任何依据和可能将女性——天使/恶魔分辨开来。这时回到家中的茱莉/索菲娅将大卫误认为入室抢劫的强盗，将他击倒在地。当这个自称索菲娅的金发女人发现误袭了大卫，到厨房取水救护他时，厨房里传出了索菲娅的声音，接着黑发的索菲娅从厨房里走了出来。大卫以失而复得、劫后余生般的狂喜拥抱了这"真正的索菲娅",两人开始在温情款款中做爱。镜头切换为抵在墙上的男人手的特写,女人的手伸上来,温柔地覆盖在男人的手上。摄影机镜头沿着男人的手臂向下摇移,我们看到大卫的脸在惊恐中变形了,镜头反打——他身下的女人再度变成了金发茱莉的形象。近景镜头中,大卫绝望、濒临疯狂地哭喊着:"为什么?这是怎么了?"而那金发女人却在邪恶地大笑:如同一个最终的胜利者。此时在大卫的哭喊和茱莉/索菲娅的狂笑场景中快速切入一连串闪回镜头,其中颇为狰狞的,是那飞速撞破桥栏、直奔水泥墙壁而去的"殉情"时刻,但反打镜头却是金发的茱莉站立在桥上,如同可以分身的魔鬼,悠然下望,仿佛满意地欣赏着自己的"杰作"。另一组括入镜头,则是特写镜头逐格呈现贴在索菲娅冰箱门上的从三张连续拍摄的镜头胶片上直接印出的照片,画面上黑发的索菲娅纯洁地微笑着,画面快速切换为警察局记录中金发的茱莉/索菲娅满面血污的照片,再次切回三格连续拍摄的照片,当镜头移到第三格时,照片上黑发的索菲娅变成了茱莉。这无疑是一个颇为精彩的视觉表述:邪恶的金发女人茱莉和纯真的黑发索菲娅,不仅在噩梦的场景或者说超现实场景中不能分辨,而且在一个男人的生命经验深处难以分辨。也正是在这个镜头之后,影片再次重复了一个视觉技巧:舞厅中毁容的大卫和索菲娅正面相对,变焦镜头突然将空间距离拉开,造成咫尺天涯的视觉效果,接着切入大卫被抛弃的那个夜晚,索菲娅在黑夜中向画面纵深处跑开去的画面。在这一恐怖的场景中,大卫与金发的茱莉/索菲娅之间的对切镜头渐次出现了变化,原本应该被大卫一览无余的金发女人的面孔开始被某种无名物体遮住了一半,成为一个预警、一种暗示:此时,绝望的大卫已萌动了杀心。终于,他抓起旁边的枕头,压在金发女人的脸上,直到她窒息身亡。一个颇为细腻的设计是,女人曾挣扎挥动的手臂,此时温柔地从大卫的肩头滑落,如同最后的抚摸;大卫紧压着枕头的手臂松开,在他的视点镜头中,露出了死者乳房下面的一颗痣:那是索菲娅的标志。噩梦到达了峰顶,或者说是最黑暗的深处:大卫亲手杀死了自己心爱的女人、他的全部希望和救赎。当他踉跄地奔出索菲娅的公寓之时,在走廊的镜中再次照见了自己毁容的形象。一切回到了美梦、明晰之梦的起点:他带着被彻底损毁了的面容和身体,失去了他所真爱的索菲娅;而且比那更残酷、更黑暗,他不是为索菲娅所拒绝,而是亲手杀死/误杀了她。也是在这一场景之后,场景切换为监狱会见室中,大卫与精神分析医生谈话的场景。第一次,大卫认罪了:"是我杀了她。"

我们已经指出,就影片的叙事结构而言,整个故事是出自大卫的第一人称自知叙事。而故事是在监狱会见室中、他面对精神分析医生的追述。因此我们也可以把整部电影视为一个大"闪回":大卫对自己生命的一个特定时期的追忆。也正是由于整个故事讲述的时刻,是在大卫因谋杀索菲娅而入狱之后,也就是说讲述故事、追忆自己生命经历的时刻,是在"明晰之梦"中。这不仅是一个关于梦的故事,也是一个在梦中讲述梦的故事。正是第一人称叙事人的存在,决定了影片只能是一个男人的故事,一个男人的噩梦,一切都出自男性的视点。

也正是在男性的视点中,我们可以将对影片的解读确认为古老的男性主题:成长故事(及其反题)。影片始终潜在地包含着关于俄狄浦斯情结,关于一个男孩、男人的成长叙事。故事涉及父亲的阴影和无父之子的主题,主人公始终面临一个成长和拒绝成长的命题。这一成长主题在两个层面上展开,一是大卫的事业,他所继承的庞大的出版帝国董事长的角色。在所谓事业层面上,大卫始终面临着创业者光焰的笼罩,只能是这光焰阴影中不成器的花花公子。这间或是大卫恐高症的心理成因之一。在现实视野中,父亲或曰父权的对应物,则是父辈的董事会成员,他们不断以不信任的目光无奈地注视着这个"扶不起来的阿斗"。其中大卫的一句对白是:"他们老以为我只有 11 岁。"在董事们的眼中,大卫只能是一个令人匪夷所思、怨憎不平的幸运儿——父母在车祸中不幸身亡,使他自然而然地成了这帝国不胜任的继承人。这一主题,事实上也是现代世界的财富与地位的主题,却如同大部分情节剧一样,仅仅是影片隐约可见的底色,而并非影片故事的主部。在影片中负载、呈现着成长主题的,并非父亲的光焰与阴影下的男性故事,而是无父之子的彷徨与心理症及其治愈。成长年代失父丧母的创痛,成为对大卫频繁转换性爱对象、拒绝承担责任的心理症候的阐释和赦免。

影片《香草天空》对这一心理症候的有趣呈现,便是让大卫为自己创造了一位"代父"——精神分析医师麦考伯的形象。这一形象在影片伊始便进入了叙事。然而,在第一时刻,他便被大卫讥刺为满口陈词滥调、毫无见地的腐儒。事实上,在整部影片中,这位将以其判断把握大卫生死的精神分析医师,无疑极不胜任。他在影片的情节结构,准确地说,是在大卫的心理结构、潜意识需求中,扮演的并非一位权威的医师,而仅仅是一位父亲。当这一角色被揭示为大卫的潜意识造物、一个明晰之梦中子虚乌有的人物之前,根据规定情节,他原本应该是一个拥有救赎力与拯救力的形象,一个权威的庇护者。但在影片的呈现中,他显然无力负担起这一重任。他唯一的个人特征,是一位慈爱的父亲:"我有两个女儿";他全部的个性呈现,是一位理想之父,他不断重申:他必须在9点半返回家中,陪女儿聊天,与女儿团聚的时间一分钟也不能延误。他对大卫倾诉说,自己曾是一个孤零零的、没有价值的男人,直到有一天女儿们使他的生命丰盈饱满。甚至在最后时刻,他要证明自己确实存在而不仅是一种梦中的虚构之时,他的全部辩词只是:"我有两个女儿,你知道我有两个女儿。"这正是一个成年男人在其想象、在其潜意识的构造中愿意接受的父亲——带一点卑微,有几分寒酸,近乎无能,但是拥有并愿意付出爱和亲情的怀抱。与父亲的权威形象相比,他更像是一位朋友和一个亲人。因此,在影片中,当麦考伯的形象最初显现之时,他似乎置身于噩梦的威胁与寒冷之中,大卫和他同处的狱中会见室,被清冷的蓝色光所映照。但很快这一空间便出现了局部的暖色光,麦考伯置身在温暖的光照中,一次再一次地,在较长的反打镜头中,满怀同情地注视着面具下的大卫。进而,不是大卫离开了他试图隐身的房间角隅,而是麦考伯走近他身边,紧挨着他在墙角旁坐下来,和他互诉衷肠。作为精神分析医师,他不能为大卫驱散迷雾("公平"地说,他本人便诞生于这团迷雾之中)、指点迷津,但他是一位倾听者、一位同情者,他只能如茱莉(当然没有她的怨毒,相反充满关怀)般询问大卫:"幸福对你究竟意味着什么?"大卫也只愿意在他面前最终认罪。当麦考伯承认他无力挽回大卫的命运时,他同时告诉大卫:"你就像我的家人。"影片的尾声艾德蒙所提供的权威释梦中,一部老片中格里高利·派克所出演的一个父子情深的场景,说明了麦考伯形象的由来。

而在影片中,真正出演了近似于父亲的权威形象的,是生命延续公司的技术专家艾德蒙。在影片潜在的成长主题中,只有他占据了权威/父亲

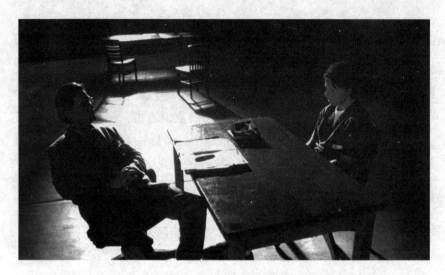

《香草天空》剧照

的空位。是他,接替了那位无能的父亲/那个充满爱心却力不胜任的精神分析医师;是他,充当了一位全能的分析者;也是他,在最后时刻显影为全能的掌控者、无所不在的关照者,成就其美梦并终止其噩梦的形象。此前,他曾三度出现:在整容手术室的中央控制台上,在噩梦降临的餐馆之中,甚至亲自出马告诉大卫:他自己执掌自己命运之门、幸福之门的钥匙。也只有他,能以权威而客观的口吻告知大卫:"这是决定性的时刻,你必须回答:幸福对你究竟意味着什么?"这是这一问题的第四次出现。第一次,大卫因拒绝茱莉的提问而最后助推了茱莉强迫他一同殉情的决定,因此,对于大卫,这一质询本身充满了侵犯和暴力的意味;而在大卫已深陷噩梦之时,变换着黑发与金发形象的索菲娅/茱莉第二次发问:"幸福对你究竟意味着什么?……对我,幸福就是和你在一起。"第三次,则是麦考伯重申了这一问题,但画面立刻切换为闪回:茱莉在疾驶的车中发出此问时扭曲的笑容,狱中的大卫因此再次拒绝回答:"换个问题吧。"在影片的尾声,生命延续公司的天台上,艾德蒙第四次发问时,他的权威与客观、他的诚挚与真实消解了这质询本身所包含的创伤和侵犯。艾德蒙继而说到:"即使在未来,不遍尝苦涩,便无法收获甜蜜。"事实上,天台上,艾德蒙对大卫的明晰之梦的有效阐释,也成了对大卫的全部心理症候的揭示;

他的释梦展示并消解了大卫生命中的创痛和威胁，揭示出他遭受的创伤与折磨所包含的正面真理。我们看到，也正是在这真正的权威/父亲形象出现的时刻，天台上方的天空再度布满了香草色的晖光与云朵——一个成长、拒绝成长的男人在终于得回了父亲的威慑与指导的时刻，也找回了母亲的温馨与关爱。在这一时刻，大卫才有勇气面对索菲娅的幻象说出："我失去了你，在登上茱莉轿车的那一刻，我已经失去了你。"至此，一部心理戏剧被充分添加上了好莱坞电影所必需的说教色彩，成了一部道德伦理剧。不再是一个遭受着心理症折磨的无父之子的心理悲剧历程，而是一个报应不爽的伦理教化剧：大卫在获取真爱之后居然不忠（上了茱莉的轿车），因此遭到了残酷的报应。尽管在影片、尤其是原作《睁开你的双眼》的剧情逻辑中，索菲娅是否便是大卫生命中的"真爱"，原本是一个大可质疑的问题。茱莉的偏执与疯狂永远地终结了大卫频繁转换性爱对象的可能，因此他以延迟享乐的逻辑而欲擒故纵的索菲娅，便成了可望不可即的梦中情人，也因此成了大卫心中的真爱；相反，如果他可以无尽延长他的风流之旅，索菲娅无疑将是众多无名女郎中的一个，尽管或许是特殊的一个。但艾德蒙作为技术专家的形象则成功地洗去了说教感，赋予其客观真理的意味。

于是，在艾德蒙的循循善诱中，大卫平生第一次获得了面对真实、直视创伤、背负起责任/真实的勇气，他放弃了完美的"明晰之梦"，选择了或许荆棘丛生、不如人意的真实人生。他背对幻影，从高层建筑的顶楼平台上纵身跃下，他的心理症的症候之———恐高症，也是父亲光焰投下的浓重阴影，由此而获得治愈。不同于西班牙文的原作，在这一时刻——大卫从梦境中的高空跃下的过程中，切入了一组快速剪辑的蒙太奇镜头段落：那是童年的记忆（卡通片与老电影），母亲的形象终于浮现；少年时代生命的片段与历史的时刻：甲壳虫乐队演奏的场景，马丁·路德·金瞬间闪现的侧影；而在这些被潜抑的记忆浮现之时，不断插入索菲娅的场景——诸多场景出自明晰之梦。显而易见，在这一获救的时刻，大卫重新整合了自己的记忆和自己的生命，当他终于直面真实，他同时珍藏起梦境。一段经过放大的下落过程，成为大卫的自我觉醒之旅、自我救赎之旅。

此间,存在着一个有趣的症候点——并非精神分析意义上的心理症候,而是影片分析视野中的社会症候点:关于一部叙事性文本中权威者、全能拯救者形象的设置和选取。在所谓后工业时代、所谓他人引导的时代中,人们已很难如传统社会及传统叙事那样,获得不容置疑的权威形象:诸如父亲/长者、政治、宗教领袖或社群精英。于是,对于发达资本主义国家"孤独的人群"来说,精神分析医师一度成了替代性的权威者与拯救者,社会层面的心理健康与精神病、心理症代替物欲/利益冲突,成了大众文化的主要被述对象。于是,在诸多影片中,最终扭转大局、放逐邪恶、惩恶扬善的角色,由精神分析医师来出演;精神分析医生所在的空间、建筑,也在大仰拍镜头中被赋予了昔日高耸入云的教堂的视觉位置。然而,一方面,无疑是由于弗洛伊德所创建的精神分析显然并非如人们所期待的那样,成为现代社会拯救众生的万灵方,所谓后工业/后现代社会仍然面临着诸多日渐深重的社会问题;另一方面,则是全能的精神分析医师的角色所提供的叙事空间与可能,渐次为大众文化的消费者所厌倦。于是,精神分析医师的角色出现了变奏,渐次成为某种可疑的甚至邪恶的形象,他们间或是精神分析医生,同时是极端危险的、反社会的精神病患者;他们间或提供某种拯救的力量,同时携带着更大的威胁。其中最为著名而典型的例证,是奥斯卡获奖影片《沉默的羔羊》。影片《睁开你的双眼》/《香草天空》的新颖之处,正在于它提供了一个新的全能拯救者的形象——一个超然的技术专家,一个现代人生命的执掌者,同时是人生智慧的启迪者。有趣的是,正是这一新的权威形象,准确地对应着"跨国公司—技术专家联合统治的时代",对应着高科技时代的莅临。在影片的叙事语境中,我们甚至有充分理由怀疑艾德蒙这一形象本身便是高科技制造的幻影,否则,无法在剧情逻辑的层面上解释他何以成为一个跨越百年时空而"长生不老"的形象。

同样作为影片的社会症候呈现的是,我们在前面提到过,影片最大程度地简约了其剧情逻辑内部的资本/财富所扮演的重要角色。然而,正如多数成功的主流、商业的叙事性作品,其必然自觉不自觉地运用"意识形态腹语术"——并不借助谎话,而是通过对事实的选择、组合以创造谎言效果。用笔者惯用的说法,便是"通篇谎言,不着一句谎话"。我们在影

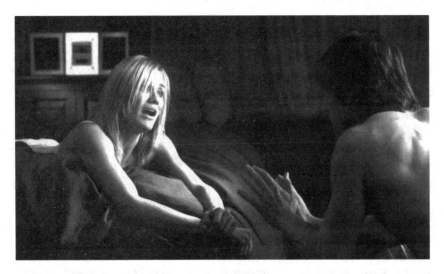

《香草天空》剧照

片中看到，茉莉和索菲娅同是徘徊在纽约娱乐圈边缘，寻找、等待着机遇的美貌少女，当茉莉第一次在大卫家中过夜，她激动不已地打电话告知友人这一天大的喜讯，轻松地放弃了对她来说无疑十分宝贵的"试镜头"的机会，因为她相信自己已遇到了千载难逢的幸运：得到了年轻的百万富翁的垂青。于是，大卫对她一夕贪欢之后便弃若敝屣的行为，给她所造成的幻灭，远不只是情感与自尊的伤害，那是一个巨大的美梦、男权资本主义社会中女性可能获取的最大成功的幻灭。一个有趣的细节是，在车中，茉莉向大卫出示了她刚刚灌制的音乐 CD。显然她也试图将自己的生命再度转移到"事业"的奋斗之中。而大卫的致命错误之一，在于他刻薄地嘲弄了茉莉的演唱和她的 CD，于是他已经在拒绝回答"幸福对于你究竟意味着什么"之前，为自己签署了死刑判决。同样，在看似清纯的索菲娅对大卫的一见钟情中，同样包含着诸多并非爱情的"夹杂物"。从出现在大卫的生日派对的第一刻起，她丝毫不曾掩饰自己对大卫所拥有的财富的好奇与觊觎。她为大卫画的漫画像，正是一个踌躇满志的花花公子倚着他的昂贵跑车，脚下堆满了鼓鼓的钱袋。唯一不同的是，索菲娅以某种"纯洁的率真""自知的幽默"，率先与大卫建立起一组令其颇感新鲜的游戏关系。事实上，也就是在大卫表现出对她的兴趣与关注之时，她立刻毫无顾忌地抛弃了领她前来的布莱恩——显然是她的男友、也是她同阶级的处于前景不明中的未来作家。于是，布莱恩便自然地与另一伤心人茱莉结为暂时的盟友，在心碎中背叛了"神圣的"兄弟之情。从另一个角度上看，作为大卫唯一密友的布莱恩，始终只是百万富翁门下的一个丑角或弄臣。

影片"诚实"地呈现出这些真实的社会学要素，尔后又成功地在叙事过程中将其掩盖起来。对这一真实表述的遮蔽与转移，首先通过大卫一旦毁容、索菲娅同时离他而去来表现；而在好莱坞版的道德逻辑中，这一行为首先意味着索菲娅无法原谅大卫的背叛：他怎能在两人温情款款、其乐融融的一夜之后，一步登上了茱莉诱惑的轿车。于是，大卫的魅力似乎不是、至少不是最主要地得自他的财富与财富所建筑的"崇高"地位，而仅仅在于他的英俊与潇洒。好莱坞版的另一处修订是，在艾德蒙的叙述中，添加了布莱恩在大卫死后为他举行的追思会，而索菲娅也第二次来到大卫的寓所，满怀哀思地追忆着这死于华年的友人。于是，温情与道德的逻辑，取代了资本与财富的逻辑，成就了这部浪漫—惊悚故事。

然而，围绕着《香草天空》的一组花边新闻，间或从另一角度显露了这一被迷人的爱情故事所遮掩的金钱故事。这则给娱乐新闻界带来惊喜、同时为影片的映前宣传攻势推波助澜的新闻，是在《香草天空》的拍摄过程中，大卫的扮演者、也是影片的制片人、百万富翁汤姆·克鲁斯移情别恋于来自西班牙的黑发美女佩内洛普·克鲁兹，进而抛弃了他的妻子、他两个孩子的母亲、金发美女妮可·基德曼。如果这不过是好莱坞/电影娱乐工业司空见惯的婚变史，那么，为好莱坞娱乐新闻同样津津乐道的，是类似的婚变故事同时意味着一组令人兴趣盎然的金钱故事、一个因巨额的离婚赔偿而形成的"财富再分配"故事。在这一视野中，清纯的黑发美女佩内洛普·克鲁兹便理所当然地成了一个令人羡慕的、来自发达世界边缘地带（西班牙）的女冒险家与幸运儿。于是，在银幕外迷人的爱情故事发生的同时，传媒曝出了汤姆·克鲁斯对佩内洛普·克鲁兹穷奢极欲、挥金如土的抱怨之声。事实上，就围绕着《香草天空》的"电影的事实"而言，这始终是一个关于金钱与财富的故事，或可称之为"财富的证明"。汤姆·克鲁斯正是凭借他百万富翁的实力，而非他身为好莱坞常青树的身份,购得了《睁开你的双眼》的重拍权,并以自己取代了原作中的年轻男主角,尽管事实上,汤姆·克鲁斯的年龄与形象早已不再适于继续出演爱情故事中的青春偶像。他同时为好莱坞"购进"了原作的导演阿雷汉德罗·阿梅纳巴尔——西班牙电影中脱颖而出的电影奇才。作为补偿,让其执导了以其前妻为主角的好莱坞恐怖片《小岛惊魂》(The Others)。一如诸多"成功"地进入好莱坞并最终为好莱坞所吞噬的他国电影奇才,阿梅纳巴尔的好莱坞之作《小岛惊魂》尽管仍别出心裁,但其电影表达与艺术成就,却无法望其西班牙时期作品《论文》(一译《死亡性书》,Tesis)及《睁开你的双眼》之项背。

如果说,围绕着《香草天空》的花边新闻暴露了影片所成功地遮蔽的资本主义逻辑,那么,更具反讽意味的是,这银幕外的故事同时颠覆或曰取消了影片刻意添加、强化的道德说教。一个以精神分析的逻辑巧妙结构起来的故事,不仅在其文本内部形成了对精神分析的逆反,而且以其电影的事实,告诉我们何以精神分析并非全能的拯救力。

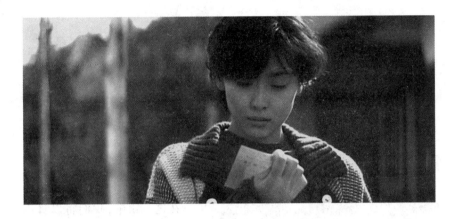

《情书》

英文片名：*Love Letter / Letters of Love / When I Close My Eyes*
导　　演：岩井俊二（Shunji Iwai）
编　　剧：岩井俊二
摄　　影：篠田昇（Noboru Shinoda）
主　　演：中山美穗（Miho Nakayama）饰渡边博子/藤井树
　　　　　豊川悦司（Etsushi Toyokawa）饰秋叶茂
　　　　　酒井美纪（Miki Sakai）饰少女树
　　　　　柏原崇（Takashi Kashiwabara）饰少年树
日本，彩色故事片，116分钟，1995年

第五章　精神分析的视野与现代人的自我寓言：《情书》

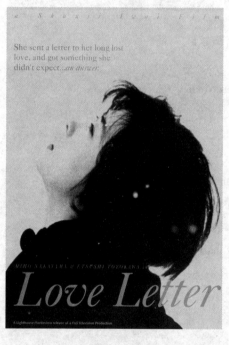

《情书》海报

在这一章中，我们将以日本导演岩井俊二的影片《情书》为例证，在电影分析中介绍并实践拉康的精神分析理论，准确地说，是其中的镜像—主体理论，同时介绍并实践在拉康的精神分析学说基础上建立的第二电影符号学。

法国思想家、精神分析学家拉康，是精神分析学科史、当代欧洲思想史、也可以说是当代人文社会学科史上划时代的人物之一。他是精神分析理论的集大成者，也可以视为弗洛伊德众多的后继者、弟子中的"头号叛徒"，他对于弗洛伊德理论的修正和改写，最终造成了精神分析学派的分裂。从某种意义上说，拉康对弗洛伊德的"背叛"、准确地说是修正与拓展，在欧洲思想史的意义上，呈现出法国启蒙理性传统和德国古典哲学的内在冲突。弗洛伊德的最大贡献之一,在于潜意识的发现。在弗洛伊德的表述中,潜意识犹如无边无际的黑海,人类意识只是这黑海上漂浮的灯标;而弗洛伊德理论中最为著名的,则是他关于人类的成长故事:俄狄浦斯情节及其超越。但在拉康这里,潜意识是被建构而成的,潜意识是他人的语言,潜意识的结构就是语言的结构。拉康一个著名的表述是,对于真正的无神论者说来,不是父亲死了,而是父亲是潜意识的。正是拉康的精神分析理论,直接开启了第二电影符号学,即精神分析电影符号学的产生,对电影理论与批评产生了直接而广泛的影响。

第一节 "镜像"理论与第二电影符号学

拉康的精神分析理论事实上是一个极为博大精深的理论体系。我们不可能全面介绍拉康的理论,只能相当浮泛地介绍其关于"镜像阶段"的论述以及相关的主体理论。

就个人"成长"或曰主体形成的议题而言,如果一定要简单地比较弗洛伊德与拉康的论述,我们便必然要在某种程度上将其"庸俗化"。用某种"平装本"/普及本的表达,可以说弗洛伊德的相关论述给我们提供了一个有三到四个角色的多幕剧:那是一个男孩子和他的父亲、母亲的故事。关于一个男孩子如何"宿命"地陷落在某种俄狄浦斯情节之中,充满了"杀父娶母"的幻想,最终迫于父亲的权威和阉割威胁,而放弃了这不伦的欲望,由对母亲的认同转向对父亲的认同,将自己的欲望对象由母亲转移为另一位女人,并最终使自己成为了一位父亲。与此相参照,拉康的论述却只提供了一部漫长的独幕剧,其中只有一个人物和一个道具。人物是一个最终被称为主体(事实上是男性主体)的个人,道具则是一面镜。全部"剧情"便发生在一个人和一面镜之间。

拉康的"镜像阶段"理论描述人在 6—18 个月的生命经验。对于拉康,这是个体生命史、主体形成的最重要的阶段。6—18 个月,是孩子被抱到镜前,从无法辨识自己的镜中像,到充满狂喜地"认出"自己,并开始迷恋自己的镜像的过程。同时,6—18 月,也是孩子从没有语言到开始习得语言的过程。从另一个角度上看,拉康对弗洛伊德理论的重要改写之一,是以三分结构取代了二项对立式的表达,拉康因此成了一个跨越结构主义和后结构主义的思想大师。其中关于"镜像阶段"——主体的形成过程的表达,同样建立在一个三分结构之上:想象、象征、真实。延续我们所谓"平装本"的复述:在6—18月这一过程中,镜前的孩子所经历的第一个阶段,是把镜中的孩子指认为另外一个孩子,一个不相干的形象,他无法辨识自己的镜中像,因此对其是无动于衷的。第二个阶段,是孩子认出了自己镜中的形象:"那是我!"在拉康的论述中,镜前的孩子从将自己的镜中像指认为另一个孩子到指认出那正是自己的过程,包含了双重误识在其中:当他把自己的镜中像指认为另一个孩子时,是将"自我"指认成"他者";而当他将镜中像指认为自己时,却将光影幻象当成了真实——混淆了真实与虚构,并由此对自己的镜像开始了终生的迷恋。

无数次的试验表明,自然界中的动物大都会在第一次遭遇自己的镜像之时被迷惑住,误以为那是另外一个同类的生命。然而,他们认出那不过是自己的倒影时,便兴趣全无,即刻离去。一个著名的试验,是将一个黑猩猩家族放入装有一面玻璃幕墙的空荡库房中,当他们"发现"了自己的镜中像时,立刻进入了极端紧张而戒备的状态:他们认定那是另一群黑猩猩,这意味着有来犯者或自己误入了他人的地域。于是,一系列示警、挑战的"程序"开始依次进行:雄性头领站在队前挑战,全体雄性出列示威,捶胸嘶叫等等。当然,"对方"如法炮制。此黑猩猩家族只能认定"对方"绝无退让之意,于是一拥而上,决一胜负。结果自然是扑在幕墙上。当他们意识到自己是在和自己的影子决斗,便立刻解除警报散开去,自此对那些影像不屑一顾。只有人类不同。也许可以说,在所谓情感动物、思想动物、语言动物之外,人类是某种镜恋动物。

在拉康的表述中,镜像阶段正是所谓"主体"的形成过程。拉康的描述同样被一个三分结构所支撑,在自我与他人二项对立之外,出现了第三个点:主体。主体并不等于自我,而是自我形成过程中建构性的产物。所谓"主体"是某种可称之为"他/我"或"我/他"的建构性存在。主体建构过程正是把自我想象为他人,把他人指认为自我的过程。形成"镜像阶段"的前提性因素,是匮乏的出现、对匮乏的想象性否认及欲望的产生。这首先是某种弗洛伊德意义上的匮乏。6—18个月是从母亲经常把孩子抱在怀中到母亲渐渐开始离开孩子的过程,对于孩子,他所经历的是某种"母亲的离弃"。最早把孩子抱到镜前的是母亲或相当于母亲的角色,孩子最初看到自己的镜中像时,尚不能分辨自己的身体和怀抱他的母亲的身体,因此,镜中之像给予他一种依然母子同体的想象。而"母亲的离弃"使他开始体验到匮乏。拉康意义上的匮乏则在于,6—18个月的孩子尚不能整体感受自己的身体,他的全部身体体验是支离破碎的,因此有孩子和自己的脚趾戏耍,如同追逐自己尾巴的小猫。相关研究表明,如果按照进化论的叙述,人类来自大自然,那么,人类是一种有大缺憾的哺乳动物。在自然生存的意义上,人类是某种早产儿。绝大多数哺乳动物,一旦出生,在母亲为其舔干胎毛、四肢支撑颤抖地站起来时,已经可以挣扎着生存下去;而人类则不同,就自然生存而言,人类有着一个长得不近情理的婴幼儿期,这也是关于人类自身的诸多谜题之一。在这漫长的婴幼儿期,孩子不能自主身体,不能整体地感知和把握自己的身体,其生命与外界相联系的唯一途径是视觉。此时,婴儿"认出"镜中像是自己的时刻,伴随着极大的狂喜,因为那是和自我体验完全不同的完整丰饶的生命形象。孩子在镜前举手投足,"牵动"自己的镜中像,获得了一种掌控自我和他人的幻觉——对于一个行为无法自主的孩子说来,那是一份空前的权力。于是一个镜前戏耍的孩子——"我"和一幅"言听计从"镜像——"他",共同构成了某种关于理想自我的想象。可以说,是在镜像阶段,启动了一个名曰自恋/自卑的生命历程。因为,当这个镜前的婴儿长大成人,他可能一生怀抱着关于自己正是那一理想自我的想象,颇为自得;也可能终其一生追逐和渴望到达理想自我的高度,而厌弃自己的现实生存。我们可以在自恋和理想自我投射的意义上,阐释偶像崇拜的产生。那是再次把自我转投射向他者,将他者想象为理想自我的实现的心理机制。精神分析也正是从这里引申出对施虐/受虐的心理的阐述。

镜像阶段同时是婴幼儿开始获得语言的阶段。语言能力的获得,在拉康那里,是脱离镜像阶段的想象,进入象征秩序的标志。对于拉康说来,人类并非运用语言来指代缺席与匮乏的实在,而是"语言掏空现实,使之成为欲望"。主体的最终形成以语言中第一人称代词——"我"的出现为标识。相关研究表明,在牙牙学语的孩子那里,"我"是最后出现的人称代词,在此之前,孩子会在相当一段时间内用第三人称指代自己,那正是镜像阶段尚未过去的标识之一。在精神分析理论中,"我"这一代词与其说联系着自我,不如说联系着主体幻觉。那是自我的确认,同时是自我对象化的过程。至此,一个"我"中有"他"、"他"中有"我"的主体得以确立。

与精神分析的电影理论有着更直接的关联性的,是拉康从镜像阶段的论述中引申出的关于眼睛和凝视(gaze)的辩证法。在拉康看来,眼睛是一种欲望器官,因此,我们可能从观看行为中获得快感;但眼睛又是被充分象征秩序化的器官,这便是"仁者见仁,智者见智"的由来。通常人们只会看见那些"想看"/可以理解和接受的,而对于其他的存在视而不见,其原因就在于眼睛这一器官受到了象征秩序的充分掌控。但在拉康那里,存在着某种逃逸象征秩序的方式与可能,即凝视。"凝视"不同于一般意义上的"观看"(look,see),当我们不只是"观看",而是在"凝视"的时候,同时携带并投射着自己的欲望。凝视,使我们在某种程度上逃离了象征秩序而进入想象关系之中。凝视再度把我们带回镜像阶段。拉康使用了"观视驱动"(scopic drive)这一概念,即欲望是包含在观看行为之中的。

联系着对想象与象征的讨论,拉康赋予另一概念"幻想"以重要意义。当凝视令我们逃离象征秩序进入想象情境,那便是幻想所在。幻想是一个想象的场景,主体是主角。在拉康那里,幻想指涉的不是满足的需要,而是未满足的欲望。拉康认为:欲望追求的是永远失去的目标,准确地说,幻想的功能是维持欲望而非满足欲望。幻想是欲望的舞台或场面调度。在幻想中,欲望的对象总是会从我们的凝视中逃逸而去。换言之,凝视是一种欲望的投射,是一种于想象中获得欲望满足的过程,但凝视本身所印证的只能是欲望对象的缺席与匮乏。在弗洛伊德那里,所谓匮乏与缺席,指称着"母亲的离弃",即母亲的确不在身边;而在拉康这里,是对母亲/欲望对象在场的渴望,显现了母亲的缺席/匮乏。再换一种讲法,便是凝视所诱发、携带的幻想,是欲望的投射,观看主体希望沿着缺席(欲望对象的匮乏)抵达在场(欲望的满足),但我们所能抵达的只是欲望自身——那个掏空了的现实的填充物。

精神分析理论也正是在这一论域中重新定义了"艺术"：所谓艺术是对凝视的诱惑和对凝视的驯服。艺术的意义在于，将凝视的目光变为一种了悟：了悟到欲望和匮乏的绝对。为此，可以借用一则古希腊画家的著名轶事：相传古希腊名画家宙客西斯与帕拉修斯斗法，要在写实、再现才能上一竞高下。斗法之日，宙客西斯出示了一幅画，上面画着栩栩如生地悬挂枝头的水果；那效果如此逼真，以至空中的小鸟飞来啄食。帕拉修斯表示叹服，继而出示了自己的作品：但在他的画上覆盖着帘子。宙客西斯伸手要揭开帘子一睹真作，但立刻发现，那帘子便是帕拉修斯的画作。胜负由此决出。依照拉康的理论，宙客西斯的画作最多是足以乱真：因成功地混淆了真实与虚构而诱发了凝视，将观者带入了想象世界；而帕拉修斯的大胜，并不一定由于宙客西斯为他画出的逼真帘子所欺，而是由于帕拉修斯以自己的眼睛引诱了宙客西斯的凝视，他的凝视受到越过缺席去寻找在场的诱惑。因此，"艺术并非是分享内心的和谐，而是分享欲望与匮乏，并非争夺欲望，而是相互维持对幻想的抛弃"。

正是在对拉康的精神分析理论的借重和引申中，产生了第二电影符号学，又称精神分析电影符号学。其标志性的著作，是克利斯蒂安·麦茨的《想象的能指——精神分析与电影》。在此之前，将精神分析理论应用于电影研究的实例并不罕见。但一方面，类似研究大都集中在运用精神分析解读电影文本这一面向上；另一方面，此前人们作为理论资源的精神分析，大都集中在弗洛伊德的相关论述之中。而在《想象的能指》一书中，理论与实践重心发生了明显的转移：首先是由对电影文本的结构主义语言学的分析，转向了对影院机制和观影心理的侧重。其次是对拉康理论范式的借重取代了对弗洛伊德理论的追随。我们已经在前一章中谈到，精神分析电影理论或者说第二电影符号学，简单说来是建立在两组类比之上：电影/梦、银幕/镜。此处所谓"镜"，正借自拉康关于镜像阶段的论述。有如镜像阶段之镜，银幕当然并不真的映照我们的身影，却能够成功地制造一种混淆自我与他人、真实与虚构的状态，充分地唤起一种心理认同机制。

在麦茨对于影院机制和观影心理的讨论中，凸现了三个关键词：认同（自恋）、窥视、恋物。依照麦茨的论述，电影的魅力正在于影院的魅力。

影院的空间最大程度地再现了镜像阶段,因为观众进入影院,便意味着接受影院的惯例,放弃我们的行动能力,将自己的全部行为简约为视觉观看,于是,我们返归镜像阶段,我们联系着银幕世界的唯一途径是目光。而银幕上的故事与奇观通过眼睛唤起凝视,我们由此成功地避开象征秩序,进入想象王国。当然,其实在非影院的空间中放映,眼睛唤起凝视的叙述依然成立;但影院内部,对号入座、观众群中的静默、周边黑暗的环境,以及现代影院设施——超大银幕、环绕立体声,会强化对象征秩序的逃逸。观影的快感在于,银幕充当自我之镜,随时满足自恋的观看。当然,那是一面提供镜中像的镜子,如同两列相向而立的"镜廊","提供自我的双影的双影"。

认同机制。和我们在常识与体验层面上讨论的认同机制不同,在麦茨的叙述中,影院中的观众首先认同的并非银幕上的角色与情节,而是他自己,一个观看者的角色,一种纯粹的认知行为。我们已经谈到,观众进入影院,便将自己简约成一双眼睛。那是已无需重新告知的成规:在影院的坐椅上,你只是一双眼睛、一束凝视;同时你变成了一个全知主体,一双无所不在、无所不知的眼睛。你伴随银幕人物经历种种悲欢离合、恩怨情仇,你与人物休戚与共,却并非真正忧心如焚。因为作为电影观众,你是全知全能的。诸如在观看惊险异常的动画片时,你间或会看到年龄稍大的孩子安慰更小的孩子:不用怕,每次都是这样,他们要受好多苦,差不多快死了,可没事,他们最后一定能赢。——这似乎正是"直觉"观影经验、观影快感之所在。这种全能感、这种主体身份,使观众获得极大的主宰与掌控的幻觉,同样重现了镜像阶段的指认方式与想象性满足。认同的第二个层面,也是更接近观众自觉感知的经验层面的认同,是置身影院中,我们的观影经验是混淆了真实与虚构、自我与他人的体验,观众的自我想象得以投射在银幕上的奇特人生与理想人物之上。一如相关研究所指出的,在影院中,观众这一全知全能的主体,如同在梦中,他/她也是一个同时置身多处的主体。观众在影片中认同于英雄,也认同于蒙难者,认同于赢家,也认同于输家,认同于好人,也认同于恶棍,认同于男人,也认同于女人。于是我们经历着无尽的悲剧与喜剧,目睹着无穷的爱神与死神,自己却毫发无伤。

与此相关,麦茨在第二电影符号学中指出,影院机制是建立在双重的缺席和双重的在场之上。这便是所谓"想象的能指"之意义所在。事实上,银幕上所发生的一切是以那一切的缺席为前提,即银幕上演出着战争、爱情、生与死,逼真夺人、栩栩如生,但是,在影院中其实什么也不曾发生,发生的只是电影摄放机器所制造的光学、声学幻影。依照拉康—麦茨的叙述,观众正是以自己的在场去指认这种缺席,通过渴望银幕上发生的一切的在场去到达这种缺席。我们在影院中如醉如痴乃至潜然泪下或大喜若狂,但没有人会试图进入银幕世界去介入、参与。用麦茨的说法,是一种"信仰"支撑着银幕上的真实幻觉,即在场的幻觉,同时却始终只能到达那个缺席的所在。因此,电影影像始终是"想象的能指"。另一重的缺席与在场,则在电影制作过程中已然发生,并且铭写在影片的文本之中。事实上,经典电影制造银幕幻觉的前提之一,是成功地隐藏起摄影机/拍摄行为的存在。其成规之一,是将先在地决定观众观看方式的摄影机的位置、角度转化为或者说隐藏在人物视点之中;二是禁止演员将目光投向摄影机的镜头所在,因为那无疑会造成演员与未来观众的"对视",从而破坏银幕幻觉世界的自足和封闭。回到麦茨的论述,他认为拍摄过程中的电影场景是置身于某种水族馆式的空间之中:一个封闭的空间,但四面环绕的是透明的玻璃墙,而墙外有着众多的、向内凝视的目光。演员与电影的主创人员充分意识和感知着此刻处于缺席状态的观众,他们的全部作为/表演是以观众的在场为前提的,那是朝向未来观众、为了未来观众的表演。但同时,他/她必须无视未来观众的存在,必须在摄制过程中充分假定四壁玻璃墙外并不存在贪婪窥视的目光。换言之,在电影的拍摄过程中,所有元素——场面调度、摄影、录音、表演,都必须以一个缺席的在场——未来观众的观看为前提,同时又必须充分实践一个假定:并没有人在观看,亦没有人在讲述,是故事自行涌现、讲述、呈现自身。而在观影过程中,观众则假定银幕上发生的一切在场,以获取某种镜像阶段的情境,换得想象王国的入门券;同时因知晓其缺席,而维系全知全能的主体位置。

"窥视"机制。在弗洛伊德意义上,影院机制当中的窥视元素很容易被指认:黑暗的环境,放映机所投射出的单一光源,在银幕——一个长方形的明亮空间上演故事。这一切似乎具有相当清晰的弗洛伊德所谓"初始情境",又称"钥匙孔情境"的意味。用文学的表达,电影所扮演的正是17世纪英国小说家笔下的"瘸腿魔鬼",他掀开他人的屋顶,让观众窥见本应不为外人所知的隐秘场景。但在拉康/麦茨的叙述中,电影、影院中的窥视机制尚不仅如此。水族馆式的情境提供了一种双重缺席的前提,因此而内在地结构着和召唤着一种窥视的出现。依照麦茨的论述,并非一种"瘸腿魔鬼"的隐秘愿望将观众引向影院,而是影院和电影机制扮演着一个"瘸腿魔鬼",将观众先在地放置在一个窥视的位置之上。

"恋物"机制。电影工业无疑创造了一种迷恋者的文化。尽管电影所创造的某种令人匪夷所思的迷狂(种种影迷俱乐部、各种电影收藏品,等等)在大众传媒的时代已经相形褪色,但它在经由大众文化所"普及推广"的同类文化现象中,仍毫不逊色。当我们充分意识到银幕形象只是某种想象的能指,于是种种影星迷恋、电影狂热便无疑具有了心理学意义上的恋物特征。姑且搁置精神病学上的恋物讨论,这里所谓的恋物,是指某部影片、某位影星、某种银幕形象所唤起的狂热爱恋及某种爱屋及乌的心境。用法国理论家鲍德里亚的表述,便是获得了某种"激情客体"。影院与观影机制不仅创造了这种恋物机制,而且将其发扬光大。今日的电影制片工业事实上只是一个巨大的连锁工业中的一环。不仅录像带、DVD、VCD、原声CD的销售收入不亚于影院票房自身,而且当一部影片热销之时,一定伴随着一系列连锁产品,包括海报、明信片、T恤衫、卡通形象玩具、即时贴、印有影片广告和影星形象的水杯,更包括电脑桌面、屏保、鼠标垫等等系列商品。这个巨大的连锁工业,正是建立在观影所唤起的恋物机制之上。它使得任何一部影片文本都处在一个复杂的互文关系当中。

第二节 爱情故事或自我寓言

影片《情书》是日本导演岩井俊二的成名作。1995年,影片公映之际,日本本土好评如潮,众多观众对这部影片如醉如痴。岩井作为日本新电影第二浪的代表人物之一,渐次引起了国际影坛的关注。

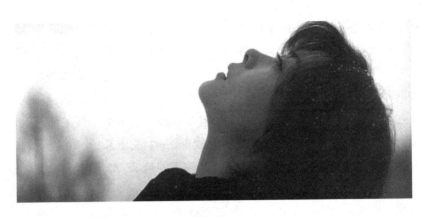

《情书》剧照

影片《情书》是一个关于爱、记忆与离丧的优美故事。其情节似乎相当单纯:年轻的姑娘渡边博子的未婚夫藤井树在他们即将举行婚礼的前夕,死于一次登山意外事故。两年过去了,博子仍沉湎在哀痛之中无法释怀。一次,当她翻到树的初中纪念册时,忽发奇想,抄下了他中学时代的地址,并往那个据说已在开发改建中不复存在的地址寄去了一封信。出乎意料地,博子接到了回信。寄出回信的是一位与博子未婚夫同名同姓的姑娘,而且她正是藤井树初中三年的同班同学。于是,两个年轻姑娘开始通信,共同回忆那个死去的青年。对树(男)初中时代的回忆意外地让树(女)发现,自己竟是他初恋的情人。

就直观判断而言,影片《情书》是一部青春片,或者用流行文化与电视剧的类型概念看,是一部偶像剧。但从某种意义上说,青春片和青春偶像剧是完全不同的概念。所谓"青春片"的基本特征,在于表达了青春的痛苦及其中诸多的尴尬和匮乏、挫败和伤痛,可以说是对"无限美好的青春"的神话的颠覆。"青春片"的主旨,是"青春残酷物语",近似于意大利作家莫里亚克的表述:"你以为年轻是好事么?青春如同化冻中的沼泽。"正如一位日本评论者在讨论《情书》时所指出的,花季般美好的青春岁月,大都出自青春逝去之后的怀旧叙述。青春偶像剧则不同,大都是青春神话的不断复制再生产。它作为特定的世俗神话的功能,正在于以迷人、纯情间或矫情的白日梦,将年轻的观众带离自己不无尴尬、挫败的青春经验,或者成功地以怀旧视野洗净青春岁月的创痛。表面看去,影片

《情书》正是一部成功的青春偶像剧。片中所有的主要演员都是日本当红的偶像剧明星,尤其是同时扮演博子和树(女)的中山美穗,以及出演那对少男少女的柏原崇和酒井美纪。影片缠绵、优雅,确如一次怅然回首中的凝视。但是,如果我们细读影片文本,便会发现,在青春偶像剧的表象之下,《情书》是一个充满痛楚的青春片叙述。这则似乎淡泊而迷人的爱情故事,事实上是一则没有爱情的故事,一个关于孤独、离丧的故事。青春偶像剧更像是这忧伤、不无绝望的故事的包装,而非内里。当然,我们也可以将《情书》视为一个后现代的神秘故事,因为影片有着一个《维罗尼卡双重生命》式的主题:两个像两滴水一般相像的少女生活在不同的地方,不知道对方的存在。直到她们的生命被某种神秘因素、被一个死去的男人联系在一起。但在这一章节中,我们选择《情书》作为解读对

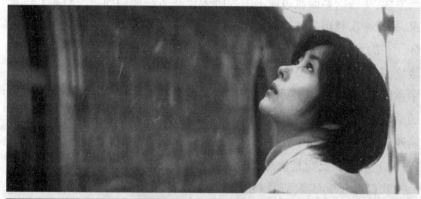

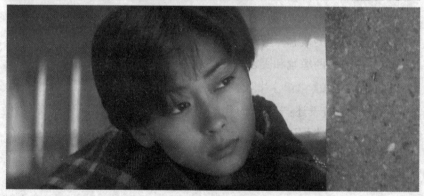

《情书》剧照

象,是为了借助精神分析的视野,将其读作一则当代人的自我寓言。

这样一种解读路径的设定,无疑带有极大的理论预设性。但与此同时,我们的分析将显示,影片看似随意的叙述,事实上有着极为精致、细密的结构在其中,我们通过分析所显现的叙事意义,显然在相当程度上出自导演的自觉。——尽管文本分析的方法,并不重视作者/导演的"创作初衷";如果存在着某种"导演阐释"或导演访谈一类的文本,也不过是关于这部影片文本的诸多参考文献之一,只能在相对于影片文本的多重互文关系中产生意义,而不具有高于其他分析、批评文字的地位。但经过分析,我们仍可以分辨出,经阐释而显现的意义,在多大程度上是被遮蔽的深层结构,在多大程度上出自艺术家自觉的书写行为。我们说《情书》作为一部包装在青春偶像剧表象之下的青春片,所讲述的是爱和爱所印证的孤独;影片中人物的多重镜像关系,同时讲述欲望与匮乏、创伤与治愈,讲述某种现代人的自我寓言。而我们之所以指出这正是影片作者/导演的自觉意识,首先由于在作者论的意义上,我们会看到,《情书》之后岩井俊二的作品序列,几乎无一例外地是渐次推向极致的青春片:从《梦旅人》,经由《燕尾蝶》,到 2002 年为他获得了国际声誉的影片《关于莉莉·周周的一切》(又译为《豆蔻年华》),那已经是近乎惊世骇俗的青春残酷显影;其次,仅就《情书》而言,我们同样可以看到,影片中的每个情节段落乃至每个细节,都相当准确地组织在影片含而不露的意义结构之中,几乎可以说达到天衣无缝的程度。

这个优美的爱情故事,始终可以视为一个拉康意义上的自我寓言,其中讲述着一个人和一面镜的故事,讲述着一个人绝望地试图获取或到达自己镜中的理想自我的故事;影片中的每个情节段落与影像构成,始终以欲望对象的缺席为前提。影片的序幕,是博子独自躺在阒无人际的雪原之中,近景镜头中,雪花片片飘落在少女的脸上。博子睁开眼睛,仰望着天空,当她起身,再次如同寻找着什么仰望天空,尔后缓缓地默然离去。固定机位的长镜头拍摄博子渐次在无人的雪原中走向景深处,在大远景镜头中,进入远方依稀的民居之间,终于消失在画面右下方。作为影片的开端,它更像是一次假想式的微缩的死亡/殉情和再生的仪式:渴望追随死去的恋人,但终于不能舍弃生命。

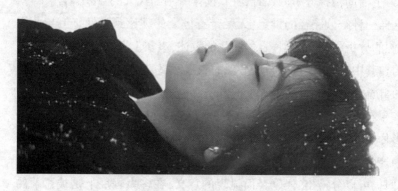

《情书》剧照

　　接着是墓地中，藤井树去世两周年的祭奠式。在纷扬的大雪中，出席仪式的亲朋们相当敷衍地等待着仪式的结束。但当仪式结束，人群快速散开躲雪时，只有博子仍双手合十，独自站立在墓碑前。在第一场中，我们看到，博子身边的人们，包括死者的父母和友人，已经真实地并用遗忘象征地埋葬了死者，死者注定要遭到遗忘（此后女性的藤井树的母亲将直接表述这层含义）。这是影片反复重申的关于死亡、再生与记忆的主题。在影片的开端，死去的藤井树的两周年祭，几乎像一个生者的快乐派对：父亲迫不及待地等待仪式结束后一醉方休，风韵犹存的母亲不无顽皮地称病逃走，昔日的好友托辞缺席，却私下约定夜半前来探墓，似乎这是一种有趣的游戏。只有博子拒绝加入这一行列。她拒绝遗忘，也无法遗忘。这无疑是一份不能忘记的忠贞的爱情，但在精神分析的视野中，忘我的他恋，同时也是强烈的自恋。从某种意义上说，当人们坠入情网，感到自己深深地爱恋着对方的同时，也爱恋着恋爱中的自己和自己深切、沉醉的爱；同时，恋爱中人在爱人那里获得的正是某种终于完满的理想自我的镜像。就自恋而言，没有比恋人的目光更好的镜子了。

　　博子在雪中假想的死亡，投向"天国"的目光，久久地滞留在墓碑前的悲凄，表明她拒绝接受爱人已死的事实。她为了送藤井树的母亲回家，无意中看到死者初中纪念册上当年的地址时，似乎忽发奇想地记下了这个地址。一个有趣的细节，是她起先要将地址写在手掌上，继而改变了主意，挽起衣袖，将地址写在自己手臂的内侧上；这无疑是为了避免不小心

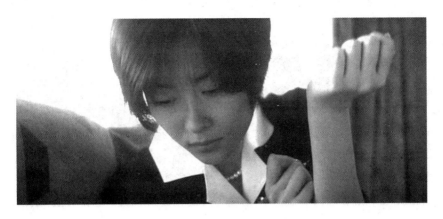

《情书》剧照

抹去了手心上的字迹,但同时也构成了一种写在自己的身体上、写在自己的隐秘中的视觉呈现。尔后,她朝这个应该已不复存在的地址,发出了一封寄往"天国"的情书。颇为细腻的是,这封情书有着相当普通的词句,只有这样几句话:"藤井树君,你好吗?我很好。渡边博子。"正是在平凡得不能再平凡的问候中,透露着巨大的痛感:拒绝死者已逝、阴阳相隔的事实,祈望死者犹在。精神分析的视域中,这封寄出的信具有双重含义。首先是,博子希望沿着缺席抵达在场。我们无法将朝向死者的问候与无穷的思念寄往天国,那么似乎可以将它寄往一个真切的人间的地址,一个同样已死的地址:按照死者母亲的说法,他们彼时的住宅已变成了一条高速公路通过的地方。寄出一封普通平常的信件,似乎是最为微妙而准确的表达:拒绝死者已死的事实。但同时,寄出这封信件,间或出自某种潜意识的愿望:她所真正希望着的是印证缺席。她在发出这信之时依然获知,它是注定无法送达的、名副其实的"死信"。在潜意识的愿望中,那正是我们在《三色·蓝色》中讨论过的"哀悼的工作"。博子需要让自己相信:死者已去。此后,博子对显然深情却近于无望地爱着她的秋叶茂说:"我是因为寄不到才寄的,那是寄给天国的信。"此后,当秋叶茂几乎是迫使博子前往信件寄往的地址、藤井树初中时代的家——小樽探访的时候,其中的一个场景,是三人走在积雪的路上,逐个辨认着门牌,走进了公路桥下的涵洞。中景镜头中,两个走在前面的男人突然发现博子并未跟上来。他们转过头去,摄影机升起来,越过两个男人的头顶向前推,全景画

第五章 精神分析的视野与现代人的自我寓言:《情书》

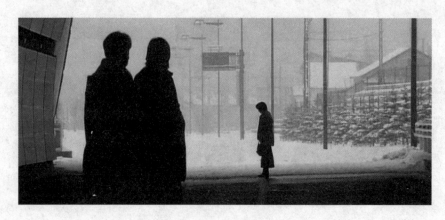

《情书》剧照

面中,我们看到博子独自站在积雪半溶的涵洞边,站在光与影的分界处,似乎是在孤寂中自语:"第一封信应该是寄到这里的吧。"覆盖着积雪的、没有任何生命迹象的高速公路,钢筋水泥的公路桥,涵洞投下的浓重阴影间,站着黑衣的、忧伤的姑娘。似乎再次重申了死亡与再生、记忆的埋葬与钩沉的主题:寄给情人的信是为了否认他的死亡,但也是为印证他的死亡。信件寄出的时候,博子心中出现的正是这样一条无人的公路,一处被积雪和阴影所覆盖的荒芜。但情节的巧妙之处在于,这封寄往"天国"的信件,不仅真的获得了它的人间收信人,而且得到了回信,同样是极为普通的家常话:"我很好,就是有点感冒。"感冒——这个相对于"天国"回信而言如此平凡的细节,在浮现出几分荒诞感的同时,传递出强烈的真实感。于是,博子充满欣喜。她几乎是无法自抑地想与人分享,她把这"奇迹"告诉了秋叶茂——藤井树生前的好友、博子昔日的暗恋者、今日不舍的追求者,而且不无自得地出示了这不可能的"证据":藤井树的回信。白纸黑字,不容置疑。对于充满现实感的秋叶茂而言,这却只能是充满了疯狂的骗局。影片情节的展开,早已使观众这位全知全能者看到,收信与回信的,当然并非死去的藤井树(男),而是一个活着的、被某种顽固的流感所折磨的藤井树(女)。这封素昧平生者的来信,在树(女)那里,唤起的是一份困扰,一种身份确认的困扰,联系着旧日的、尘封的困扰感,它将开启一段尘封的记忆,讲述另一自我的故事。那同样是一个人和一面镜的故事。

也正由于观众的全知全能者的位置,我们当然先于剧中人渡边博子获知:她寄给死去恋人的信,事实上寄给了"自己"。因为正是同一位演员——中山美穗同时扮演博子和树(女)。这也正是影片突出而迷人的特征之一。事实上,即使在结构极为单纯的故事片中,一个演员扮演两个人物也无疑具有特殊的魅力。这不仅由于类似的设计增加了电影摄制的难度,因而成为对电影艺术的挑战,而且由于一个演员出演两个角色所潜在蕴含的错认、误会、阴差阳错、造化弄人等等戏剧化情节,本身已潜在地蕴含着镜像结构、情境于其中。没有比一个演员扮演两个角色更能完满地呈现一种镜像关系。而在《情书》中,作为一种有意识的结构与表达,戏剧化的情节设置带出了自我寓言的层面。影片的迷人之处在于,其全部情节和场景都结构在偶像剧式的日常生活场景当中,几乎不曾借重神秘色彩,也不曾外在地借助某种哲学表达,却准确地结构出一部现代人的自我寓言。寄往"天国"的"情书",是为了想象死者的生,也是为了印证死者的死;就"哀悼的工作"而言,那在死者身后延续着的不能自已的爱,同时是一种强烈的修复自我、把握住生命的自恋冲动。相当精到而细腻地,我们看到,当博子收到了"天国"回信,她并非陷入了神秘的感念,未尝不知道这无疑是某种阴差阳错的产物,但她只是不想追问,片刻地沉浸在欣喜之中;但也就是在这包含欣悦的体认着死者犹在的时刻,她放任秋叶茂推进了他们之间的恋情。

由于秋叶茂的介入,很容易就弄清了真相:收信、回信的藤井树,只是一个异性的同名者。但谜团犹在:这个女性的同名者何以刚巧住在藤井树昔日的、应不复存在的地址。博子终于在秋叶茂的敦促甚至是迫使之下,来到了小樽,因而意识到是她错抄了同名者的地址,于是在门前写了一封解释或曰抱歉的信。此处,一个有趣的细节是,当博子几乎要写下事实——她所寻找的藤井树,已在两年前死于山难之时,她改变了主意,写成了自己没有关于他的消息,"也许在什么地方奋斗着吧"。这个无害的谎言,推演出博子与秋叶茂间的一幕微型心理剧。秋叶茂不断追问博子"刚才干吗要骗人呢?"对此,博子不置可否:"是骗人么?……为什么要骗人呢?……我也不知道。"秋叶茂却继续:"是骗人吧。"——秋叶茂必须指认博子在骗人,因为只有博子确认藤井树的死,他才有机会与博子建立一段新的爱情;而此时此刻,博子仍拒绝接受缺席的表述,拒绝于心理上承认藤井树已死。用著名的爱情故事、影片《一个男人和一个女人》中的对白,那便是:"对于我,他还活着。"但博子小樽之行将获取的"真相"却不止于此。先是小樽的出租车司机发现,他分别搭载的两个姑娘惊人地相像;继而,是博子自己直面了这一事实。为了回复博子在门前写下的信,树(女)再次回信。她骑着自行车把信投入邮筒。在影片中,这是两个人第一次、也是唯一一次出现在同一空间、画面中:全景镜头中,树

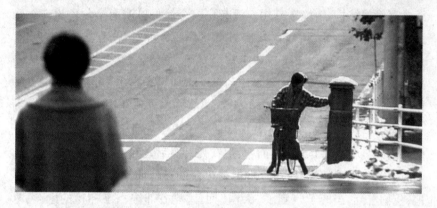

《情书》剧照

(女)骑着自行车从画面纵深处走来,将信投进信箱,摄影机继续向后拉,平移开去,长焦镜头的前景中显出了伫立凝望着的博子的背影。摄影机升拉开,博子出画,大全景镜头中,摄影机以近乎360度的摇移长镜头跟拍藤井树(女):她驶过画面,从纵深处驶入中景,再横穿过画面。移动中的镜头再一次显露出注视着的博子。不久树(女)进入博子所在的画面,不无鲁莽地几乎撞到正与朋友话别的秋叶茂,与博子擦身而过。为长焦镜头所压缩的空间中,一度博子的侧面近景与迎面骑来的树(女)的正面近景分切了画面。这是一个相当重要而有趣的段落。自藤井树(女)骑着自行车从画面纵深处驶来,整个长镜头段落应该是博子的视点镜头。也许是经由出租车司机的提示,博子蓦然在陌生的城市中发现了"自己"的面容。她以目光追随着这与自己别无二致的姑娘,内心有某种不祥的感悟。

在经典电影中,这一伴着藤井树(女)来信的画外旁白的镜头段落,应该、也必须呈现为中近景镜头的博子(观看主体)与全景或中景镜头的树(女,被看客体)间的切换,这出自某种电影"语法"规则,或者说是某种

电影叙事的成规,通过镜头的分切和组合,构成人物对视或看与被看的效果。但在此处,导演却使用了一个复合运动中的长镜头连续拍摄。于是,博子这一观看主体便两度出现在自己的视点镜头中。这一僭越了叙事成规的表达,准确地呈现了此刻博子的内心体认——从某种意义上说,它成为不久前树(女)内心困惑的复沓:一种深刻的迷惘,一种无法区分自我与他人的时刻。长镜头拍摄,抹去了主体(观看者)与客体(被看者)的差异;由此,影片不仅使用同一演员扮演两个角色,而且使用电影的视觉语言以呈现某种镜像式情境。影片进而强化了这一寓言表述。当树(女)从博子身边骑开去,似乎是为了确认,博子喊出了树的名字。镜头反打,树(女)听到了这呼唤,停车回望。这时出现一组机位完全对称的对切镜头:博子无言地望向画外,树(女)茫然地寻找着呼唤者。从某种意义上说,这组镜头中的博子和树(女)是难于辨识的,近景镜头呈现的肖像凸现了两人的同一:同样的相貌,同样的能指。一个视觉呈现的、直观的镜像结构。直到镜头第三次切换时,路上的行人进入了博子所在的画面,对称的、互为镜像的结构被打破,反打为树(女),大全镜头中,她茫然四顾,没有发现呼唤者,便骑上自行车驶出了画面。除了对称画面所呈现的直观的镜像关系之外,这组镜头的有趣之处,是博子的"发现"和树(女)的视而不见。这固然是某种情节设计,但它同时在"自我寓言"的层面上呈现意义,借助精神分析的视域,可以说,当博子"发现"了树(女),她同时在发现自我的地方发现了他者。她曾经受困的"想象王国"/爱情因之而碎裂,至少是显出了深刻的裂痕。作为剧中人,她或许没有意识到她对藤井树(男)的爱和不能自已的思念,只是某种自我的投影;但她痛楚地意识到她的爱情或许是他人的投影,痛楚地意识到自己的爱情——也是精神分析意义上爱情的本质,便是水中月、镜中花式的想象。此前秋叶茂的闲谈,这时似乎显得意味深长:"第一次看到你,他就想接近你,这家伙对异性从不感兴趣,这次却不同。"这优美的一见钟情的爱,其心理动机似乎是藤井树(男)在博子身上看到了自己未曾得到回应的初恋情人藤井树(女)。博子再一次来到藤井树(男)家中,再一次打开毕业纪念册,很快就找到了藤井树(女)——人们总是很容易在合影中找到自己。博子托着相册问藤井树(男)的母亲:"我们像不像?"那位母亲仍不无顽皮地

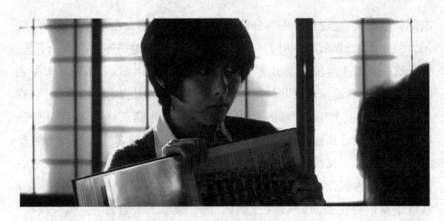

《情书》剧照

反问:"像怎么样,不像又怎么样呢?"一向矜持的博子竟失声泪下:"如果像,我就不能原谅——如果那就是他选择我的原因。他告诉我他对我是一见钟情,我也深信,但这一见钟情有别的原因,他是在骗人。"母亲惊讶地问道:"难道你嫉妒那个初中的女孩吗?"——她确实嫉妒那个初中的女孩,因为她意识到自己可能只是一个影子。我们将在影片的主体:少年时代青涩的初恋中看到,"藤井树爱藤井树"的故事是另一次自恋的投影,是少年树对少女树——这个与自己分享同一能指的异性的扩张的自恋。于是,博子和她的爱,便不只是影恋,而是对影子的影之恋,或者说,是双影的双影。而树(女),远不止在与博子相遇的时刻对她视而不见,似乎始终对他人投来的爱恋或欲望的目光视而不见。于是,"藤井树爱藤井树"的故事,只是一个在追忆中浮现出来的旧影,当她过于迟到地领悟了自己曾经拥有的爱情时,同时获知了那爱人早已故去。而她所获得的爱的证据,却是画在借书卡背面的一幅素描:那只是少年树所勾勒的她的形象。她在终于看到了自己的时候,方才体认到曾经被爱。

这是一个爱情故事,也就是说,这是一个他恋的故事;但同时,这又是一个没有爱情的爱情故事,一个自恋的故事。事实上,在欧洲语言中,自恋 Narcissus(纳喀索斯,意为水仙花、自恋)一词来自古希腊传说中一位美少年的名字。在古希腊传说中,美少年纳喀索斯一日来到水边,临水自照时,爱上了自己的倒影。他是如此迷恋自己美丽的倒影,以致无法挪动自己的脚步,于是站在水边,痴痴地凝望着自己,直到憔悴而死变为水仙花,永远凝望着自己的倒影,顾影自怜。但这个故事经常被人们省略了它的前史:那便是林中仙女厄科(Echo,意为回声)的故事。她曾是一个最长于讲述故事的仙女,但因天后赫拉的嫉妒而遭到诅咒,丧失了语言能力,无法开口说话,除非别人先开口,尔后她才能重复别人的字句。遭受咒语禁锢的厄科在林中漫游,看到了美少年,情不自禁地迷恋上他,但她无从表白,必须等待对方开口;而纳喀索斯对她不屑一顾,厄科最终心碎而死,化作了山中的回声。复仇女神正是为此惩罚了纳喀索斯,让他爱上了自己水中的倒影。回声——声音的影子。于是,这两则彼此联系着的传说故事似乎表明,纯真的他恋,同时是露骨的自恋。当我们回到自恋一词的缘起,不难看到它与《情书》故事之间的联系,至少是相当切近的互文本间的参照。但无论在哪种对照阐释中,我们都会发现,博子所在的位置,是厄科的位置。她和她的爱,只是一则旧日恋情的回声。博子最终接受了这一事实,她不无忧伤、也不无幸福地追忆着当年藤井树始终迟疑着并未亲口求婚;而友人回忆说,藤井树生前的最后时刻,唱着松田圣子的歌:"我的爱随风而去……"正如秋叶茂的怀疑,一个即将新婚的男人何以唱着他素不喜爱的歌手的歌走完了自己短暂的生命之路? 那是另一处暗示:藤井树(男)尽管乐于拥有博子的爱——犹如完满了一个久远的梦,但显然不曾忘怀他的初恋,那因分享同一能指而应分外完满的他恋与自恋。也许不无偶然,影片的尾声处,博子站在雪原上忘情地对着莽莽群山呼唤,回答她的只有此起彼伏的回声。但就"哀悼的工作"而言,她终于获救。

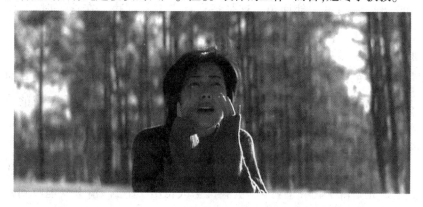

《情书》剧照

然而，更加微妙精到的是，这个名曰《情书》的故事中，彼此寄送着书信——"情书"的，却是两个有着完全一样相貌的女人。所谓"情书"，便成为一个极为直接的镜式情境的呈现、自恋的指称。在影片的叙事层面上，导演显然有意提供并且在一定程度上强化了两个角色间的区别以便观众指认：博子始终一袭黑衣，优雅矜持，并基本呈现在某种广告式的布光——明亮、冷调的散射光之中；而树（女）则大都是暖色调的便装，有几分顽皮鲁莽，始终置身在有明确的光源依据的空间中。但在影片的视觉与意义结构中，导演却有意设计了两个角色间渐次的接近与某种意义上的重合。在我们前面讨论过的两人置身在同一空间中的场景之后，出现一个"噱头"式的剪辑：博子离开小樽返乡的飞机起飞的画面之后，切换为树抬头专注地仰望，继而她母亲进入了画面，望着同一方向。这是一个极端典型的机场送别的场景，送行者仰望着飞机离去。但是接下来，镜头反打，是一所新建的公寓大楼的画面——这只是全家人前来看房的一幕。在某种喜剧效果之外，博子与树（女）获得了一种视觉陈述间的紧密连接。此间关键的一幕，是我们将在下一小节中讨论的树（女）获知她的同名者早已在两年前丧生的场景。这一双重形象的重合、也可以称为自我的双影的完成，是在影片临近尾声的场景中。当博子在山中忘情而绝望地呼唤藤井树："你好吗？我很好。"镜头平行切换为病床上昏睡中的藤井树（女）。她在昏迷中喃喃自语："藤井树君，你好吗？我很好。"那是博子的第一封来信。于是，博子在山中呼唤只得到回声的呼应；树（女）的呓语却如同另一处回声。这是多重意义上的回声。在这一时刻，树（女）接替了博子的位置，一个体认着爱情，却早已痛失了恋人的哀悼者。那重述中的第一封"情书"，既是博子的哀伤之情的回声，也是树（女）朝向树（男）的绝望的问候。她并没有看到博子，但她仍意识到了自己与博子间的镜像关系。如果说，博子因看到树（女）而指认出了一个自我的他者，那么树（女）则在与博子持续的"情书"往来中认同了一个他者（少年树、也是博子）的自我。

依照精神分析的理论，影片《情书》中包含着一个不断的能指转移的过程。先是博子朝一个名叫藤井树的男人寄出了一封"情书"，但收到并答复了这情书的，却是一个名叫藤井树的女人。在此，人的姓名，这最典型的能指符号,从它的所指处滑脱开去,甚至转换了性别。继而,则是博子在看到藤井树(女)时,发现自己的形象、容颜——自己的身份、主体感与自我的能指丧失了它独一无二的确定性。而影片叙事的主体——"藤井树爱藤井树"的故事则是一个能指相对于它的所指与所指物的始终不断的滑脱与错认:入学点名时的尴尬、误发的试卷、借书卡的姓名……影片正是不断地在能指的滑脱中碎裂着并建构着想象王国,结构着幻想,同时形成了对幻想结构的自反。

第三节 记忆的葬埋与钩沉

从某种意义上说,是藤井树而不是博子,是这部爱情故事或曰没有爱情的爱情故事中的女主角。然而,通过影片的叙事过程,在树(女)重新获得的爱情记忆中,显现出的主角却是藤井树(男),准确地说,是少年树。因为树(女)不仅仅是在与博子相遇的时刻视而不见,她始终是"视而不见"的。于是,她在那段少男少女的初恋故事中所出演的,是少年树或者美少年纳喀索斯临水自照的影子,一个永难到达和获取的自我的投影。但作为一部当代人的自我寓言,影片真正讲述的,并非一段初恋故事,而是藤井树(女)从视而不见到终于看到的心理过程所呈现的丰富意味。可以说,那是影片生死主题之畔关于记忆的主题,或可称为"记忆的葬埋与钩沉"。

就这一主题而言,博子所扮演的,不仅是纳喀索斯故事中的厄科/回声,而且是一个叩击记忆之墓的角色。最初,是博子的来信扰乱了藤井树(女)平静如水的生活。但从表面上看来,博子——一个陌生女人的来信,给树(女)带来的困扰感似乎超过了应有的程度。树(女)收到这封信后,便陷入了极为狐疑而且相当不安的状态中。她不断地和母亲讨论、核实博子其人;入夜,她独自躺在床上辗转反侧,口中念着"渡边博子"的名字难以入睡。此时,放置在床尾的摄影机在全景镜头中90度摇至床侧面,推进为中景。接着,我们看到树(女)翻身起床,带着一点恶作剧的快乐写下了回信。此时,树(女)所经历的内心的困扰,显然不仅仅由于收到一个陌生女人的来信,而是这封信启动了她内心中彻底封存或曰埋葬了的记忆。那不仅是成长年代困窘和尴尬的记忆——一个曾造成她的困扰、尔后又被她彻底遗忘的异性的同名者,而且是一个被遮蔽但尚未遗忘和治愈的心理创伤:骤然间痛失父亲的经历。因此,藤井树的故事,不仅在自恋或镜像关系的意义上被叙述,而且是某种精神分析所谓的"屏忆"(screen memory)的状态,以及这一状态最终被打破。在弗洛伊德那里,所谓"屏忆"指涉被遗忘的(童年)记忆。但所谓"屏忆"表述的不仅是遗忘,而且是一种记忆与遗忘间的状态:某种细节、时刻、场景留存在记忆中,而另外一些通常是重要的事件和时刻却完全被遗忘。所谓屏忆,是一种记忆的显现,也是一种记忆的遮蔽。

　　藤井树(女)自出现在影片中,便遭受着流感的折磨,却拒绝医院——这无疑是另一处关于心理创伤的存在:医院联系着父亲的猝死,医院并未能挽救父亲的生命。就在博子来信后不久,她被母亲"骗"去医院。显然被流感弄得筋疲力尽,树(女)在候诊室中昏昏睡去,睡梦中传来了护士的呼唤声。这呼声显然在博子已经无意间叩击过的屏忆处唤起了关于"藤井树"的故事:那故事的开端,是,初中入学,老师点名时,发现了两个同姓名异性别的学生。但这记忆的开启时分,首先涌出的,却是"藤井树"的故事临近终结的时刻。最先出现的梦中画面犹如恐怖片中的镜头:无来由的光线炫目地照亮了医院楼道,似乎泛着雾气、空无一人的医院楼道中滚来一辆空悬着输液瓶的平车。那画面中的恐怖感,正是开启这封存记忆时的惊惧;空荡的平车,象征着记忆再度涌现时的最后抗拒:那车上无疑应躺着她的父亲。接着,梦中杂沓急促的脚步声响起,经过放大,犹如擂鼓之声。平车旁显出了推着平车疾奔的医护人员。渐次出现升格拍摄/慢镜头的画面,平车驶过她身边,特写镜头中出现了显然已窒息死亡的父亲狰狞的面孔。当平车驶过,车后出现焦急万分的母亲和祖父,树(女)与母亲、祖父间反复的对切镜头,每一次都是摄影机快速地从全景推成中景,直到母亲不无责备地招呼树(女)跟上来。继续提速的升格拍摄且晃动的画面中,树(女)迈着梦中艰难的步伐向空荡的急诊室门前跑去,几乎要隐没在炫目的高光中。她终于推开了急诊室大门,原本应该是树(女)的主观视点镜头——急诊室内的情景,然而镜头却切换为他人视点中的树——少女树,她打开自己的家门,镜头再次切换为树

(女)推开急诊室的大门,出现前一镜头的反打,家门外站着局促不安的少年树——那是藤井树故事的终结,转学离去的少年树前来告别。快速渐隐的画面切换为医院中的护士在反复呼唤着藤井树的名字。接着,一个快速向后拉的镜头展示出初中的教室,老师正在为入学的新生点名——"藤井树"故事的开端。镜头切换,医院中的护士正在呼唤。教室内,当老师点到藤井树名字的时候,少年、少女同声答到,两人立刻意识到了同名同姓者的存在,怯怯地对视。医院中,藤井树终于在护士持续的呼唤声中醒来。这一段落显现了记忆阻塞的时刻,那是双重丧失的时刻,藤井树(女)骤然失去了父亲的同时,也失去了她拒绝承认却未必从未体认的初恋。创伤情境的重返,打碎了记忆的阻塞。

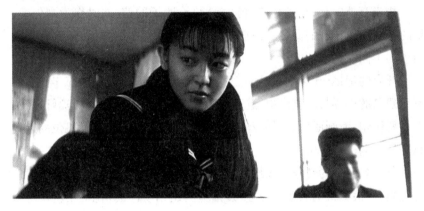

《情书》剧照

当藤井树(女)全部被屏蔽的记忆由于博子固执的坚持和索取而渐次显露出来的时候,我们和她将会发现——事实上,作为被影片和影院所结构出的全知者,我们/观众当然先于她发现,她并非如她自己所以为的那样始终视而不见。存在于那里的,只是屏忆:显现出的是灰色、尴尬困窘的青春期,被遮蔽的则是与丧失父亲的伤痛同时发生的初恋的终结。一如导演岩井俊二在影片的原作、自己的同名小说中写道:"在某种程度上,阿树很感激博子请她回忆她的中学时代。当她初次接到博子的要求时,没有想到她能记起那么多。她的经验,虽然当时很不愉快,十年后看来,很有趣。"对于树(女),那些被遗忘、遭屏蔽的记忆,形同乌有。而似乎她周围所有的人,都比她更容易指认出这爱情的存在。首先是博子。当她看到了树(女)的面容,如同自己对镜自照或曰如同孪生姐妹一般的容颜,不仅立刻明白了藤井树(男)那不属于自己的爱的存在,而且痛楚地意识到那爱铭心刻骨的程度。继而是母校图书馆中,玩着"寻找藤井树"游戏的小姑娘们,一旦得知在如此多的借书卡上写下藤井树字样的是一位男生的时候,立刻开心地大叫:"他一定是爱学姐吧,他一定是非常非常地爱学姐吧。"——日本偶像剧中的典型场景。甚至班主任或老迈的爷爷,尾声中,当树(女)问起爷爷:"还记得我初中时有个同名同姓的男同学吗?"爷爷不经意地答道:"是你的初恋吧?"但在树(女)显现出的记忆中,只有青春期的尴尬和青涩。

相当有趣的是,在影片中,树(女)写给博子的信,同时作为画外音,伴随着画面所呈现的回忆。但信中的文字与回忆中的画面,却有着颇为微妙的不同。信中的文字——尽管同样指称着为博子近乎悖情悖理的请求所开启的记忆,却始终只是屏忆中允许显现的部分:在初中三年同学们不无残酷的嘲弄与哄笑声中,近于无聊的藤井树(男)的种种怪诞行径甚至是恶作剧;而画面所显影的却并非如此。回忆开始处,正面机位的近景镜头呈现电子打字机后的树(女),她写道:"关于他我记得很清楚,但那是由于同名同姓的牵连。我想你能明白,那并不是什么美好的记忆。"但与此同时,摄影机悄然地拉开去,逐渐显露出结着冰的窗框,在窗外纷纷扬扬的飞雪中,被窗框——画框中画框所凸现的树(女)沐浴在暖调的画面之中。画面接着切换为回忆场景,与信中描述的少女树和少年树在点名时同时应到的尴尬不同,是低机位镜头中飞扬的樱花花瓣和少女们轻盈的身影。在关于少年树的回忆中,唯一可以称为恶作剧的,是少年树头上套着纸袋骑过少女树身边,一把将纸袋套在少女的头上,使她几乎从自行车上摔倒;但那无疑是一种愤愤不平的报复:少女非但不领悟和接受他无数爱的暗示,相反却充当起其他女孩的"丘比特"。而其他的场景,却无疑充满了初恋场景特有的笨拙与温馨。选举图书委员的一幕,当少女树在同学的哄笑中窘得哭了出来,少年树便大打出手;少年树不无得意地像扑克牌般向少女树出示他的借书卡,上面整整齐齐地写着藤井树的名字;夜幕降临的车棚中,少年在少女摇动自行车脚蹬而亮起的车灯微弱的照明下,"认真"研究着英语的不规则动词,无疑是想拖延两人独处的时光;少年树在腿骨折之后仍在运动会的起跑线上跃起,无疑是为了引起少女的注意,而反打镜头中,少女树的脸上未始没有揪心的关注。最为典型的,是图书馆中的一幕。伴着心中抱怨少年树从来不帮忙做任何事情的旁白,画面上,独自填写着卡片的少女树悄悄地望向窗边,少年树倚在那里读书。风鼓动着白色的窗帘,窗帘舞起的时候,遮没了少年的身影,反打镜头中,少女脸上有某种隐隐的期待;窗帘落下,再度显现出窗边的少年。而当少女树得知少年树猝然转学而去,她一反往日的矜持,当众摔碎了同学恶作剧式地放在少年树课桌上、表示祭奠的菊花,走进图书馆独自归还少年树借阅的最后一册书籍,小全景镜头中,她正要将书插入书架,却又停下,显然不无珍爱地将书捧在手上,近景镜头中,观众清晰地看到了书的标题《追忆似水流年》,尔后她揭开封底,抽出卡片,含情凝视着上面唯一一位借阅者的名字——藤井树,片刻之后,才依恋地将书插入了书架,含着隐约的微笑凝望窗边后,悄然离去。风依旧鼓动着白色的窗帘,但窗边已经真正一片空落。

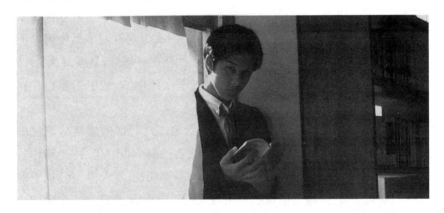

《情书》剧照

在树(女)那里,一个似乎偶然的机会,反转或曰改变了这记忆的性质。在中学的校舍里,她不期然遇见了班主任,当她说出了藤井树(男)的名字,老师脱口说出了他的学号。而树(女)赞叹老师记忆力惊人时,老师的回答是:"那个学生比较特殊,他两年前死于山难。"对于树(女),

这是获知死讯的时刻。博子的"谎言"被揭破了。接下来,是两组镜头平行剪辑的段落、两组画面:一冷调一暖调,一轻盈一沉重。冷调画面中,是身着黑衣黑帽的少女树优美地在冰面上滑行,冰上映出的略呈清冷的散射光充满了画面;暖调画面中则是藤井树(女)在坡道上吃力地蹬着自行车,黄昏的自然光在画面上投下黯淡的昏黄。这是影片中唯一一场,我们无法从视觉上清晰分辨树和博子,因为在这组镜头中,少女树采用了影片中博子特有的造型和画面光效:穿着黑色的大衣,头戴黑色贝雷帽——我们知道,那是丧服。它以另外的方式阐释着博子近乎一以贯之的黑衣的意义:她始终在为藤井树(男)服丧。也是在这一时刻,树(女)因获知藤井树(男)的死讯而抵达了一个在心理上与博子彼此重合的时刻。但影片别致而缜密的表达则在于,此时,树(女)内心所感知到的震动和伤痛,呈现为她获知、确认了父亲死讯的时刻。与少女树的一袭黑衣和画面上清冷的色调相反,她优美、轻盈,似乎是欢快地滑行着,但她突然停住,凝视着冰面,反打为特写镜头,我们看到晶莹的冰面上,一只冻死的蜻蜓——生命的脆弱和死亡的形象。这时,少女树黯然地对赶上来的母亲和祖父说道:"爸爸已经死了吧。"如果说,这一时刻,树(女)已然到达了与博子心理上的重合,那么,也是在这一时刻,成为对医院中那场噩梦的复沓:不仅父亲的死与少年树的离去再度重合在一起,而且藤井树(男)的死讯再度唤起了父亲骤然辞世的伤痛;两次死亡,追忆中的死亡在树(女)的心中重叠在一起。

事实上,在《情书》的叙事结构中,包含着一次记忆的置换与记忆的传递。博子曾近乎无礼地迫使树(女)回忆自己的少年时代——"请你告诉我""请你再多告诉我一些",甚至寄来宝丽莱相机,要求树(女)拍下回忆中的场景。显然,她绝望地试图沿着缺席抵达在场,获取爱人生命中她不曾与之分享的段落。但她绝望地试图占有记忆的能指的努力,却只是再一次印证了爱的缺席:不仅她不曾分享的岁月中的爱只属于树(女),甚至她曾经拥有的爱的岁月,或许也只是作为树(女)的影子而拥有的幻觉。她尝试退而固守自己曾拥有的爱,哪怕那可能仅仅是作为影子或幻觉;因此她才会在山间小屋里对藤井树(男)的朋友们倾诉:"我曾经拥有美好的记忆。但我还不知足,还想拥有更多……";因此她归还了树(女)

的全部来信,"归还"了属于树(女)的记忆:"这原本是你的、而不是我的回忆。"因为博子的出现,迫使和助推树(女)唤回了初恋的记忆,同时接替了那份"哀悼的工作"。

第四节　结局与结语

作为一部至少是表象意义上的偶像剧,《情书》包含着某种获救的结局。首先,是藤井树(女)一家因重返创伤情境而得以治愈创伤。显而易见,在这个平凡温馨的家庭中,大家似乎用表面的遗忘和小心翼翼掩盖起一个仍带有切肤之痛的创伤,那便是树(女)的父亲因为感冒引发肺炎,在一个大风雪之夜没有得到及时救助而骤然辞世。而影片的结尾处,树(女)顽固的感冒终于转成肺炎(从另一个角度上看,那未始不是她从不曾明言、过迟地体认的爱或离丧的伤痛所致——她正是在给博子写信之后,起身时昏倒在地)。又是一个北海道的狂风暴雪之夜。再一次,似乎早已老迈昏聩的爷爷立刻用毛毯裹起树要将她背去医院,母亲在这个时刻爆发了:"你还想再杀死这个孩子吗?!"——这无疑是一个真情流露的时刻,母亲显露出心中深埋的、非理性的怨恨:当救护车迟迟不至,祖父也曾背起自己的儿子赶往医院,但终究不治。可年迈的爷爷却相当清醒地算出一笔细账,即使在当年,尽管没能改变结局,但他们终究比救护车更早到达了医院。而这一次,"不是走,是跑"。他们跑到了医院,尽管老人同时倒在地上,但树(女)终于得救了。当她在昏迷后睁开眼睛,首先映入她眼中的,是旁边病床上熟睡中的爷爷和椅子上精疲力尽地睡去的母亲,一个温馨的家。获救的意义,不仅在于祖父和母亲终于挽救了树(女)的生命,而且在于他们终于治愈了心理的创伤:祖父心中的负疚,母亲心中的怨恨,树(女)在成长的年代丧失了父亲的重创——尽管没有父亲,但那似乎昏聩、遭到无视的祖父却仍然拥有庇护的力量。于是,母亲放弃前往公寓新居的考虑,她们将和爷爷一起守着故居,守着岁月和记忆。

其次,则是博子的获救。当她终于抛开矜持和绝望,在满天朝霞的山中哭喊着藤井树的名字,她开始接受了死者已逝的事实,开始能够面对和尝试背负这份伤痛。

而对于树(女),这则是一个余音袅袅却不失"完满"的结局。先是博子归还了全部信件,归还了属于树(女)的记忆,并提示她:"你有没有想过,他在借书卡上写的不是自己的名字?"尔后是爷爷告诉她,在她出生的时候,曾种下了一棵树,并以她的名字命名。树(女)第一次知晓,她拥有另一个"同名者"。她在积雪的庭院中找到了那株树,拥抱了这个高大挺拔的"同名人"。大树以它的生机盎然成为死亡的对立。而最后的结局,也是影片的尾声,则是树(女)获得自己爱情的证据:母校的小姑娘们按响了藤井树(女)的门铃,她们带来了一个特别的发现,那是少年树最后委托少女树归还的《追忆似水流年》。当树(女)在她们的提示下掀开封底,取出借书卡,看到了她并未忘却的少年树的签名;但小姑娘们提示她翻到背面:那上面,稚拙但准确的笔触,勾画出少女树的形象。似乎在一瞬间,树(女)重新成为那个青春期的少女,她的手微微颤抖了,泪水欲夺眶而出,却又被微笑所掩饰;她似乎要藏起这爱情的证明,又惶惶然地把它归还给姑娘们。终于,她在凝视中看到了自己,在凝视中获得了完满;也在凝视之中印证了匮乏,不仅因为爱的岁月已逝去,而且爱人也早已辞世而去。这一段落再次伴随树(女)的旁白,那是她写给博子的信,一封不会寄出的信:她将珍藏这份记忆,只属于她自己的、真爱的记忆。

如果说,影片因为这多重获救的结局而呈现出某种叙述的完满,那么,我们稍加细查便会发现,这个爱情故事,这种获救的结局,并没有改变影片作为现代人的自我寓言的主题。这仍然是一个人和一面镜的故事——一个茕茕孑立、形影相吊的故事,一个孤寂或没有爱情的寓言。影片没有任何一段完满的情缘:秋叶茂深深地爱着博子,博子却无法忘怀藤井树(男),秋叶茂的女弟子绝望地爱着老师,却深知自己没有机会取代博子。少年树曾绝望地试图引起少女树的关注,甚至以青春期少年的方式不遗余力地表达了这份爱,但当树(女)终于了悟并怀抱着同样的爱时,树(男)却已经离开了这个世界。喜剧式地,小樽的邮差显然爱着树(女),但却落花有意,流水无情。如果我们再加上中学车棚中的两幕小趣剧,少女树失败的"丘比特"角色,加上年迈的、逐日与电子游戏机为伴的爷爷和中年丧夫的母亲,这几乎是一个由孤独者所构成的世界。

似乎这正是偶像剧的真意:尽管偶像剧通常以爱情故事取胜,但偶像剧却常常是对不能完美的爱情的叙述。于是,观众置身在多重观影心理机制之间:首先是对"偶像"——作为"想象的能指"的迷恋,那是一种混淆了真实与虚构、自我与他人的他恋/自恋;偶像的叙事——洗净了青春创痛之后的怀旧视野,同时给观影者以想象性的满足;然而,一如偶像剧之偶像对于观众始终只能是"想象的能指",因为偶像剧的迷恋者所可能分享的,只是欲望的匮乏,而非内心的和谐和满足;同样,无法完满的爱情故事,事实上维持着对幻想的抛弃,并持续着欲望的存在。在这一层面上,树(女)和庭院中那棵"同名"的树,便显露了另一种含义:一如美国女作家麦卡勒斯在她的名作《伤心咖啡馆之歌》中写到的,爱者与被爱者其实置身于两个世界,爱一个人,犹如爱一株树、一块石。影片《情书》因此而书写了一个别致的故事,并完满了一个现代人自我的寓言。

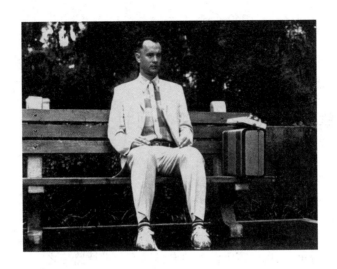

《阿甘正传》

英文片名：*Forrest Gump*

导　　演：罗伯特·泽米基斯(Robert Zemeckis)

编　　剧：查理·彼得斯(Charlie Peters)

　　　　　艾里克·罗斯(Eric Roth)

　　　　　埃内斯特·汤普森(Ernest Thompson)

　　　　　温斯顿·格鲁姆(Winston Groom)

　　　　　(根据温斯顿·格鲁姆的同名小说改编)

摄　　影：大卫·M.丹莱普(David M. Dunlap)

　　　　　堂·伯格斯(Don Burgess)

主　　演：汤姆·汉克斯(Tom Hanks)饰福雷斯特·甘

　　　　　罗宾·莱特·潘(Robin Wright Penn)饰詹妮

　　　　　格里·西奈斯(Gary Sinise)饰中尉丹

　　　　　麦克尔蒂·威廉森(Mykelti Williamson)饰布巴

　　　　　莎莉·费尔德(Sally Field)饰甘太太

美国派拉蒙影片公司，彩色故事片，100分钟，1994年

获1995年第67届13项奥斯卡提名，并获得最佳影片、最佳导演、最佳男主角、最佳改编剧本、最佳剪辑、最佳视觉效果六项大奖，获美国电影金球奖最佳影片、最佳导演、最佳男主角奖，1998年入选美国"最伟大的百部电影"

第六章 意识形态批评：《阿甘正传》

被称为"意识形态批评"的电影理论与批评实践，是产生于20世纪60年代的最重要、也最富于活力的电影理论与批评路径之一。它有效地将欧洲的马克思主义社会批判传统、后结构主义、电影的文本细读方式结合在一起，成为某种使电影批评介入社会现实变更或社会斗争的方式之一。尤其是风起云涌的60年代似乎彻底消逝在"旧日"、始自80年代的新自由主义在世界范围内全面获胜之后，意识形态批评对于揭破由大众文化所负载的新主流意识形态的建构过程，始终保持着现实的活力。

从某种意义上说，《阿甘正传》这部在美国本土、也在世界范围内取得了惊人成功的影片，正是使我们得以实践意识形态批评的恰当文本之一。影片以似乎相当简单的电影语言，讲述了一个智商只有75的"傻子"的故事，但这故事却事实上彻底地重新书写并言说了美国20世纪50—80年代的历史，并且被美国的盛赞者与怒骂者共同认可为一部成功的社会"神话"。我们

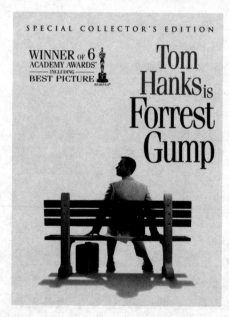

《阿甘正传》海报

将在这一章中,通过对影片《阿甘正传》的讨论,初步展示意识形态批评作为电影理论一个分支的方法与特征,以及将其运用于电影批评实践的多种可能。

第一节　意识形态·政治·社会

在电影理论自身的脉络中,所谓意识形态批评大致有两种理论渊源和实践趋向。其一是建筑在著名的结构马克思主义者阿尔都塞的重要论文《意识形态与意识形态国家机器》之上的思考和批判。它侧重于通过电影文本去发现所谓"讲述神话的年代"的政治和文化变迁,通过文本细读的方法,把某些特定的文本视为在特定的历史语境中运作的政治神话。其二则源自著名的马克思主义思想家葛兰西关于"霸权"的论述,并通过对电影文本的考察,揭示某种社会霸权理论何以形成并获得确认。我们将对相关的理论表述做一个极为简略的介绍。

首先介绍阿尔都塞的意识形态国家机器理论,以及在此之上发展出来的电影的意识形态批评思路与方法。正是在《意识形态与意识形态国家机器》这篇具有划时代意义的重要论文中,阿尔都塞首先明确提出了"意识形态国家机器"的概念。

在阿尔都塞看来,国家机器——权力机构、法庭、监狱、军队等等,具有鲜明的统治与暴力特征。但在人类历史上,没有任何一种政权可能仅仅凭借国家机器而成功统治,它必须同时确立其意识形态国家机器。在阿尔都塞的表述中,所谓意识形态国家机器呈现为各种专门化的机构,主要集中在宗教、教育、家庭、法律(准确地说是法律观念)、政治、传媒系统和文化(包括文学、艺术和体育)。意识形态国家机器和国家机器的区别在于,它具有非暴力的特征,发挥功能的方式是通过整合和提供合法化论述,具有一种隐蔽和象征性的特点。说得直白一些,便是一个暴力的权力机器能够成功统治或顺利运转,在相当大程度上依赖意识形态国家机器提供某种令人信服的"合法化"表述,不仅说明统治者的统治是天经地义的,而且说服被统治者接受各自的地位和命运,尤其是那些不尽如人意的地位和命运。在阿尔都塞看来,法律、军队、监狱是在政治社会中实行强制,而意识形态国家机器则是在市民社会中建立权威。阿尔都塞的意识形态理论中有一个需要提示和强调的点,就是"有一个国家机器,但是有多种意识形态"——国家机器通常是在社会生活的公共领域发挥作用,而意识形态则深入到公/私领域之中。意识形态国家机器主要完成的是对生产关系的再生产。

阿尔都塞的意识形态国家机器的理论构架中,最突出的是他对主体的讨论,他的主体概念与欧美传统的主体表述和想象形成了巨大的分歧和断裂。在西方启蒙主义的思想史中,所谓主体,指称着自由精神,一种主动精神的中心,一个控制自己的行为并为之负责的人。或者说,所谓主体就是人类自由意志的最高呈现。而在阿尔都塞这里,所谓主体是一个俯首称臣的人,一个屈服于更高权威的角色,因为主体除了"自由"地接受自己的从属地位之外没有任何自由。

在阿尔都塞关于意识形态国家机器的讨论中,意识形态是一种表象系统,其中个人及其生存状况之间是一种想象性关系,是一次再现。在关于意识形态的讨论中,再现(representation)成了一个非常重要的关键词。所谓意识形态国家机器的作用正在于在个人与他的生存状态之间建立起一种完美的想象性关系。意识形态提供一幅整体的想象性图景,其意义在于使每一个人都能在其中找到自己合法的或者可称为"宿命"的位置,并接受关于自己现处位置的合法性叙述。意识形态会为每一个个人在自己的生存中所遭遇的问题提供想象性的解决——与其说是解决,不如说是一种合法性的阐释。一个成功地隐蔽起自身并顺畅运作的意识形态,可以使每一个个人在其中照见自己的主体形象并且获得抚慰。

在阿尔都塞的意识形态国家机器理论的影响下,出现了不同的电影理论表述与批判实践。其中的重要论文之一,是让-路易·鲍德里亚的论文《基本电影机器的意识形态效果》。

在鲍德里亚看来,意识形态国家机器的效果已经内在于电影摄放机器之中,因为电影摄放机的物理、光学结构决定了它必然要在银幕上重新建构一个文艺复兴式的空间——一个中心透视的空间。在这一文艺复兴式的空间之中,人先在地被结构在其视觉中心点上,先在地重构了视觉和眼睛的中心地位。在此,法国理论家福柯的一个著名论述颇具启示性,他指出:其实所谓"人类"不过是一种近代产物。也就是说,所有关于"人"的理论、想象和阐释,其实都是现代文明的建构,是整个启蒙主义、理性主义、资本主义世界建立过程中的意识形态表述,是神话中的神话。电影摄放机器则再次通过自身,构造和设置了先验的主体和想象的同一体,并通过观看电影复制或强化了这一想象。

在鲍德里亚看来,电影本身可以被视为意识形态国家机器的一个最佳装置,一个可以不断地对意识形态进行复制和再生产的最佳装置。他的一个重要而有趣的提法,是电影作为"意识形态腹语术"的特征。所谓"意识形态腹语术",是指意识形态似乎并不直接言说或强制,但它事实上是在不断地讲述和言说,只不过是成功地隐藏起了言说的机制和行为,成为某种不被感知的言说。一如著名理论家齐泽克在他的近作中对"意识形态"这一概念所做的表述和定义:某种表述"只要涉及社会控制('权力'、'剥削')的某种关系时以一种固有的、非透明的方式起作用,我们就正好处于意识形态的天地之中;使得控制合法化的逻辑真正要行之有效,就必须保持在隐蔽状态"。人们通常所说的说教或宣传,无外乎一种自我暴露了的意识形态机制,它同时成为无效的,准确地说,是失效了的意识形态。然而,必须指出的是,所谓意识形态,并不像人们通常认为的那样,是某种错误意识,或者说,是某种谎言、骗局;相反,意识形态与谎言没有必然的联系。意识形态的有效性,常常正建立在从某一立场和角度上看去,它的确是"真实"而"正确"的。"意识形态批评的出发点必须是完全承认它非常可能处于真理表象之下这一事实。"换言之,意识形态的功能常常是某种谎言效果:它的每句话都可能是真实的,但它所构成的社会效果,却成功地隐蔽了权力集团真正的社会诉求与目的。诸如我们将要分析的《阿甘正传》,其叙述可能是"真实"的,至少是可信的:因为它只是一个坐在公共汽车站吃着巧克力糖的弱智者喋喋不休的独白。你无法要求他/阿甘准确地、遑论有洞察地叙述当代美国历史,他只是以自己有效的智力在讲述自己的故事。但这部影片却的的确确是关于当代美国历史的叙述,一个有效地偷天换日改写历史的叙述。而后者,只是影片及感人至深的观看所产生的"谎言效果"。

另一篇由法国重要电影刊物《电影手册》编辑部集体撰写的长篇论

文——《约翰·福特的〈少年林肯〉》，在相当程度上标志着当代电影理论中意识形态批评的确立。我们择要简单介绍其中几个被广泛使用的关键论述。

首先，是其中的关键词之一，铭文(inscription，直译为题记，也可以是墓志铭；在解构主义理论家德里达的相关论著中通常译为"书写")，即社会意识形态如何将自己"篆刻"/书写在每部具体的文学、艺术、文化文本之中。对这篇论文的作者们来说，每部文本都具有某种局部性，我们必须将其放入更大的关系范畴——一个"历史文本"之中予以考察。因为每部文本都是在总体的历史文本中被生产出来的。文章的作者指出，对任何个别文本的考察，都可以在两个面向上展开：一方面要考察它和总的"历史文本"之间的动力学关系，另一方面要考察这个总的历史文本和特殊的历史事件之间的动力学关系。也就是说，对一部影片的批评和讨论，可能从影片与两个大参照系间的动态关系入手，一是影片——尤其是那些大受欢迎、大获成功的作品——与它所处的社会政治状况间的动态关联；一是影片所讲述的故事、尤其是它讲述故事的方式与某些具体的历史事件和社会情境间的动态关联。应该指出的是，尽管表面看来颇为相似，但《约翰·福特的〈少年林肯〉》中的意识形态批评并非传统意义上反映论式的、对电影文本的历史背景或时代特征的分析。其重要区别之一在于，尽管这种批评方式强调"历史文本"，即社会的政治、经济、文化对某部具体文本的制约和影响，但它同时强调文本与社会间的"动力学"关系。也就是说，文本并非被动地"反映"社会，它同时可能是这种社会情境的一种建构性的介入力量，至少是对社会意识形态的再生产过程。区别之二，则是意识形态批评不同于关于文本历史背景、时代特色分析的"内容研究"，不仅关心文本的"内容"——它讲述了怎样的故事，而且关注其"形式"——如何讲述。在很多时候，以不同方式讲述的故事，会产生截然不同的意识形态效果。直白地说，意识形态批评，作为当代电影理论与实践的重要分支之一，同样建筑在文本细读的基础之上。

其次，《约翰·福特的〈少年林肯〉》一文另一颇富启示性的分析思路在于，它不会满足于文本自身宣称它所表述的，或者从表面上看来它所表述的东西；它所采取的做法，并非将文本自身封闭起来，尝试寻找其中的

"深度模式",而是关注那些作为文本叙述的前提而存在、却并未出现在文本之中的元素。用一个颇为拗口的表达,意识形态批判的重要途径与方法之一,便是去寻找一部文本中那些未曾说出、但"已然"说出、而且必须说出的因素。简单地说,便是每部文本、每个故事都包含着某些作者认为或作者设定为约定俗成、不言自明的前提。某些对于文本中的叙述而言必须存在的因素被省略,理由似乎是那些已尽人皆知,因此无需多言。我们将看到事实常常并非如此。换言之,意识形态批评的重要思路之一,便是不仅关注文本所讲述的故事以及讲述故事的方式,而且关注它"没有"讲述的因素——关注那些意味深长的空白,用理论的表述,便是关注一部文本中的"结构性裂隙和空白"。

诸如在《阿甘正传》中,影片通过阿甘的视点,讲述了第二次世界大战之后美国社会风雨飘摇的历史,似乎颇为详尽地呈现了一次次的政治谋杀,包括一些不成功的谋杀。然而,绝非偶然地,出现了这段历史中两次十分重要的政治谋杀:对和平主义的黑人民权运动领袖马丁·路德·金和对激进派黑人民权运动领袖马尔科姆·X的刺杀事件。而这两位人物在战后的美国历史中的重要程度,绝不亚于影片中所呈现的人物;曾有人将他们称为60年代美国社会的"梦想和梦魇"。我们之所以认定这一"未曾说出"的历史事件是影片《阿甘正传》中重要的"结构性空白",首先在于,从表象上看,《阿甘正传》讲述了战后美国的历史,尤其是60—70年代,美国在越南战争中陷入泥沼的历史。而在这一历史时期,与青年学生反对战争、呼吁和平的民主运动同时发生的,是规模空前的黑人民权运动和妇女解放运动。但后两者在影片中却均处于缺席状态。不仅对马丁·路德·金和马尔科姆·X的谋杀在影片文本中缺席,而且整个黑人民权运动的历史,其中一系列震动全美的历史事件——自由之夏、选举登记运动、伯明翰公共汽车抵制运动、向华盛顿进军、瓦茨暴乱,在影片中都被涂抹得一干二净。其中最为著名而重要的是"向华盛顿进军"事件:1963年8月28日美国首都华盛顿举行了20万人参加的和平民权运动集会,会上马丁·路德·金发表了他著名的《我有一个梦》的演说。整个集会自始至终秩序井然,没有发生任何骚乱和暴力事件,致使美国总统肯尼迪第二天发表演说称"我们这个国家应该以此为骄傲"。更为有趣的是,

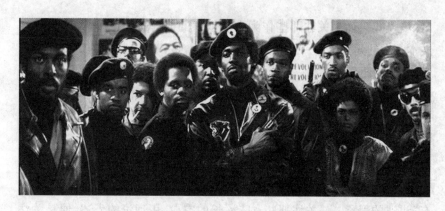

《阿甘正传》剧照

马丁·路德·金和马尔科姆·X 的形象以一个堪称"惊鸿一现"的方式短暂地出现在银幕上。那是阿甘和詹妮在激进黑人民权运动组织黑豹党总部中,那个粗暴地殴打了詹妮的白男人曾拉下卷帘——帘上清晰可辨的是马丁·路德·金、马尔科姆·X 和切·格瓦拉的黑白图片。但继而,那男人殴打詹妮的行动立刻转移了我们的注意力。采用细读的方式,我们将注意到其中的几个细节:其一,不同于其他历史人物的动态形象,马丁·路德·金和马尔科姆·X 只是片刻间呈现为黑白、两维的平面图像;其二,这一图片形象出现在被拉下的卷帘之上,附着在阻断视线而不是延伸视线/历史视野的影像之中;其三,则是这片刻闪现的形象,立刻被殴打女人的野蛮行为所取代,在一个似乎简单的场景中,黑人民权运动与妇女解放运动同时遭到了微妙而有效的玷污。我们将其称为影片重要的"结构性空白",还在于针对着黑人的种族歧视,始终是美国社会的痼疾,却也是美国的"正人君子"们经常闭口不谈、"惜墨如金"的一个话题。但一如我们将要在下面论及的,在《阿甘正传》的故事中,黑人与白人间的种族和解却是影片所成功讲述的"神话"之一。它不仅呈现为阿甘和黑人布巴的兄弟情谊,更重要的是,我们看到阿甘在布巴的启示下,经过锲而不舍的努力,实现了一个典型的美国梦——通过顽强的奋斗发财致富,而他的馈赠则彻底改变了一个黑人家庭的社会地位和历史命运,颠倒了奴隶和主人的历史——在《阿甘正传》特有的近乎连环画的视觉呈现中,我们看到布巴妈妈给白人主人奉上一盘虾,他妈妈的妈妈给白人主人奉上一盘虾,他妈妈的妈妈的妈妈给白人主人奉上一盘虾,但由于阿甘的成功和善行,布巴妈妈在餐桌前坐下来,白人女佣为她奉上一盘虾。这当然并非仅仅是一个喜剧场景,它同时成为一个有力的社会陈述:似乎不再是依旧严重的种族歧视问题的社会存在,而是美国社会的主流逻辑——奋斗、成功与多行善事。如果个人的奋斗与善举能够改变社会的种族权力结构,那么马丁·路德·金和马尔科姆·X的道路都已然永远地成为了历史,而且是不必再度追述的历史。而在这部影片中只涉及了一个有关种族冲突的场景,便是在美国联邦政府的干预下,联邦军队护送黑人学生进入实行种族隔离政策的阿拉巴马大学。我们将在下面讨论,作为影片最重要的视觉/历史叙述手段之一:利用高科技电子合成的因素,将演员"嵌入"到新闻纪录片的历史镜头之中。在关于这一时刻的著名新闻镜头中,阿甘的形象不仅显身其中,而且只有他从恶意的白人围观者中间走出来,拾起掉在地下的本子交还给那三位具有象征意义的黑人学生之一。在50—60年代美国社会的种族冲突、波澜壮阔的黑人民权运动中,这硕果仅存的一幕的选取同样意味深长:不是美国黑人的抗争场景,而是以肯尼迪总统为代表的开明美国政府的正确干预;不是种族对峙的酷烈格局,而是因弱智而懵然不知发生着什么的阿甘演出了合人情、有教养的一幕。这小小的噱头或插曲,同时改变着历史的事实和历史的记忆:那作为历史见证的新闻纪录片,因阿甘的"嵌入"而彻底改变。一如《电影手册》编辑部的作者们所说,那些不曾说出的因素,事实上是包含在它已然说出的一切之中。换言之,所谓"结构性的空白",那些应该说出、却不曾说出的一切,本身已然在言说、在呈现、在制造意识形态的铭文。

在电影的意识形态批判中频频被引用、被借重的一句引言、一个重要思路,来自美国电影理论家汉德森的论文《〈搜索者〉——一个美国的困境》。在这篇重要的电影理论与批评文章中,汉德森提出了、更准确地说是重述了法国理论家福柯的观点:"重要的是讲述神话的年代,而不是神话所讲述的年代。"也就是说,对于电影的意识形态批评而言,最为重要的参照系数,不是影片中故事所发生的年代,而是制作、发行、放映影片的年代。影片的制作者选择某个历史年代作为被讲述的年代,将他们的人物故事安放在某些历史场景之中,其重要依据,无疑是他们所置身的社会现实。毋庸赘言,并非美国50—80年代的历史,而是90年代美国的社会现实,才是索解《阿甘正传》的正确入口。

而电影的意识形态批评另一个有所不同的思路与方法,则建筑在重要的西方马克思主义理论家葛兰西的霸权理论以及文化研究的思路和方法之上。

应该指出的是,葛兰西的学说与其说是一种理论,不如说首先是一种实践的政治学。他在于狱中写就的论著中,尝试建立政治抗争的可能。作为昔日意大利共产党领袖,葛兰西的狱中思考,直接来自面对法西斯主义在意大利确立,并且一度赢得了包括工人阶级、贫苦民众在内的多数人由衷拥戴的历史事实的困惑和思考。他的理论涉及多个面向,与我们的讨论直接相关的是他关于"霸权"(hegemony,亦翻译为领导权、霸权统治)的论述。在葛兰西的论述中,"霸权"二字和在汉语中一望而知的意义有所不同。所谓霸权,固然指统治阶级的统治思想,但"霸权"却不是、不只是通过暴力而获得确立的。统治的思想常常同时是获得了多数人由衷拥戴和认同的思想体系与话语系统。在葛兰西看来,统治者/统治阶级只有在确立了文化霸权之后,才可能确立可以成功运行的国家机器。这似乎与阿尔都塞关于意识形态国家机器与国家机器间关系的论述十分接近。但不同的是,在葛兰西看来,统治阶级的文化和被统治阶级之间的关系,不仅体现为前者对后者的统治,而且体现为前者如何不断地与后者争夺霸权并且不断成功地巩固自己的霸权。也就是说,所谓霸权的确立,并非一劳永逸地收服被统治者的行动,而是一个绵绵不绝的动态过程。而葛兰西最富于启示的观点指出,统治者/统治阶级的思想要在社会中获得最广泛的接受,获得多数人由衷的拥戴和认同,就意味着它不可能是铁板一块的系统和表述,必须以某种方式吸纳、包容被统治阶级的文化、表述于其中。对葛兰西说来,文化霸权与其说是一种既定事实,不如说是一场无止休的争夺战。这场争夺战不断地表现为统治阶级与被统治阶级的文化和利益始终处于一种谈判、协商(negotiation)之中:"文化实践并不随身携带它的政治内涵,日日夜夜写在额头上面,相反,它的政治功能有赖于社会与意识形态的关系网络,其间文化被描述为一种结果,体现出它贯通连接其他实践的特定方式。简言之,文化实践的政治和意识形态的结合是动态的。"因此，霸权理论被50年代后期于英国首先兴起的"文化研究"这一跨学科的研究领域广泛接纳和吸收；而从一开始，文化研究便与电影研究呈现出彼此重合、相互推动的状态。文化研究的开创者，英国理论家斯图尔特·霍尔(S. Hall)借助葛兰西的霸权论述，提出了自己的观点："我们不应该把文化理解为分散的'生活方式'，而应理解为'斗争方式'，文化就总是相互交织的：相关的文化斗争在交叉点上出现。"

而作为文化研究的分支之一，具有鲜明后现代主义色彩的理论家约翰·菲斯克针对一个在大众文化中负载意义并承受最大关注的对象——流行人物，提出了一个颇为有趣的观点：虚构和非虚构的角色(人物)在这个充满媒体的世界里有着体现和激励文化政治的重要作用，角色经常在此时此地的文化斗争中充当着"表述的中继站"(Discursive Replay Station)的功能。它吸收社会最流行的表述，强调某些表述线索，再向文化传递出有力的信息。某些经由大众文化而家喻户晓、尽人皆知、口耳相传的人物形象，其形成过程首先汲取大量存在的流行话语中的元素，并在建构过程中突出了某些线索；当类似角色/人物形象形成之时，其自身就成了强有力地向社会传递某种文化信息的"中继站"。或者说，类似人物自身便是使某种文化意义得以加强的空间。在约翰·菲斯克看来，角色/人物形象正是文化传播和文化争夺的对象，在社会的意义产生过程中充当着"催化剂"的角色。他指出，一个流行的角色，一个被广泛接受的角色，说明了强势社会的兴趣及其表达的意义争夺文化位置的过程。而一些美国学者正是借用约翰·菲斯克的思路来阐释阿甘这一在美国社会中引起狂热反响的角色的。

第二节 《阿甘正传》：成功而及时的神话

影片《阿甘正传》于1994年在美国上映之时，于一周之内便获得了高达1亿美元的票房收入，并最终取得了美国本土3亿票房、全球6.57亿票房收入的奇迹。这在好莱坞电影、尤其是好莱坞神话中似乎不足为奇。但《阿甘正传》却在某种意义上成为"奇迹中的奇迹"：不仅由于如此高的票房收入使它成为美国电影史上最卖座的影片排行榜第四名,而且由于它同时在第67届奥斯卡奖中获得了13项提名、6项奖项,作为奥斯卡影片获奖史上的一个奇观,它在人数众多的奥斯卡评委中几乎无争议地获得了最佳影片的殊荣。一个常常为外在的观察者所忽略的因素,便是多数熟悉世界电影现状的人们都了解国际、国别电影节的奖项与票房收入之间始终存在着某种无法共容、兼得的矛盾;但谈到好莱坞电影和奥斯卡奖的时候,人们却常常认定授奖与票房有着直接、紧密的联系,而忽略了好莱坞电影文化内部的某种张力。从某种意义上说,进入奥斯卡的候选与获奖影片当然是主流商业性作品,但奥斯卡一向更关注影片的"思想价值";如果说对于主流商业电影的制作而言,唯一的风向标便是猎猎飘扬的绿旗(美元),那么,奥斯卡奖、尤其是它的最佳影片奖则关注影片与美国主流社会、主流意识形态的关系。一个美国学者曾做过一次重要而有趣的研究:截至80年代,将美国电影史上历届获奥斯卡最佳影片奖的影片与那一年份美国社会最重要的政治事件、社会新闻相联系,结果竟一目了然——除了美国决定从越南撤兵前后两年间,获得奥斯卡最佳影片奖的作品始终如一地保持着对美国主流社会与主流文化的正面评价。因此,一个有趣的错位出现了:在奥斯卡最佳影片的一览表上,既"叫座"又"叫好"的影片并不多见——尽管获得奥斯卡奖的影片会在获奖之后带动新一轮的热映,但在评奖前便热销的影片却很少同时获得奥斯卡的褒奖。于是《阿甘正传》便成为为数不多的票房和获奖"双赢"的影片。它不仅获得了奥斯卡最佳影片、美国金球奖最佳影片,而且在4年之后(1998年),便进入美国评选最伟大的百部影片,1995年则被评选为"美国历史上最伟大的一百部保守主义影片"。更为有趣的是,一如法国《电影手册》编辑部的同仁们在《约翰·福特的〈少年林肯〉》一文中所指出的,美国内部的政党政治,尤其是共和党、民主党之间的两党之争,始终以财团、巨额资金背景的方式联系着昔日好莱坞大制片公司的创作路线与现实倾向。而今日,当硕果仅存的好莱坞电影制片公司已成为超级跨国公司的时候,这一联系似乎已不像往日那般清晰。《阿甘正传》再一次成为"例外"。影片不是曲折间接地联系着美国社会的政治、文化现实,而是直接介入了其中的政党政治。影片无保留地受到了美国内部的右翼政党——共和党的热情拥抱。颇为微妙的是,这一拥抱的发生经历了一个短暂的转变过程:影片刚刚出现之时,右翼背景的报纸上的评论大都相当低调;但几星期之后,同样一些报纸上,对影片的盛赞迅速拔升到了几近声嘶力竭的地步。我们或许可以从葛兰西的霸权论述的角度来解释这一变化:当一部影片获得了巨大的票房成功的时候,美国社会的政治力量便开始瞩目其"为我所用"的潜能。但美国的批评者却指出了围绕着《阿甘正传》的另一特殊情形:绝大多数成功畅销的大众文化文本都会成为不同的政治利益集团的争夺对象,人们会尝试对其提出不同的、有利于自己的政党纲领的解释。但对于《阿甘正传》而言,与右翼政治势力的热情拥抱形成对照的是,美国社会的政治中间力量和左翼却对这部影片的热销未置一词,似乎他们完全不想或完全无法借重这部电影文本。这便使得影片的事实和围绕着影片的社会现实变得十分耐人寻味。我们说,《阿甘正传》事实上极为有机而有效地介入了美国的国内政治,是指影片在1994年美国的国会大选中,成为共和党争取选票的重要支撑之一。共和党重要的政治家和候选人都在选战中以某种方式援引了《阿甘正传》以支持他们的政纲,这无疑使《阿甘正传》在20世纪最后10年的美国文化与社会图景中占据了某种极为特殊的位置。

美国的《时代周刊》曾刊载了一段颇为煽情的描述:"男女老幼怀着真诚的感伤涌出影院,孩子们似乎在思考,成年人陷入沉思,成双成对的人们紧紧地握住对方的手。"似乎无需补充的是,在涌出影院之时,许多人眼里还含着未干的热泪。《阿甘正传》另一个打破了好莱坞电影工业的记录,是它在最短的时间之内便开始发行录像带。《阿甘正传》的录像带一度遍布美国大小超市。乘此商机而制作的一种特制的巧克力,在出售时附赠一盒《阿甘正传》录像带——因为看过电影的人们很难忘记其中的一句对白:"人生便是一盒什锦巧克力,你不会知道下一块是什么滋味。"当然,和其他好莱坞的大制作一样,与影片的放映同时启动的是巨大的连锁商业:影片的海报、明信片、T恤衫、陶杯、电脑桌面、屏幕保护……无需多言,这一系列副产品全部是畅销的。更有趣的是,在影片尚在热映之时,已出现了一本袖珍版的《阿甘语录》,收录了影片中阿甘的种种妙语,并在相当长的时间内驻留在美国商业图书的排行榜上。影片的制作者也承认,他们无论如何也未曾想到,短短一周之内,这个智商只有75、留着板寸、穿着方格衬衫、挺直脊背笔直向前跑的人物形象,成了全美的偶像——甚至超过了偶像,成为一个神话。甚至有影评人指出,阿甘已成了后现代社会的救世主——从某种意义说,这并非故作惊人之语。事实上,《阿甘正传》的确及时地出现在当代美国文化四分五裂并丧失了稳定价值观念的时刻,为美国社会提供了某种社会性整合和想象性救赎的力量。

在进入对影片文本的分析之前,我们首先引证美国评论者的三段文字作为参照。兰斯·莫罗曾在《时代》周刊上发表了一篇《盒子里的民俗》。这篇发表于1992年9月的文章固然与《阿甘正传》没有直接关联,但它恰好为阐释《阿甘正传》的畅销提供了重要的背景。作者写道:"冷战结束带给美国的除了形式上的胜利,剩下的只有空虚。共产主义阵营和苏联的瓦解令美国失去了他们一向用以衡量其品性的道德对立面。长期的经济衰退、日本及欧洲竞争者的兴起,非欧洲移民(对此前的美国传统感到陌生的人)的大量涌入,大西洋、太平洋缓冲作用的减弱(飞机旅行、人造卫星,以及商品的全球销售),所有这些都扰得美国人无法继续他们长期以来的自鸣得意以及战后的体面和优越感。"在政治文化极端混乱的20世纪最后20年中,美国试图"全面补充其民间传说及自我形象的典型"。因此,他们需要梳理第二次世界大战后几十年的事件,找出本国历史"出岔"的地方。然而,为"重新定义美国"所付出的巨大努力,本身就充满着冲突而不是共识。美国大众文化成了"美国神话的斗争,一场相互冲突的描述之争"展开的战场。大众文化中关于美国历史的作品有助于人们对政治的理解,同时提供具有原初性的文化图景。而1994年,《阿甘正传》畅销之际,许多影评人指出,阿甘这位智商75、穿越战后40年美国历史的人物,刚好成功地实践着某种补充美国民间形象和自我神话的功能。

第二则引文出自署名吉恩·西斯克尔的文章《为什么是阿甘?为什么是现在?》。文中写道:"我认为,在一个充满伤痛的国度里,在这个仍没有从过去30年来的政治暗杀、白宫腐败、没有打赢的战争、性虐待丑闻、驱车射击等混乱中醒过来的美国,观看《阿甘正传》近乎一次宗教体验。"西斯克尔指出,此时"国人普遍的心声是'我伤心,我们伤心,给我,给我们讲一个催人入梦的童话吧'。在我看来,《阿甘正传》正是这样一个寓言式的童话,它讲的是一个令人倍感亲切的美国人在这30年里的苦海余生"。

另一位影评人写道:"这是一部让成年人流泪的影片……能使男性观众落泪的影片已经成为好莱坞一种最可靠的类型。"

在这三段引文之后,我们来考察一下,究竟是哪些元素使得《阿甘正传》成了一则成功而及时的神话,一幅具有原初性的文化图景。影片讲述了曾经患有腿部残疾、智商测定75的阿甘经历了战后美国历史的故事。影片以50年代为起始,以80年代为终结。美国评论者指出,当阿甘终于和詹妮结合,举行了一个颇具文化象征意义的婚礼,他们的孩子成了婚生子,最后幸存为一个父子结构的单亲家庭之时,或者说,阿甘、詹妮获得拯救,一个不甚完满的新乐园建立之时,正是美国当代史的转折点:里根总统开始执政,并在全美乃至全球确立"华盛顿共识"、启动新自由主义的全球化逻辑。这似乎并非偶然。从另一个侧面看,不同于70年代以降好莱坞电影中不时出现的母女/母子结构的单亲家庭,彼时一度在《克莱默夫妇》中出现的父子单亲家庭成为好莱坞情节剧的典型结局之一。这显然负载着美国社会传统价值观念的复归:不轨的女人最终被放逐,父亲的权威和亲情再度被强化。

影片中的阿甘独自穿越战后的美国历史,"幸运"地经历了几乎"所

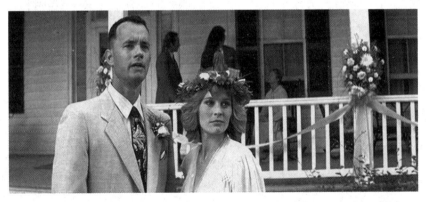

《阿甘正传》剧照

有"重要的历史时刻。于是阿甘的角色便显然成了某种"表述的中继站"。我们可以看到,在整部影片中,阿甘所实现的是多重层面上的不可能的和解,而正是不可能的和解的"实现",成功地弥合起美国战后历史、主流文化与主流社会的纵横裂隙,为"治愈"社会文化心理的创伤记忆,提供了有效的想象。一如美国研究者所指出的,在《阿甘正传》中,阿甘所扮演的,是一个文化协调人,一种弥合性的力量。我们将看到,他在不同种族之间、在文化和反文化之间、在相互对立的哲学之间、在宗教信仰与无神论之间都成功地充当了协调人的角色。美国的研究者进一步指出,影片制造出一个充分的幻象,它引导、暗示人们依照现实主义的思路来理解影片——其中新闻纪录片的"镶边"式运用,准确地说是公然的篡改,有力而有效地强化着现实主义的表象/假象系统。但稍加思索便不难发现,影片所提供的只是一份不可能的幻想。阿甘形象穿越并超越了战后历史中的紧张和冲突,在这段血腥、创痛、充满丑闻与污秽的历史中,只有阿甘白璧无瑕、天真正派,于是,他便承担起朝向现实、历史的净化作用。

《阿甘正传》中不可能的和解,首先呈现为种族和解。影片中的故事贯穿于50—80年代,但它所尝试处理的历史脉络却更为久远。我们在影片开篇处获知,阿甘的名字福雷斯特来自于美国的内战英雄、三K党的创始人内森·贝德福德·福雷斯特。阿甘的旁白告诉我们,妈妈给他取这样的名字,是"为了让人们记住人们有时候会做一些不近情理的事情"。这里已经充分地呈现出若干意识形态的症候点。其一,当阿甘说出自己名字的来历时,银幕上出现了黑白、默片的画面,那是美国电影史上的经典名片、格里菲斯导演的《一个国家的诞生》。如果暂时搁置世界电影艺术史的评价,仅就种族主义和反种族主义的历史脉络而言,《一个国家的诞生》是一部臭名昭著的种族主义电影。阿甘便在这样一种设定的互文关系中登场。其二,一如我们已经提到的,作为五六十年代黑人民权运动叙述缺席的唯一例外,影片中出现了联邦政府强行迫使阿拉巴马大学取消种族隔离政策的历史场景。在这一场景中,阿甘的智商为他无法理解种族主义因而超越种族主义提供了"可信"的依据。于是他跨过了敌意的白人围观者与黑人学生之间的鸿沟。此间,极为有趣的是,这个借助高科技手段,将阿甘嵌入其中的著名新闻纪录镜头中,最重要的因素原本是阿拉巴马州的州长乔治·华莱士试图堵住校门,在大门前宣读他的宣言,表达他对种族主义、"白人的纯洁"的捍卫,但影片的声带中消去了华莱士的声音,于是,画面上只有弱智的阿甘茫然不明就里地目击着这一场景,并且跨出了大和解的一步。其三,结合影片中有关美国种族现实的表达(说出的与未曾说出的),阿甘的名字似乎在告诉人们,美国确实有着种族主义的不光彩历史,但是这个国家却拥有超越那段历史的现在与未来。

当然,在影片中,这一种族大和解或曰"不可能的任务"最重要的呈现途径,是阿甘和布巴之间的友谊。两人一见如故并情同手足。从某种意义上,我们可以说,这部有着浩大场景、众多角色的影片,其故事线索发生在以阿甘为中心的五个角色之间:阿甘/母亲,阿甘/詹妮,阿甘/布巴,阿甘/丹中尉。其中阿甘与布巴的相遇重现了阿甘与詹妮的相识。从军者的大轿车上,人们再次恶意地拒绝与阿甘同座。代替了善良而不幸的小姑娘詹妮,这一次是显然同样遭到歧视的黑人布巴邀请阿甘坐在他身边。如果说小詹妮的善意在阿甘心中唤起了终生不渝的真爱,那么,布巴的热诚则给阿甘带来了生死攸关的兄弟之情。初抵越南,影片的制作者安排了一个玩笑式的对话场景:当丹中尉问道:"你们是哪儿人?"两个人异口同声地回答:"阿拉巴马。"丹中尉便调侃:"你们是双胞胎吗?"两人对视片刻,弱智的阿甘"如实"回答:"我们没有亲戚关系。"两人中一个保持着鲜明的东非黑人特征(丹中尉似乎不带恶意地调侃了布巴上翻的厚嘴唇),一个则是货真价实的白人,在形象上当然无任何共同之处;丹似乎颇富情趣的玩笑,事实上成为阿甘的超越、也是不可能的种族和解的首度表述。其后,制作者两度借布巴之口来强化两人间超越性的亲情。一是布巴告诉始终懵懂的阿甘:"你知道为什么我们会成为朋友吗?因为这样我们就可以互相照顾,我们是一家人";二是在雨夜的露营中,布巴对阿甘说:"现在我们背靠着背,互相支撑,这样就不用担心遭到袭击,也不会睡倒在泥坑里。"而从另一个角度上看,布巴却是一个毫无新意的定型化黑人形象,敦厚、善良、固执单一。在影片中,两人在战场上形影不离,而每一时刻,布巴永远在讲述他的捕虾梦:虾群的分布,捕虾船,虾的

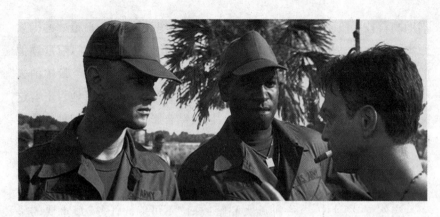

《阿甘正传》剧照

种类、虾的烹调……显而易见,如果说布巴与阿甘的友谊成为种族大和解的依托,那么它同样成为修订、不如说篡改越战历史及美国人创伤记忆的屏障。在越战场景中,除了阿甘描述的雨,便是布巴喋喋不休的"虾经",他们所在的部队始终不曾投入战斗,始终没有任何作战、更不必说血腥野蛮的杀戮行为。整个越战场景中,没有出现任何一个越南人的形象。唯一的一次战斗,是在雨季骤然停止,旱季到来,越共突然发动攻击的时刻。甚至在这一场景中,除了漫天飞落的炸弹,同样没有任何可见的敌人。于是,越南——美国军队所侵略的遥远的亚洲国土,成了一个空洞的舞台。事实上相当无耻,影片的制作者借布巴之口,说出了新殖民者的愿望:在布巴看来,越南的湖泊、河流正是天然的捕虾场,可惜愚蠢的当地人不谙此道。不是《现代启示录》《猎鹿人》,更非《全金属外壳》《野战排》《生于7月4日》中的酷烈、荒诞的战争场景,而是一个十足的喜剧:当阿甘依照詹妮的嘱咐,在战争爆发之际快快逃开时,他想到了自己的"兄弟"布巴,于是,他返回丛林去救助布巴。如上了发条的机器人一样,阿甘快速往返在丛林中,将负伤、求救的战友逐个背出,又一再地为了寻找布巴而返回。中间的重要插曲,是他违背出身军人世家、决心殉国耀祖的丹中尉的意志,将他拖出丛林,并因此在屁股上中弹。但他仍在即将投射凝固汽油弹的美军飞机已然到来的时刻返回丛林,背出了布巴,听取了他要"回家"的遗愿。而越战之后,阿甘的奋斗成为对布巴未了的遗愿的实践。另一重要的视觉陈述,则是阿甘始终无法捕到虾,便前往教堂祈祷的场景。不

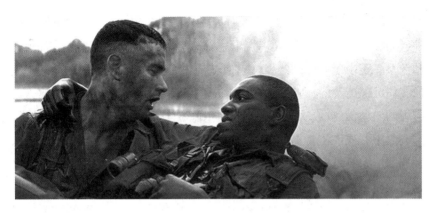

《阿甘正传》剧照

是普通的天主教或新教的教堂,影片显然是刻意选取了黑人浸礼教的教堂,于是,这一宗教意味的场景便在视觉上获得了不同的呈现:一是黑人浸礼教作为一个特殊的宗教派别,正在于黑人将自己的文化带入并改变了基督教的仪式,人们在教堂中手牵着手,载歌载舞,充满了正统基督教各教派所没有的身体间的亲密与和谐感;一是在手牵手的黑人之中,阿甘那呆痴的白面孔相当突出,他再次成为种族和解的使者。当阿甘捕虾成功,陡然而富,他便向这所降福于他的黑人浸礼教教堂提供捐赠,于是全新的高耸的十字架矗立起来——黑人的宗教仪式降福于白人阿甘,而阿甘又将光大这收服了黑人教众的基督教的荣耀。继而,他将布巴—甘公司收益的一半分给他原本的合伙人——布巴一家,从而永远地改变了他们的种族"宿命"和阶级地位。

从影片的整体结构上看,布巴之死意味深长。尽管由华裔女建筑师设计的越战纪念碑上密密匝匝地刻满了美国越战死难者的姓名,但在《阿甘正传》中,我们所看到并辨认出的唯一死者是具有十足黑人特征的布巴。由于《阿甘正传》事实上构成了对战后美国历史的表述,于是,这段历史中最重要的创伤经验、迄今为止美国历史上唯一一次失败了的战争——越南战争的创痛,便从美国白人中产阶级的主流社会之中转移出去。当违心获救的丹中尉也因阿甘而最终站立起来的时候,似乎除了悄然埋葬的黑人死者,越南的创伤已经获得治愈。而在另一层面上,阿甘的成功被叙述为对布巴遗愿的实现;其中一个不言自明的陈述是,如果布巴活着,那么他同样可以最终获取成功,靠自己的理想和奋斗而改变自己的种族与社会地位;仿佛在美国资本主义的逻辑中,不存在任何种族的藩篱和壁垒。正由于布巴已然丧生越南,这便成为一个无从证伪的陈述。正像我们已经论及的,布巴死后阿甘的成功,似乎将种族问题转移为富人与穷人的问题,并且成功地将这一问题消隐在美国梦或曰个人奋斗的陈词滥调之中。或许需要提示的是,和《阿甘正传》的种族大和解表述相反,种族问题始终是、今天仍然是美国社会难以治愈的恶疾。即使抛开越来越多的非法移民、所谓"美国后院的第三世界"不谈,就在《阿甘正传》热映前两年——1992年,美国所爆发的自1965年以来最大规模的"洛杉矶暴乱",本身正是一次种族冲突。尽管有着已相当不同的现实脉络,但其起因却正是1965年的瓦茨暴乱的重演:白人警察野蛮殴打黑人。它至少告诉我们,种族冲突的现实,在美国的白人与黑人之间还远未成为历史与过去。

或许对于美国主流社会来说,《阿甘正传》中一个更重要、同样是不可能的和解,出现在阿甘与詹妮之间,尤其是他们在独立纪念碑的映照池中重逢的场景之中。我们首先看到阿甘进入了白宫,由约翰逊总统授予国会英雄勋章;由于这位美国总统在越南战争中的种种举措可谓臭名昭彰,所以制作者安排了阿甘撅起屁股对他展示伤口的场景。但刚刚走出授勋的白宫,智力低下的阿甘便被人拖入了反战游行的队列,并被推上万人集会的讲坛代表退伍军人去控诉战争。影片再度巧妙地设计了一次声

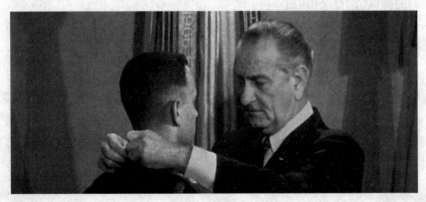

《阿甘正传》剧照

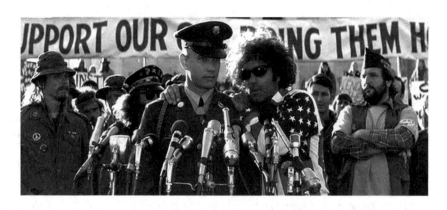

《阿甘正传》剧照

音的空白:由于一名警察破坏了大会的扬声器,因此阿甘的演讲我们只听到了开场白:"我只有一句话要说……"和再度出现在修复了的扬声器中的结尾:"这就是我要说的。"这一场景再次成为一个历史画面的电子特技"修订",阿甘被"嵌入"到60年代美国历史那一重要而著名的反战集会场景之中。真实的历史形象,成为阿甘之"真实性"的"旁证"。于是,他从白宫的国会英雄,一步跨上反战的讲台,跨越了战争英雄和反战英雄有如天壤的巨大鸿沟。但这还不是不可能的和解本身。感人至深的和解场景随之到来,在台下看到了阿甘的詹妮大声地呼喊着他,阿甘冲下讲台,两人穿过宽阔的广场和密集的反战集会人群,在万众欢呼中于独立纪念碑的映照池中紧紧地拥抱在一起。酷烈而创伤性的历史场景,成了展示阿甘忠贞不渝的爱情的景片。如果熟悉60年代美国的历史、同时也是世界历史中的一幕,那么,我们会分辨出,这一似乎单纯的戏剧化场景,同时有力地构成了彼时两种极端形象、也是美国主流社会和主流文化深刻分裂形象的相逢与拥抱。一边是詹妮——身着白色长裙,头戴花环,赤着双脚,这是彼时最典型的嬉皮士形象,称为"花孩儿"(Children of Flowers),他们是和平的反动力量,是欧美主流社会与主流文化激烈的批判者与拒绝者,反对现代文明,倡导回归自然;一边是阿甘——全套美军军装,挂着国会勋章绶带,无疑是美国国家、战争与主流社会的形象。而两人的重逢拥抱,便成为美国社会意味深长的"历史"与文化表述。当两人跳入映照池、涉水奔向对方的时候,在欧美语境中,很容易令人联想到洗礼的场景与寓意,而这个"施洗池"却正是美国独立纪念碑映照池。至此,影片所创造的不可能和解,便成为"讲述神话的年代"/1994年"美国民族的心声":超越历史的冲突与分裂,治愈历史的创伤,重新到达"民族"的新生。

而这场精神和解与象征洗礼将在阿甘与詹妮的婚礼上再度获得加强。姑且暂时搁置这场婚礼自身的文化象征表达,这场婚礼上,一个重要的元素是凭借假肢站立起来的丹中尉带着自己的亚裔(应该是越南裔)未婚妻出席。于是,除却布巴,故事中的三个重要人物汇聚在一起。丹与詹妮相互拥抱,加上詹妮的对白:"总算见到你了。"——似乎是一个女人终于见到了自己未婚夫最好的朋友的平常对白,但这一平易而亲切的场景事实上成为那一不可能的和解更为深刻的表述。因为反战集会一场中,尽管阿甘一身戎装、佩着勋表,但清醒的观众毕竟仍会记得这一切不过出自75的智商、出自詹妮的嘱咐:"无论发生了什么,你只管跑";丹则完全不同:他自登场起便是经典的"美国大兵"的形象,这一军人世家出身、一心战死疆场、报效国家的角色,是美国尚武、拓边精神的代表;而詹妮作为始终身处反战、反体制前沿的女人,两人间的相遇与亲人般的拥吻,便再度将美国社会的分裂与创痛推向"历史"记忆的深处,而将一份和解引入前台。腼腆地站在丹身边的亚裔姑娘,同样含义丰富:就丹这一形象自身说来,他终于拥有了一个未婚妻,而不再是醉生梦死地与"下流女人"厮混,如同他凭借"做宇宙飞船用的材料"钛合金的假肢站立起来一样,意味着一个男人战胜了历史的阉割力量,实现了自己的成长与美国主流社会的道德拯救。而这一清晰暗示着越南难民/移民身份的女人,如果说尚不能完全抹去美军在越战中的暴行,或完全将美军由侵略者的形象演化为拯救者的形象,那么至少意味着另一层面:侵略者与被侵略者、冷战年代对峙阵营的大和解/不可能的和解。

同样,影片中的另一重要场景——阿甘经年累月的长途奔跑,则传递出另一组神话意义,或曰对立意义的和解。当詹妮在她的反叛之路的尽头回到阿甘身边,又再度离家出走之后,阿甘开始了他穿越美国的长跑。美国的研究者曾指出,阿甘在漫长的、孤独的长跑中渐次长须、长发,具有了某种基督式的形象,这使得他在影片中负载的救世主的寓意获得了具象化的表达。如果说类似解读多少有过度阐释之嫌，那么，显然，阿甘从阿拉巴马故乡小镇上举步奔跑的时候，他仍是美国典型的50年代形象——方格衬衫、板寸发型，而他长途奔跑、风餐露宿，渐次呈现出60年代嬉皮士的形象；甚至不仅在形象上，而且在视觉呈现中，他显然穿越了美国的山山水水，在大自然中接受了另一层面上的洗礼。他将在詹妮濒死的病床前向她讲述他如何看到沙漠里的日出、大海边的天与地叠加，讲述自己与大自然的亲和。那似乎本该是詹妮曾选择的道路。于是，阿甘的长跑，便成为

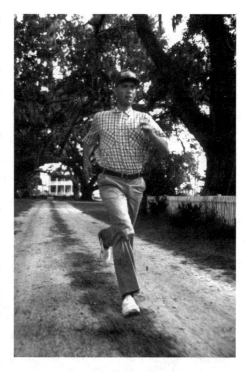

《阿甘正传》剧照

另外一种不可能的和解的表达，因为阿甘生命的主线勾勒出一种美国社会的理想人生：由橄榄球队到军人与国会勋章的获得者，再作为成功的创业者与不容置疑的富翁。也正是在这里，影片显露出最重要的修辞技巧或曰谎言效果：尽管阿甘所成功建立的治愈战后美国社会创伤的新神话，似乎主要关乎历史，但阿甘于美国主流社会中不容置疑的"正面价值"，却仍来自于美国主流社会的"古老"价值——成功者。而这不会产生任何歧义的"成功"的意义，正在于它可以"换算"为金元数目。但这一层面的意义却被影片以最为简约和低调的方式予以处理：捕虾反复失败、捕虾船几乎在暴风雨中沉没的场景被详尽而感人地呈现，却成功地使用了近乎连环画式的图示：无数艘命名为詹妮的捕虾船队，黑人浸礼教的新十字架，接到汇款通知因其巨额数字而昏倒的布巴母亲（此前显然住在典型的美国南部黑人贫民窟中）；而且阿甘和丹悠然地享有成功的场景，立刻被母亲病危的噩耗所打断。这一成功的程度和意义，将在阿甘送别了母亲之

后,由丹上尉的来信和阿甘的旁白所证实:"丹中尉告诉我从此不用再操心钱了。……他把我们的钱投资在一家'水果'公司里。"而所有观众都可以清晰地看到信纸上苹果电脑公司的标识(logo),那便是阿甘所谓的"水果"公司——全球最盈利的前沿高科技产业。阿甘的成功和财富因此而无可置疑。至此,阿甘成功的主流之路达到完满。但重要的是,如果说阿甘的成功是由于他拥有了苹果电脑公司的股票或股权,成了"不操心钱"的富人,那么,影片却刻意将这一"事实"的表达压缩到最小的幅度,这便成为影片又一处叙事修辞策略或曰意识形态腹语术"技巧":影片所要突出的,是阿甘作为"普通人",而非特殊的幸运儿;只有这样,他才能充分地唤起观众的认同与感动,他的经历才能成为富于启示的故事。

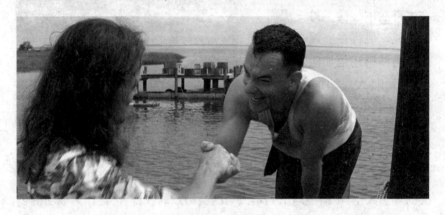

《阿甘正传》剧照

从另一层面上看,联系着丹中尉的形象,阿甘的奋斗史/捕虾史,同时成了另一组意识形态陈述——拯救与和解的表述。如果说丹曾经是典型的美国大兵、职业军人的形象,那么,也正是失去了双腿的他而非阿甘,代表着越南的创伤。这一创痛感,在影片中那个凄凉的新年夜中得到了一定程度的表达。但是,阿甘不仅在战场上拯救了丹的生命,也在捕虾的奋斗中拯救了丹的心灵。暴风雨之夜重新唤起了丹生命的活力,而当成功到来之际,阿甘的旁白告知我们:"我想,他和上帝和解了。"

在影片的尾声,阿甘在詹妮的坟前倾诉道:"我不知道究竟是人各有命,还是随风飘零全凭偶然。照我看也许是都对,也许是两个都有。"阿甘,这位弱智者终于将观众领到了"哲学的高度",他不仅创造了历史与现实中"不可能的和解",而且还协调着关于历史叙述的两种基本态度。

第三节 重写的历史与讲述神话的年代

从某种意义上说,影片在视觉层面最为奇特、无疑极端昂贵却貌不惊人的元素——片头、片尾处一片飘飘洒洒而来、飘飘洒洒而去的羽毛,正是阿甘神话的象征性元素。这片在极端真实的场景中、为摄影机所"跟拍"的羽毛,事实上是电子技术合成的奇观。有着充分的质感、带着真实的光影效果的羽毛,有趣而恰当地成了对阿甘神话的阐释:看似微不足道、随风飘零,表述着生命的无奈和命运的偶然;实则是苦心营造的视觉奇迹,那优美飘过的弧线、那飘飘落地旋即随风而起的轨迹,所穿过的是平凡的场景:公共汽车站,某种人生驿站或公共岔路口;而这个如此真实的影像,却是通过高科技贴附、嵌入到真实场景的视觉幻象。在《阿甘正传》中,我们"目击"阿甘穿越历史,几乎亲历了"每一个"重要的历史事件和时刻,创造着历史上与现实中不曾发生的和解。而正像我们已然讨论过的,这"穿越"与"目击",却和那片神奇的羽毛一样,只是电子技术所苦心营造的奇观。整部影片采用了闪回结构,板正的阿甘捧着一盒巧克力,坐在公共汽车站讲述自己的生命故事,但这故事,却是对整个美国战后历史的重写,或曰重新组装。阿甘所"亲历"的历史时刻,大量采用了极为著名的新闻纪录片或电视报道的画面,观众将"亲眼目睹"阿甘正置身在那一历史场景之中。于是,阿甘这一角色成了一处书写战后历史的"新的"共同经验的空间。阿甘的扮演者、好莱坞巨星汤姆·汉克斯在接受传媒访谈时,和影片的导演及主创人员一样,不断强调影片所讲述的只是一个"普通人的故事",《阿甘正传》是一部"非政治电影";但他同时也不得不承认,"观众永远会相信他亲眼目睹的东西"。换言之,当影片事实上涉及了近乎全部美国战后的历史场景,它便不可能与政治无涉。观看并且只能相信自己"亲眼目睹"的画面的观众,不可能不因此而重新组合自己的历史记忆和经验。事实上,在影片热映期间及其后,不断有人为影片创造其特殊的视觉奇观的方式表示忧虑,他们担心观众会因此而在视觉观看的层面上，进一步丧失分辨真实与虚构的能力。

正是由于这部影片如此"真实"地重现了战后美国的历史，它对于历史场景的取舍便格外意味深长。正如我们在第一节中指出的，不仅影片所讲述的故事、讲述的方式，而且影片在这段历史中所开出的"天窗"——那些未曾讲述的历史时刻、那些结构性的空白，都显得分外意味深长。我们首先从较为单纯的分析层面——影片的改编或曰从小说到电影，来考察影片所做的最初的定位和选择。这部号称根据温斯顿·格鲁姆的同名小说《阿甘正传》改编的电影，情节与原作大相径庭。在原作中，阿甘是一个满嘴脏话、性欲极端旺盛的弱智者。60 年代，他曾加入性狂欢并吸毒，在反战集会上将国会勋章抛下讲台。故事的主线是他一度加入摇滚乐队，继而成为职业拳击手，其后和一只猴子一起作为试验品被送往太空。换言之，在原作中，穿越了历史的阿甘，确乎加入到了历史的典型情境之中；而并非如影片那样，他被命运的偶然推入了每个历史时刻，但始终超越于那些历史场景，纯洁无邪、至少是懵懂无知地身在其中却置身其外。影片所添加的一个原作所没有的角色，是阿甘的母亲。原作中的詹妮，的确是一个实践性解放的女人，也是一名激进活跃的反战人士和反文化运动的参与者。但原作中，她的个人生活与她的社会实践并无直接的关联。而在影片中，我们已然看到，詹妮的个人生活与她的社会政治行为二位一体。我们将对此做出进一步分析。这一简述，已足以使我们看到从小说到电影，已成功地设定了完全不同的历史叙述与价值预期。

一如我们在第一节中已经指出的，作为对战后美国"历史"的重述，除了阿拉巴马大学校园事件，最重要的历史事实——黑人民权运动及其领袖却在影片的视野中完全消失了。阿甘"幸运"地遭遇到一连串著名的历史人物：诸如美国 20 世纪最著名的文化象征之一猫王，猫王正是从带着矫正器的阿甘那里学得了他著名的舞步；诸如著名的种族主义者、阿拉巴马州长乔治·华莱士，在他试图阻截黑人学生进入大学校园的时刻与阿甘相遇；诸如活跃在反战运动前沿、被称为"和平游击队"的甲壳虫乐队的核心人物约翰·列侬，阿甘与他同时出现在电视台（尽管这一场景别具深意）；阿甘在电视画面中看到了肯尼迪兄弟和他们遇刺的时刻；

阿甘受到约翰逊总统的接见,由他亲手授予国会勋章;阿甘出现在中美关系解冻的最重要事件——乒乓外交之中,作为美国代表队前往中国,因此再度进入白宫,面见尼克松总统,并因此而目击致使这位总统垮台的"水门事件"。影片也同样借助电视报道画面,呈现了美国总统福特、卡特、里根等人的历史画面。然而,对照着50—80年代的美国,参照着同样重要、甚至更为重要的黑人民权运动的缺席,我们不难发现,在阿甘"平凡"而充满奇迹的一生中,与他的生命历程相交会的美国重要历史人物都是白种男人,而没有任何一个黑人、有色人种或女人。颇具深意的是,阿甘和詹妮一起在黑人民权运动组织黑豹党的总部中遇到的同样是白种男人,在这一空间中甚至没有可以辨识和指认的黑人形象。于是,似乎黑人民权运动的激进组织黑豹党也只是白人社会的内部事件,而并非黑人主体的社会运动。只有白种男人以主体的姿态充满了这历史的画面,也只有白种男人成为这段激变中的历史所制造的牺牲者。与此相并存的,则是影片中反战和民权运动的骨干分子一律衣着肮脏、满怀怨憎、满嘴脏话、殴打女人。这成了反叛者的肖像或曰漫画像,而不曾提供任何稍有差异的形象。

影片的另一条主线——詹妮的生活道路的呈现,成为影片重写历史的一个重要载体。从某种意义上说,詹妮的生活脉络,成为与阿甘生命彼此交错的叙述线索。但阿甘生命中的这段真爱,却以爱情故事的表象,隐藏了影片中一处重要的叙事策略,无疑也是意识形态腹语术所在。一如影片成功地从50—80年代的历史中抹去了黑人民权运动的历史印痕,它同样从影片中抹去了这段历史中同样突出而重要的脉络:妇女解放运动;而且一如它对美国社会的种族问题、民权运动的重写方式——抹去黑人主体的反叛斗争,而代之以阿甘/布巴的友谊、种族间的互惠与不可能的大和解,影片中不仅比抹去黑人民权运动的表象更为彻底地抹去了妇女解放运动的历史表象,而且通过詹妮——这个离家出走、反叛主流的迷途者,将其呈现为彻底的失败与自我毁灭之路。在影片中,寻求解放之路的詹妮始终不曾获得任何意义上的解放,她的反叛之路首先将她带往著名的色情杂志《花花公子》的彩页;她所怀抱的典型的50—60年代美国青年的梦想——成为一个民谣歌手,只能将她带往裸体演唱的舞台。当詹

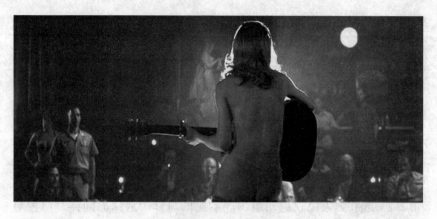

《阿甘正传》剧照

妮裸体怀抱着吉他、面对着下流污秽的观众演唱作为60年代民权运动和反战运动之心声的鲍勃·迪伦《答案在风中》时,影片所追求的谎言效果已昭然若揭。当她身着花孩儿的衣装投身反战与民权运动之时,影片却仅仅将她呈现为那个黑豹党的核心人物的宠物与殴打对象。一次次地,是阿甘、也只有阿甘在男人的暴力和侵犯中救出詹妮;但一次次地,詹妮再度离开阿甘,更深、更远地走向深渊。梦想着成为一只自由鸟的詹妮,在影片中却始终走着一条自毁之路。这在影片中甚至不仅是一种象征,而且直接呈现为詹妮的自毁冲动:一次是当阿甘把詹妮抱下了裸体演唱的舞台,将她从下流男人的侮辱与侵犯中抢救出来之后,身心俱疲的詹妮在高高的桥栏旁,问阿甘、也是问自己:"如果我跳下去会怎样?"另一次则是影片中近乎唯一的例外:客观、全知叙述(而非阿甘自知叙述)的场景中,我们看到詹妮已跨出了摩天大楼上层阳台的栏杆,凝视着下面大都市夜晚的车水马龙,但终于退了回去。似乎不是反叛、不是寻找不同生活方式的理想,而是自毁冲动让詹妮无法控制地飘零。尽管阿甘将她从蛮横的黑豹党男人手中救出,但她终究再度回到那男人身边,跟着他登上了开往伯克利——60年代反战、反主流文化的大本营之一——的轿车。我们将在阿甘、丹共度新年夜的同时,看到詹妮从那男人身边悄然出走,镜中的詹妮那青紫的眼圈告诉观众,她所遭到的身体暴力并未停止。她最终死于这自毁之路。影片中詹妮告诉阿甘,她染上了"不知名的病毒"——今天的观众当然明了,那病毒是艾滋病。而在日常生活的意识形态中,欧美的公众倾向于相信艾滋病是某种"天谴",是对吸毒者和滥交者的报应——尽管事实上,艾滋作为一种人类至今未曾真正了解、更难言战胜的恶性传染病,可以以多种途径感染无辜者。于是,使詹妮致死的艾滋,便成了对60年代欧美世界反主流文化和妇女解放运动的结局式呈现。当然,在此之前,她已经再次通过阿甘获得了拯救:她最终回到了自己的家,成了阿甘的妻子和他们共同的孩子的合法母亲,并安详地死在故乡、家庭的怀抱中。如果说,通过阿甘与詹妮的爱情,影片成功地书写了

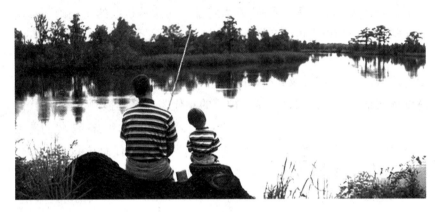

《阿甘正传》剧照

战争与反战、主流与反主流的不可能的和解,那么,阿甘的成功之路与詹妮的失败之路(当她最终脱离了反主流文化运动,只能成为一个餐厅中的女招待,且感染了艾滋病)两相参照,便无疑成了主流社会、主流道路对反主流文化运动的胜利宣告,其中不言自明的是:似乎妇女解放的道路并不能将女人带往解放和新生,而只能带往堕落与毁灭;只有男人、代表着美国社会传统价值的男人将最终拯救她、接受她或曰回收她,给她一个家、一个最终的归宿。事实上,当这历史的画卷因过多的局部放大与空白的出现而完全改变了的时候,詹妮们的反抗便成为纯粹的"混乱"自身,她/他们便成为这场大混乱的制造者与受害者。

一位名叫伯戈因的美国学者使用了"修复性记忆"的说法,以阐释《阿甘正传》的历史效应。文章指出,电影是一种记忆装置,它可以像修补物那样起修正作用,补充甚至替代人的记忆。而《阿甘正传》则在呈现

60年代历史时,出现了"技能障碍"。影片似乎相当天真无邪地让阿甘表白:"为什么有些事就记得好清楚,而有些事就想不起来了呢?"于是,诸多阿甘想不起来的东西便在历史的图景中化作乌有,而我们却无从责怪一个智商只有75的人物。其中一个对中国观众来说应该别有意味的场景,便是作为美国乒乓球选手而到中国参与了中美友谊赛的阿甘,在接受电视台采访时,他的"智商"令他对中国的描述只有两句:"他们一无所有。""他们不上教堂。"早有美国学者指出,依照阿甘的叙述,彼时彼地的中国只剩下了"赤贫"和"渎神"两大特征。而这一拼贴的历史画面却由坐在阿甘身边的甲壳虫乐队的灵魂约翰·列侬来"见证"。

一位美国学者曾指出:"于是,阿甘现象就不再是一时狂热,而是一个表述事件,是由阿甘及其故事的内涵所引起的持续的文化斗争。"而这持续的文化斗争,必须联系"讲述神话的年代",联系其摄制、放映年代的美国社会政治事件予以解读。在《阿甘正传》上映前两年,1992年的美国总统大选中,出现过一个有趣的"表述性转折"。时任总统乔治·布什(老布什)作为共和党的候选人与民主党候选人克林顿竞选,争取连任。在这场选战中,乔治·布什与其助手奎尔共同采取了一个新的陈述策略,即试图刷新道德话语,尝试建立某种全面的道德政治。他们的竞选策略建筑在一个关于美国社会的道德论述之上,即认定彼时美国社会所面临的全部问题与美国的道德水准和家庭价值遭到持续贬值有关。在此过程中,一个引发了美国媒体论战的事件,是共和党的副总统候选人奎尔发表了一篇演讲,激烈抨击美国社会道德沦丧。其抨击对象集中于一部中午播放的、围绕着女主人公墨菲·布朗生活展开的电视肥皂剧。这部肥皂剧已经制作播出了二十余年,叙述一位单身职业女性的生活,广受美国白领阶层的喜爱。而奎尔在其竞选演说中激烈抨击这部肥皂剧,并且明确提出了单亲家庭、单身女人和家庭破裂对美国社会的威胁。他认为正是传统家庭价值的下降,使得那些由单亲母亲所抚养长大的孩子们先在地轻蔑父亲;而父亲权威先在的缺失,则造成了美国社会的不稳定。

也正是在这一年,美国爆发了洛杉矶暴乱。1992年9月美国传媒爆出了一个轰动性新闻,四个美国白人警察拦截一个超速驾驶的黑人失业工人,并将后者拖出车外野蛮殴打。这一发生在街角的暴力事件,被路边的居民用摄像机录下了全过程。失业黑人将白人警察告上了法庭,审判结果是法官宣告警察无罪。当电视台播放街边录像者记录的真实过程之时,洛杉矶一片哗然。最初只是出现了一次规模不大的、由黑人和知识分子组成的示威游行,抗议美国警察及法律机构的种族歧视。但是为人们始料不及的是,抗议活动很快酿成了一次全城大骚乱,出现了大规模的抢劫和焚烧活动。骚乱整整持续了4天,美国政府被迫出动海军陆战队予以平息。在这次骚乱中死亡55人,伤1000余人,有12000人遭逮捕,许多公共汽车被政府征用来押运犯人,直接经济损失达十几亿。

从表面上看,这一事件是1965年瓦茨暴乱的重演。但事实上,1992年洛杉矶暴乱的动因更为复杂。它无疑是美国社会始终存在的种族歧视问题的又一次引爆,但同时是美国公共政策、城市规划和发展中的严重问题的大曝光。与此相关的一个历史事实是,当年洛杉矶政府讨论城市发展规划之时,以一票之差否决发展公共交通系统设施的提案而选择发展高速公路网的计划,其结果便是今日无中心的"后现代的城市"洛杉矶的出现。这一无限扩张的超级都市的延伸,伴随着持续的郊区化过程,有钱人(多数是白人)渐次离开城市搬入郊区,形成了卫星城中一个又一个的中产阶级社区。与此同时,原市区因失去了中产阶级的税收而丧失了进行建设和维修所必需的资金,渐次成为肮脏和罪恶的所在。洛杉矶暴乱的一触即发联系着整个城市久已被整个社会福利、社会管理、社会改建所抛弃并遗忘的事实。因此,洛杉矶暴乱中的主要事实更为深刻地揭示出当代美国社会种族主义的悲剧:由于绝大多数白人早已搬离原市区,因此抗议种族歧视事件而发生的暴乱,几乎完全不曾触及白人的利益与生活;相反,主要发生于城区的暴乱,事实上成了黑人与亚裔移民间的冲突。为暴乱者所捣毁和焚烧的1200座建筑中,大多是亚裔移民的民居及其开设的商店等民用设施。

这一震惊了全美的暴乱,当然成了竞选双方所争夺的"素材"。共和党的候选人对此的论述正是:请看传统家庭价值贬值造成了多么恶劣的结果。同样在奎尔的讲演中,他有意识地将脱离了男性掌控的单身女性、单亲家庭和"目无法纪的黑人"含蓄但一望可知地联系在一起,而对造成这一事件的历史与现实原因只字不提。

有趣的是，尽管在1992年的美国总统大选中，民主党候选人克林顿获胜，共和党未能赢得这次选举，但是他们的道德政治策略却全面获胜；甚至其政敌民主党也被迫接受了这一基调，致使美国评论者讥刺说，这次选举成为谁是更有水准的道德象征的竞赛。而时至1994年，当国会大选再度成为美国社会热点之时，《阿甘正传》则被共和党直接用作选战中的砝码。正是联系着这一具体的美国政治语境，美国学者艾米·陶宾指出：在1994年国会大选之前的政治气氛中，把《阿甘正传》的历史修正当作玩笑一般视若无睹实在是相当困难。

然而，如果我们进一步去分析影片并不"说谎"的谎言效果，或许会获得另一些解读点。我们会看到，尽管《阿甘正传》成功地抹去了整个60年代妇女解放运动的痕迹，巧妙地实践了男权、父权秩序的重述，而50年代的阿拉巴马州成了《绿野仙踪》中的堪萨斯——"你永远会回家，永远要回到堪萨斯"，并成为传统美国价值的理想体现，但我们同样可以在细读中发现，理想家园、"恩许之地"只出自一种成功的"谎言效果"——因为它在文本中从不存在。阿甘本人便是一个无父之子，在单亲母亲的家庭中长大；而母亲为了能让他接受普通教育而非进入弱智者的特殊学校，便与校长通奸；詹妮则显然在童年时代就遭到了父亲的性侵犯——种种家庭性侵犯、性暴力，正是美国主流社会讳莫如深的"柜橱里的骷髅"。在影片中，这一事实始终不曾正面呈现或印证。如果说影片给出了所有"真实"的或可能做出另类解读的点，但它也同样借助文本策略再度成功地遮蔽起这些表述。如果你成功地戳穿了影片对美国历史的剪辑和改写，那么，这些真话便成为某种防御机制：阿甘毕竟是一个弱智者，所以他对历史的记忆和理解当然绝非可靠；詹妮的故事则似乎只关乎个人，一个因为童年的创伤性经验而不断离家出走，甚至有着自毁倾向的女人的"个案"。而影片最成功地遮蔽的正是借助阿甘——这位穿越历史又超越历史的理想人物、理想男人，救赎了所有的苦难。影片的尾声中，我们看到阿甘给了詹妮一个理想的家，同时最终推平了詹妮昔日的家。如果说，在历史中，美国社会的道德也未曾完满无瑕，那么，阿甘才是重建完满道德的力量。

一部电影，一次商业奇迹，便是这样在与现实的多重对话和互动中成了一部神话，成了一次意识形态腹语术的成功演说。

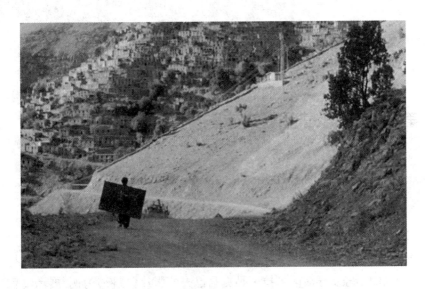

《黑板》

原波斯片名：*Takhté Siah*
英文译名：*Blackboards*
中文译名：《黑板》《老师的黑板》
导　　演：萨米拉·马克马巴夫（Samira Makhmalbaf）
编　　剧：萨米拉·马克马巴夫
　　　　　莫森·马克马巴夫（Mohsen Makhmalbaf）
摄　　影：易卜拉欣·加弗里（Ebrahim Ghafouri）
制　　片：莫森·马克马巴夫
　　　　　马克·穆勒（Marco Muller）
主　　演：赛义德·莫哈莫德（Said Mohamadi）饰赛义德
　　　　　巴曼·戈巴迪（Bahman Ghobadi）饰里波尔
　　　　　玛娅斯·罗斯塔米（Mayas Rostami）饰哈纳勒

伊朗、意大利、日本合拍，彩色故事片，85分钟，2000年
获戛纳国际电影节评委会奖，联合国教科文组织费德里科·费里尼荣誉奖、特殊文化贡献奖，美国电影学院评委会大奖

第七章　第三世界寓言与荒诞诗行:《黑板》

在这一章中,我们将介绍美国理论家弗雷德里克·杰姆逊(又译詹明信)所提出的"第三世界文学"及"第三世界的民族寓言"的概念,并将以伊朗的年轻女导演萨米拉·马克马巴夫的影片《黑板》为例,展示寓言式批评的解读可能。

第一节　"第三世界理论"的前提

在特定的文化语境中,"第三世界文学"及"民族寓言"的概念出自弗雷德里克·杰姆逊的一篇重要论文《处于跨国资本主义时代中的第三世界文学》。这篇论文展开了一个被称为"第三世界批评"的视野,同时引发了广泛而深入的讨论和论争。从某种意义上说,这篇论文及围绕着它的论争,联系着置身于美国学院的第三世界学者提出的新的批判论域:对"东方主义/东方学"的讨论及"后殖民主义"理论的出现。其共同特征(在"第三世界批评"中尤为突出)是,这些产生于欧美世界内部的"第三世界"/"东方"论述,首先是一种第一世界内部的"他性政治",是某种借助"他人"的叙述得以建立的本土的文化政治与文化批判;用谢少波的说法,便是"总体制度内的飞地抵抗"。与其说这些关于"第三世界"的叙述直接联系着第三世界的社会、文化、政治现实,不如说其首要的和必需的前提,是欧美世界,准确地说,是美国内部的文化政治或曰"抵抗的政治学"的需要。说得通俗、直白些,第三世界或东方的论述只是美国社会内部的抵抗政治所借重的"他山之石",是"借他人酒杯,浇自己块垒"。因此,"第三世界批评"对于第三世界的研究者说来,无疑是一份富于启示力的洞见,但它不仅一如其他西方理论,存在着社会语境的转换和思想史脉络的断裂或错位,存在着文化层面上的"翻译"和误读,而且,更为突出的问题是,这里潜在地存在着、要求着陈述、批判主体间的多重转换。杰姆逊的论述,正是于美国的社会语境内部打破欧美中心主义的主体想象及对第三世界的俯瞰,将第三世界及第三世界的文化上升到与欧美世界相对的主体位置之上。然而,从第三世界的角度望去,杰姆逊作为第一世界言说者的主体身份,第三世界作为言说对象的客体位置,却颇为反讽地复制着杰姆逊所尝试抵抗并改写的权力逻辑。

因此,一如形形色色的欧美理论的引入和借重,更为直接和迫切的是,当"第三世界批评"被译介到第三世界,再度成为第三世界本土学者间或借重的"他山之石"之时,其中的主客体位置及其权力关系便成为一个需要自觉警醒的前提。换言之,如果说杰姆逊关于"第三世界文学"与"民族寓言"的论述,在美国社会语境内部构成了某种"飞地抵制",那么,它在世界语境中、尤其是在相对于发达资本主义国家的"第三世界国家"的本土语境中,却不期然地打开了对话或曰交锋的平台。其中丰富的主体间性——不同的主体位置间的参照与换位,间或成为开启新的文化视野、文化批判的可能空间。

在《处于跨国资本主义时代的第三世界文学》一文中,杰姆逊指出:"第三世界的文本,甚至那些看起来好像是关于个人的和利比多(欲望)的文本,总是以民族寓言的形式来投射一种政治,关于个人命运的故事,包含着第三世界的大众文化和社会受到冲击的寓言。"而且,这种寓言亦非潜意识里的"必须通过诠释机制来解码"的深层结构式存在,因为第三世界的民族寓言是"有意识的与公开的"。在这篇论文中,杰姆逊突出了某种在他者/第一世界内部的批判者视点中展开的第三世界国家的"民族"与政治论述。其中的"民族",准确地说,是"民族主义",是其关键词之一。但此处的"民族"并非被本质化的、人种学或单纯地域层面上的存在,而更多地是一种政治的、文化的功能,是第三世界国家在与第一世界的政治、经济、文化的反抗、挣扎与撞击中产生的互动的政治社会文化实践。用杰姆逊的表述,即:"所有第三世界文化都不能被看作人类学所称的自主的或独立的文化。相反,这些文化在许多显著的地方处于同第一世界的文化帝国主义进行生死搏斗之中。这种文化搏斗本身反映了这些地区的经济受到资本的不同程度的有时被委婉地称为现代化的渗透。"因此,第三世界的"民族主义",在杰姆逊这里,是一个积极、正面的表述。

在此,必须予以说明的是,产生于六七十年代的"第三世界"这一政治的或曰人文地理意义上的概念,自身带有鲜明的冷战印痕,或曰充满了意识形态色彩。对于中国的读者而言,"第三世界"这一语词携带着自己的历史记忆。1974年,毛泽东明确提出了关于三个世界划分的理论。在他的论述中,美苏两个"超级大国"是第一世界,欧洲、日本等发达资本主义国家是第二世界,亚非拉发展中国家则构成了第三世界。中国属于第三世界。而在欧美左翼学者,包括杰姆逊那里,与"第三世界"这一概念相关的世界图景则有所不同。在他们的叙述中,冷战年代,以欧美为主体的资本主义阵营是第一世界,以苏联为核心的东欧社会主义阵营为第二世界,此外则是广大的第三世界。在这两种论述中,尽管对第一、第二世界的定位不同,但第三世界——亚洲、非洲、拉丁美洲,早期资本主义和帝国主义时代的殖民地所在,却是一个彼此重合的概念。如果说,在中国的历史语境中,三个世界的划分和第三世界理论的提出,固然是出自毛泽东的世界革命的思想,同时也是中苏关系破裂之后,为中国确认新的国际位置的需要,那么,在欧美世界的批判知识分子那里,第三世界这一概念的提出,一方面是为了从冷战时代无所不在的二项对立式间突围,以第三元或曰第三极的设立,打破非此即彼、非友即敌的冷战思维与论述模式;另一方面则如同杰姆逊本人所说,是在毛泽东"三个世界"论述的启迪下,尝试将第三世界的反抗与斗争转化为欧美知识分子新的理论与思想资源,尝试借助关于第三世界的论述,重新描述和勾勒激变中的世界格局。在杰姆逊看来,处于"跨国资本主义时代"(杰姆逊亦将其称为"晚期资本主义时代",或者用今天人们更为熟悉的说法,是政治、经济"全球化"的时代),"第一世界"的无产阶级曾经扮演的历史角色与功能转移到第三世界,因为实物生产已经基本转移到第三世界国家和地区。此前发生在发达资本主义国家内部的阶级矛盾和阶级斗争,此时已转移为世界不同区域、主要是发达资本主义国家和第三世界国家间的冲突、抵抗和斗争，这正是杰姆逊所说的"生死搏斗"。他同时提出了一个宏观论述，即当第一世界"知识分子"这个词"已经枯萎，如同一个已经灭绝的物种名称"，在第三世界，知识分子仍保持着其社会价值及其活力，他们"无论如何始终是政治的知识分子"。因此，第三世界知识分子的写作始终是寓言/民族寓言式的写作———种可能有力地介入其社会政治的写作方式，第三世界文化始终都"必定是情境的和唯物主义的"。杰姆逊以某种自我批判的口吻引用了一种带有偏见的说法：第三世界的知识分子仍然以德莱塞或舍伍德·安德森的方式在写作，即如果他们的书写方式不是现实主义的，那么他们的作品则注定存在着某种现实主义的/寓言的解读路径。

姑且搁置众多学者、尤其是第三世界学者对杰姆逊关于第三世界文化及其寓言式写作论述的商榷、质疑和批判，我们从杰姆逊所论述的第三世界的"位置"上望去，杰姆逊这一显然不仅仅关乎文学与文化的总体性叙述的构想，是极具启示力的，却又是似是而非、语焉不详的。除却其中间或不自觉的权力关系的浮现，我们至少应在如下三个层面上保持着警醒：

首先，当杰姆逊试图在第三世界的参照中建立一个新的关于世界的总体论述，建立第一世界内部的他性政治或飞地抵抗之时，他必然不期然地忽略或曰遮蔽了"广大的"第三世界内部极端丰富、复杂的差异，尤其是第三世界民族国家内部的阶级、性别、种族差异。

其次，欧美学者论述中的第二世界——昔日的苏联东欧社会主义阵营已不复存在，美国的国际霸主地位不断上升，在冷战终结的今天，所谓"第三世界"的论述究竟建筑在怎样的前提基础之上？是否全面采用毛泽东关于"三个世界"的论述，仅仅以美国这一"新帝国"取代了"美苏两霸"？同时，正是由于冷战的终结及资本主义全球化进程的全面启动，发达资本主义国家对姑且称为第三世界的发展中国家的渗透，开始更为深刻而全面地在政治、经济、文化等各个领域展开。其中后现代主义的渗透是一个引人注目的因素。因此，一种总体性的第三世界文化或第三世界文学无疑不复存在或曰不曾存在。相反，欧美学者朝向第三世界文化的不加区分的寓言式解读定式，则间或在特定的情势下（诸如欧洲国际电影节对第三世界电影所充当的特殊角色)成为全球化的另一种渗透性的改写力量。

再次,或许更为重要的是,对于一个第三世界的本土学者说来,在许多第三世界国家,知识分子确乎仍出演着重要的社会角色,也的确有相当多的文化文本和文学作品出自自觉的民族寓言、社会政治寓言写作,至少自觉地提供或暗示着某种寓言式解读的路径,但必须指出的是,正由于在第三世界众多的国家和地区,知识分子仍然是相当活跃的社会功能角色,而且大都首先是政治的/有机的知识分子,因此,他们的社会活动与文化/文学书写,首先是对他们所置身的本土现实的直面。而对于第三世界本土的社会、政治、文化实践而言,第三世界知识分子中的多数首先是现代化进程的推进者,是本土社会政治生活中压抑性力量的批判者。而关于"传统"的叙述、尤其是国家民族主义的多种形态,则频繁地为本土社会生活中的压抑性力量所借重,也因此而成为本土知识分子批判与反抗的重要对象。从某种意义上说,第三世界的知识分子间或在明确的国际视野中,对抗"第一世界的文化帝国主义",批判并反抗发达资本主义国家的经济、政治、文化渗透;但正是由于这一渗透过程不时被委婉地称为"现代化"进程,第三世界本土的知识分子在类似的本土视域中,作为现代化进程的推进者,不时成为这一渗透过程、至少是文化渗透过程的代言人。在类似情形中,相对于第三世界的他者——第一世界(准确地说,是发达资本主义国家和地区)的立场、观点便间或成为第三世界批判知识分子高度内在化的视点;而所谓第三世界的自我/第三世界的生存现实与文化现实,便成为这一内在的他者视点中的"外在"客体。在笔者看来,暂时搁置对"总体性"论述自身的质询,这一重要的事实无疑是杰姆逊"第三世界"论述或批评中的重要盲区。这也是相关的后殖民讨论的重点之一。

作为置身于第三世界内部的"第三世界批评",当我们将另一个第三世界国家——伊朗的年轻女导演萨米拉·马克马巴夫(为了区别于其父——伊朗著名导演莫森·马克马巴夫,其母——伊朗女导演玛兹嫣·马克马巴夫,以下简称为萨米拉)的影片《黑板》,纳入第三世界批评的视野之中的时候,必然置身在三重对话或曰复调对话之中。

其一，借重杰姆逊的洞见，以某种寓言式解读的脉络，进入影片文本内部，发掘其内部的对话关系——其内在的对话本身，间或是某种文化的"生死搏斗"的呈现；同时考察并发掘第三世界知识分子所出演的多重角色。

其二，从来自第三世界不同国家和地区的文化文本中，发现其表述的丰富的差异性；这些差异性的呈现，同时将成为第三世界言说者与发达资本主义国家的批判学者间的潜在对话。

其三，在跨国资本主义或曰全球化的时代，第三世界承担着共同的、至少是极端相近的历史命运。然而，对第三世界共同命运的表达，却常常掩盖或曰遮蔽了不同的第三世界国家的遭遇、这一共同命运的不同历史脉络与现代化途径。因此，当我们阅读一部第三世界文本之时，同时要求着另一层面上的对第三世界内部差异性的发掘和思考，以期这一解读过程成为第三世界文化内部的对话。

第二节 《黑板》的寓言

就第三世界批评的视野及对其展开返身质询而言，伊朗年轻的女导演萨米拉的影片《黑板》是一部恰当的文本。

从某种意义上说，《黑板》是一部相当典型的第三世界民族寓言。影片中充满了寓言式的隐喻，这些隐喻无疑极为自觉地指向伊朗/西亚/波斯湾地区的生存现实。同时，对于一个解读者说来，影片中近乎无处不在的隐喻，也如同一份深入阐释其真意的邀请，一个开敞着的、几乎充满诱惑意味的寓言式解读的入口处。有趣的是，在欧洲国际电影节的场域中，几乎每个访

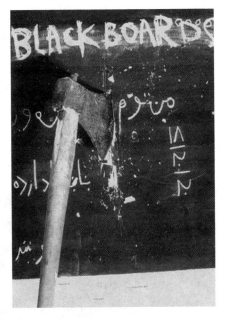

《黑板》海报

谈者都会问莎米拉："你这部影片到底想说什么?"莎米拉承认其作品充满隐喻,她指出:这部影片所表现的是伊朗社会的现实,它是伊朗库尔德斯坦地区的生存现实和艺术家的想象力做爱所产生的诗。她同时指出,她并不满足于创造一种陈述,而想传达出一种想象,为社会现实所激发、同时深深地触摸着这一现实的丰富的想象力。萨米拉拒绝对自己影片的诸多隐喻做出阐释,她委婉地表示,阐释并非艺术家本人的工作。换言之,对影片的隐喻做出阐释,同时通过这些阐释展示影片文本的寓言,是解读者的工作。

从某种意义上说,影片《黑板》有着非常古老而典型的寓言/神话式的叙事母题:道路。所谓"道路母题",是指在叙事性作品中,某个人或某群人经历了一次真实的、同时也具有象征意义的旅行,在旅行结束时,这个/这群人将发现他们面对着某种意想不到的情境。那间或是他们生命意义的获取,旅行由此而成为某种"天路历程",主人公在这一历程中获得了自己的信仰、生命的意义、个人身份的确认;或者,他们发现自己走向了其初衷的反面,正像根据英国作家康拉德的名作《黑暗之心》改编的著名影片《现代启示录》中,寻找嗜血、疯狂的科茨上校的旅程,正是"走向科茨"之路,这次旅程将主人公威拉德上尉一步步地演化为科茨。在道路式的叙事母体中,人们将发现,在旅程中包含着一个时刻,这一"决定性时刻"迫使每个人亮出他"真正的身份证",迫使他们面对自己生命中最深刻、最隐秘的真实。在大部分运用这一母题的商业电影中,有情人将在这不平凡的旅行中获得机遇、终成眷属,人们在危难时刻焕发出的,将是人性中善良的美质;而在艺术电影的表达中,道路终点处出现的情境与状况则更为繁复。

也正是在影片《黑板》的起始处,相对于杰姆逊的第三世界论述,我们首先遇到了一个重要的差异性因素。至少对于萨米拉来说,尽管影片有着鲜明的寓言/民族寓言的书写特征,但她显然并非以德莱塞或舍伍德·安德森的方式/现实主义的方式在写作;相反,影片具有极为鲜明的现代主义或曰后现代主义的特征。我们间或可以将这一借重古老的道路主题的寓言式电影,视为现代主义的荒诞戏剧或曰"无情节电影传统"中新的一部。在影片中,两位巡回教师追随两组不同的库尔德人经历了艰

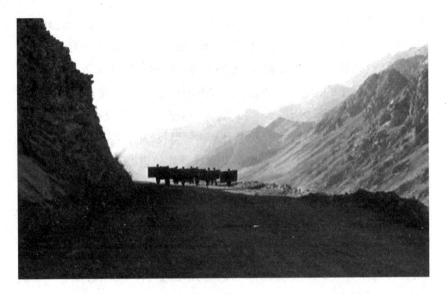

《黑板》剧照

辛、漫长的荒诞旅途,但就推进情节发展而言,并没有任何有意义的事件发生。相反,两位巡回教师都在这一旅程中失去了他们的黑板,其中一位甚至失去了生命;然而,除了极端残酷和辛辣的反讽,他们并未因此而在任何意义上获得对自己的生命、角色意义的肯定或简单、直接的否定。

可以说,影片的核心隐喻之一,是教师的角色。影片以一个长镜头开始,固定机位的摄影机展现着两伊(伊朗、伊拉克)边境上起伏的群山和曲折、蜿蜒地延伸开去的山间小路,山路的远方走来了一群身份不明的人。事实上,只有远远飘来的语声,让我们判明他们是一群人——因为他们所背负的黑板,使他们在大全景镜头中成为某种难以被辨识的存在,犹如一群巨大的怪鸟。而当背负着黑板的老师们清晰地呈现在小全景和中近景镜头中的时候,具有鲜明记录风格的画面却同时点染了荒诞的意味:荒芜裸露的土地上,一群老师背负着他们的黑板——那也就是他们的"学校"所在;反打镜头中,观众看到了他们背后的黑板,黑板上还留有算式、文字,留有似乎已经开始、尚未结束的教程,它无疑成为这赤贫、近乎蛮荒之地上某种文化/现代文明的标志;但与此同时,似乎要将他们席卷而去的狂风,天上不时掠过的军用飞机,山路上到处潜伏着的、两伊战争残存的地雷,他们即将遭遇的人群所处的生存境况及他们的需求,则使得类似痕迹显露为不合时宜乃至极端荒诞。如果说影片有一个道路式的主题,那么,这条道路、这次旅程,首先呈现为这些巡回教师试图寻找、发现、获得自己的学生的流浪。我们从对话中得知,这是一群在首都德黑兰经过培训、获取了教师资历的人。然而,等待他们的,不是某个确定的村落、某处指定的校舍,而是漫漫长路。在影片《黑板》中,这是一条或许有起点,但却没有终点、没有尽头,甚至没有歇脚处的道路。关于巡回教师背着黑板去寻找学生这一核心隐喻,萨米拉承认,她并不知晓或遇到过这样的老师,这完全出自想象,是影片所虚构、设定出的某种卡夫卡式的情境元素。但她继而反问道:"如果你是老师,是库尔德斯坦地区的老师,除了背起黑板去寻找学生,你还能做什么?"这道路之所以没有终点和尽头,正因为在这一地区极端艰辛、苦难而荒诞的生存中,不可能存在会被称为"学生"的现实对象。如果说,片头处,从大山之外走来这群教师,间或出自某种国家现代性规划方案,出自某种教育计划或启蒙诉求,那么,我们将看到,面对这一地区的生存现实,现代意义上的"知识"或"文化"是一份天外的奢侈,是完全的无稽之谈。正如影片那队驮着沉重货物的孩子们的回答:"算术?那是老板的事儿。我们是骡子。""读书?那得坐下来。我们得不停地走,我们只能走。"如果说教师的角色与伊朗库尔德斯坦地区的生存形成浸透了泪、充满着切肤之痛的荒诞反讽,那么,它将渐次呈现出悲惨的黑色喜剧的意味。如果说,在现代性的规划中,教师/知识分子被派定为一个重要的角色——现代文明的启蒙者、文化的播种人,置身于"前现代愚昧"中人的拯救者,即使尚不是社会苦难的终结者,至少应带来终结苦难的希望,那么,我们将在《黑板》中看到,这一令人尊敬的角色、这份不无崇高意味的使命,渐次呈现为某种等而下之的职业、某种近乎不可能的谋生手段。

在片头段落的对话中,两位主角之一——巡回教师赛义德说,父亲原本不赞成他选择教师这个职业,主张他当个牧羊人,此时他已经后悔自己没有遵从父亲的忠告。事实上,影片开场不久,两位主角——赛义德和里波尔已不再像寻找学生的老师,而更像是某种穿村走巷、沿途叫卖的小贩(而这也正是导演对这一角色的定位)。赛义德经过那充满埃舍尔画意

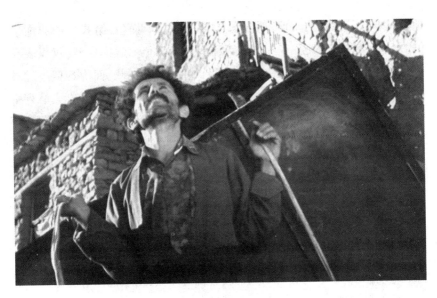

《黑板》剧照

的库尔德山村,沿途吆喝着:"学乘法表吧!学乘法表!"而里波尔则近乎无理地纠缠驮队的孩子们,"兜售"着自己的功用:"我可以教你们读书,教你们看报,你们就可以知道世界上的事情,你们可以去旅行……你们就可以算数",他背着黑板喋喋不休,将负着沉重的货物、一旦停下脚步便难于站立的孩子们阻断在陡峭、狭窄的山路上。此时,教师的角色不仅全然荒诞可笑、令人难以容忍,而且充满了残酷而悲惨的意味。影片中唯一一次,赛义德的教师身份、他的知识为人们所需要:那是一个库尔德老人要求他读出做战俘的儿子写来的书信。极富反讽地,赛义德无法胜任,因为那是一封用外文写成的信件。事实上,语言——教师们不断劝诱人们读书识字的前景,是影片中一个潜在而意味深长的意义元素。影片选在库尔德地区拍摄,故事中出现的人物——老人和孩子使用的是地区方言库尔德语,但教师们试图教授给他们的则是国语波斯语。这使得他们所许诺给人们的知识,更为清晰地显现为不合时宜的奢侈:某种现代民族国家的发展构想,未必是苦难中的民众的现实需要。很快,两位巡回教师便由沿街叫卖"知识"的"小贩""堕落"成乞食者。没有人需要他们所兜售的"货物";而事实上,他们所遇到的人们早已一无所有。于是,他们不断地追随着自己遇到的人群,要求着:"谁有一小块面包,给我一小块面包吧""给我喝一点水吧"……赛义德和里波尔的全部教师生涯,仅仅表现为两个悲惨的噱头。当赛义德为了几个胡桃的"报酬",而为希望越过边境、返回故乡的老人们带路时,他意外地赢得了一个妻子——老人队列中唯一一个带着孩子的智障女人哈纳勒。当老人们停下来休息时,赛义德用黑板堵住了一围石墙的缺口,将自己和妻子留在墙内。为他主持了婚礼的老人通情达理地抱走了孩子——观众同样认同于老人的行为:尽管在非常的路途中,但赛义德可以享有自己的婚礼,享有他婚姻的事实。然而,当画面切入墙内时,我们看到的却是荒诞喜剧般的一幕,石墙之内的狭小空间被赛义德当作了一处课堂,似乎这婚礼的意义在于他终于获得一个"法定"的学生,它给予了他一个场景,令他享有自己作为教师的角色。他劝诱着、鼓励着,以低分威胁,以高分来鼓励,但他面对的却是一个几乎没有语言能力的智障者。于是,赛义德以教授字词的方式在黑板上写下了"我爱你"——似乎索求着、教授着关于感情、关于爱的结合的美好表述。但回应他的,仍然只能是女人生物般的漠然和意图领回孩子的不耐烦。犹如里波尔以他的黑板阻断了孩子们前行的路,使他们痛苦而

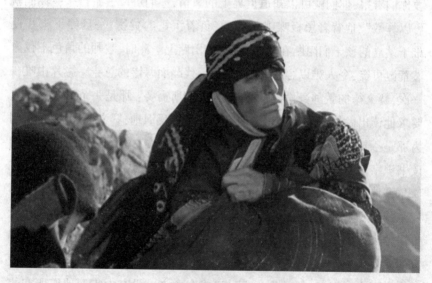

《黑板》剧照

焦躁地站立在峭壁边缘上,赛义德的黑板则隔开了母与子——整部影片中,那近乎本能的母爱的流露,在走向故乡、走向或可瞑目之死所的老人间穿行的活泼的孩子,几乎是这无望、黯晦的故事中唯一的亮色。似乎比赛义德"幸运",里波尔的确获得了一个学生:驮队中的一个孩子希望了解自己名字的拼写方法并慷慨地与里波尔分吃自己的面包,于是,这教与学便成了艰难、危险的长路上毫无意义的关于一个字母发音的不断重复。

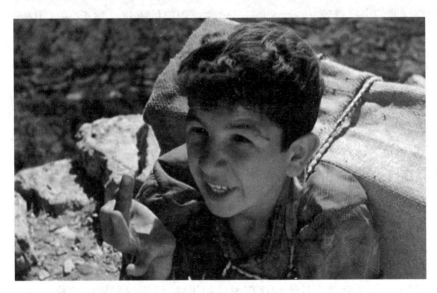

《黑板》剧照

联系着教师的角色,黑板无疑成了影片中另一个重要的隐喻,也成为汇聚了影片中无所不在的荒诞感的能指。作为能指,黑板负载着现代教育的内涵,充当着现代教育的象征。而这些在首都接受了培训归来的教师背上的黑板,同时成为现代性规划、启蒙主义信念的象征;它又是其所有者之教师资格的认证书,是"沿街叫卖的小贩"的唯一资本和全部财产。然而,在整部影片中,黑板显现了黑板功能的唯一场景,便是赛义德临时新房中的那一幕;在其他场景中,黑板则呈现在一个不断被转移其功用、丧失其所指的过程之中。甚至在影片的第一幕,当低空中掠过充满威胁的飞机,身背黑板的教师们便急急地奔上山坡,以背上的黑板作为临时的掩体;进而为了使其更有效地发挥掩体的功能,他们纷纷互助,在黑板上涂满泥浆。于是,在影片的开端处那曾残留在黑板上的教学/文明的痕迹,便消失在于危险中求生的目的之下。尔后,在赛义德一行中,他的黑板先后充当了担架、掩体、彩礼和离婚赔偿;而在里波尔的路上,他劈开了黑板,给在轰炸中重伤的孩子做了夹板,也一再地试图用黑板做掩体,在边境密集的炮火中挽救孩子们的生命,但终于,他自己也和半块黑板一起在炮火中血肉横飞。

我们已经看到,这无疑是一个悲惨、阴郁的寓言。然而,在《黑板》中,造成这悲惨的境况与命运的,却并非普遍意义上的第三世界的贫穷与苦难。如果说,教师角色的隐喻,呈现的仅仅是文明无从战胜强大的愚昧力量,那么,影片《黑板》将只是某部第三世界国家司空见惯的启蒙故事,是那些以愚昧现实的呈现呼唤着启蒙力量的众多叙述中的一部。但使得《黑板》——这部出自年仅19岁的年轻女导演之手的影片脱颖而出的是,她以一种荒诞、惨烈的现代社会图景,展示着第三世界的苦难本身正是现代文明的造物,而并非所谓贫瘠的自然、愚昧的社会的结果——在此姑且不论第三世界国家的贫苦、包括自然的贫瘠本身,便出自新老殖民主义的手笔。我们同样暂时搁置社会批判视野中的一个基本事实:作为世界上重要的产油国之一,伊朗并非一个因贫瘠而注定贫困的国家;而我们却在影片中看到,一个接受了政府培训的教师,如何在故乡迅速地"堕落"为一个乞食者。具体到这部影片的语境,伊朗库尔德斯坦地区的苦难与贫穷直接出自现代文明的灾难:持续经年的两伊战争。它以经年不息的战火制造了众多的难民(我们在影片中看到的艰难返乡的老人,只是其中一个极小的缩影),不仅是战火造就的寸草不生的荒原,而且是无处不在的地雷,作为真实的梦魇在"和平年代"持续吞噬着人们的生命,使得不间断的非正常死亡成了生命现实的常量。

如果说,教育、教师、黑板象征着现代文明的力量和意义,许诺着对愚昧、贫穷中的人们的拯救,那么,我们刚好看到,也正是现代文明、现代社会的灾难,毁灭着教育和接受教育的可能。《黑板》的寓言,由此成了对第三世界现代化神话极为辛辣而辛酸的反讽,成为对现代性话语自身的质询。同样围绕着黑板,两个极具嘲弄意味的细节意味深长。一是尽管人们似乎无条件地拒绝,准确地说,是漠视着教师和黑板的存在,但显然并非无从指认黑板的象征意义。于是,当威胁来自空中,智障的女人也试图以黑板庇护自己和孩子。因为她相信黑板——类似现代文明的造物,能帮助他们抵抗现代文明的灾难——化学武器的袭击。尽管显而易见,与现代文明所创造的毁灭性力量相比,启蒙主义的许诺、发展主义的幻觉是何其不堪一击。我们将看到以黑板来掩护孩子们的里波尔和黑板一起在炮火中化为灰烬。二是赛义德的黑板最终成了他徒具其名的婚姻的离婚赔偿。智障的女人哈纳勒背负着对她、似乎也是对所有人毫无意义的黑板,和老人们一起越过边境,渐次消失在浓雾中。在她背后,写在黑板上的"我爱你"晃动着,又如一则淌着热泪的黑色幽默,一个被否决的、绝望的祈愿。

也正是在这里,《黑板》成就了一部典型的杰姆逊意义上的"民族寓言",一个第三世界国家所经历的现代化过程中的苦难场景,它因此在本土和国际的社会政治语境中,成为一份富于活力的批判性表述。相对于第三世界国家,相对于全球化进程的边缘群体,资本主义全球化进程的灾难与劫掠的意义,不仅在于将世界愈加清晰地分裂成富国与穷国,将人类分割为不成比例的富人与穷人,而且在于将穷国中的穷人彻底地抛离在现代化进程之外。对他们来说,现代性话语内部所给出的解决方案、进步许诺、发展前景,如果不是苍白的谎言,至少是全无意义的空话。

我们已经指出,影片《黑板》的寓言首先建立在古老的道路母题之上。其中巡回教师们寻找学生的旅程,充满了荒诞喜剧所特有的虚妄意味。在影片中,这是对不可能的对象、对乌有之乡的寻找,因而它将是无限延伸却无从到达的旅程。在道路式母题的呈现中,由起点到终点,目的地的抵达应同时意味着意义的获取与价值的确认/否认;而巡回教师的无始终、无意义之旅,便事实上成为对道路母题的内在颠覆。在影片中,道路母题事实上负载于教师们途中遭遇到的两组不同的跋涉者队列之上。影片自始至终呈现着人们在无尽而干涸的处处裸露着岩石、隐藏着地雷的土地上行走。影片的叙事结构呈现为分手后的赛义德和里波尔的不同道路,在他们遭遇两组跋涉者间平行剪辑、交替呈现:赛义德所遇到的,是一队试图越过边境返回伊拉克故乡的老人,其中包括仅有的女人、将成为他"妻子"的智障女人哈纳勒和她的孩子。他们有着明确的目的地——

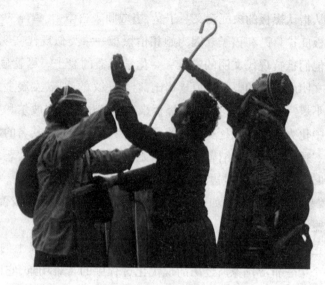

《黑板》剧照

故乡,这目的地又相当虚幻而宽泛——国境线的那一边。老人们告诉赛义德:他们必须返回故乡,因为他们想死在自己的故土上。可以说,道路母题的双重叙事线索之一的终点是死亡。然而,在这组老人的队列中,有着影片最隐晦的隐喻之一,也是此一行人的核心动作,那便是哈纳勒的父亲始终遭受着尿道堵塞的折磨,老人们搬运着他,扶助着他,一程程停下来,鼓励他排尿。与此同时,影片平行呈现水边的哈纳勒撩动着水花,劝诱着她的孩子排尿。在寓言解读的视野中,这一隐喻间或成为队列中老人和孩子相对于男权中心结构的边缘位置的隐喻,在一无所有、走向死亡的路途中,他们不仅丧失了男性权力的象征位置,而且丧失了最基本的生理功能。但似乎是道路母题所潜在要求着的意义的反转,在临近尾声之处,在远方的炮火声中,老人竟然成功地排尿,似乎暂时地逃离了近在咫尺的死亡阴影。这间或出自影片导演隐秘的祈愿:让人们挣扎着生存,让传统伴随着生命。里波尔所遇到的另一队则是为边境走私贸易运货的孩子们。他们被人用作骡子,也自称骡子——似乎是第三世界又一个"逆进化"的例证,为了活下去,人只能沦为骡子。我们看到孩子们尚未长成的身体不堪重负地背着沉重的货物,他们每次穿越险象环生的边境线都是以生命为注的赌博。而孩子们坦然地面对着"骡子"的现实——显而

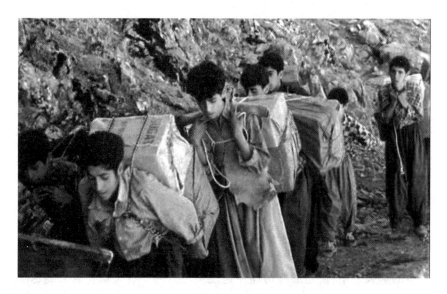

《黑板》剧照

易见,那是边地人唯一的求生方式。孩子们的道路是生死一线间的穿越,是为了生而迫近死的往返。而两位巡回教师,成为这一老一少两组跋涉者队列不为人所需要的伴行人。

对于这一平行呈现的道路的故事,导演萨米拉做出了某种描述。她说,在这个故事中有三代人:老人返归故乡去死,本身是一种对传统文化的守护,他们恪守传统,尊重故乡,某种叶落归根的信念支持着他们艰难跋涉,返归故乡。而年轻一代则全力挣扎在生命线上,活下去成为他们必须付出全部生命的挣扎。其中成人/中年人的一代由巡回教师来代表,他们试图给出某种救赎,造成某种改变,但无法给出人们的基本需要,因此为上一代人和下一代人所拒绝。在笔者看来,他们甚至缺少让自己生存下去的力量和能力。参照导演萨米拉的阐释,我们间或可以将老人的队列视为不曾为现代化进程所摧毁的传统与社群力量的象征。当他们第一次出现在影片中的时候,我们便看到,他们穿着库尔德人的传统服装,彼此扶助,一路诵经前行,如此决绝、顽强地朝向故乡。但在萨米拉的寓言式书写中,我们同样看到,这些执拗地朝向故乡的老人不住地蹒跚前行,但当赛义德遭遇他们的时候,他们不仅除了几只胡桃一无所有,而且完全迷失了方向。他们的信念是朝向边境、越过边境,但完全无法确知边境/

故乡在何处。赛义德因此成了他们的向导。但他所引领的,是朝向死亡的道路。在影片的寓言结构中,老人们正背负着传统走向死亡。而另一队孩子们那里,任何文化——无论是传统文化还是现代文明都呈现为不可能的奢侈与荒诞;他们负重前行,只是驱使着自己如同识途的骡子般去而复归。最低限度的生存成了他们的全部愿望和目的。为了活着,他们必须接受非人类的生存方式。当里波尔和孩子们首次相遇的时候,一组近景镜头呈现出孩子们木然的面孔和几乎没有语言、拒绝或无需使用语言的生命状态。于是,两位巡回教师无疑成了自己社群中熟悉的陌生人、内在的异己者。他们伴随着跋涉者,试图融入其中而不得。这间或是影片寓言或道路主题的又一层面:现代文明、现代教育试图改写苦难深重的现实,但除却成为这苦难现实的一部分——里波尔和孩子们一起葬身于边境的炮火之中,便是最终彷徨在这现实之外——赛义德将老人们送至边境,独自留在这一侧,甚至失去了他的黑板。在这荒诞的旅程中,赛义德的结婚与离婚仪式,在整个寓言式的结构中微言大义、意味深长。正是这近乎荒诞喜剧的仪式表明,与巡回教师的象征身份和使命相冲突的,并非所谓愚昧的力量。因为老人的行为,以及他们为赛义德举行的简陋的仪式本身(在这仪式中,黑板再次扮演重要角色:它隔开男女双方,象征性地履行着尚未婚配的男女便不应相见的戒律;而这似乎正是与黑板——现代启蒙主义的象征意义相抵牾的功用),正呈现着文明的力量,尽管不同于现代西方的文明类型。然而,影片同样深刻地呈现这古老文明的仪式已蜕变为某种苍白的影子或脆弱的空壳。已然沦为乞食者的赛义德在婚礼上发誓保证妻子的温饱,发誓不离弃她,无疑是荒诞笑谈。如上所述,影片的深刻之处正在于它呈现出传统、古老文明的死亡,并非如现代性规划所许诺的那般,出自现代文明的正面改写,而仅仅出自现代社会的灾难与毁灭性力量;由于这毁灭力量所"创造"的蛮荒,而彻底抹去了现代文明及其他文明的救赎可能。

相对杰姆逊关于"第三世界批评"和"民族寓言"的论述,影片《黑板》中包含着一个深刻而具有质询意义的表述。在杰姆逊的论述中,第三世界国家之"民族"或曰"民族主义",是一个具有重要而积极意义的表述;而在《黑板》中,萨米拉却以自己的叙述构成了对现代民族国家及民族主义的有力质疑。《黑板》中两组跋涉者之旅程的目的地和中转点是边境线——现代民族国家神圣疆土的终点与起点。但相当微妙而有趣的是,两组跋涉者都是要越过边境线。已有太多的学者讨论过现代民族国家对于现代世界的意义。它作为资本主义的全球体系的基本单位之一,作为现代化进程的产物,是现代世界最大的神话之一。其合法化与天然性的论述基础,是建筑在民族叙述——种族与文化的同一性之上。但在今日世界上,却有太多的"民族"国家的建立并不具有种族、文化的同一性基础,而且几乎没有其历史形成的渊源、脉络,而仅仅是殖民主义、帝国主义、现代化进程暴力分割的结果;在许多情形中,正是现代民族主义,以其神圣的叙述遮蔽了这晚近历史中的暴力书写。在现代世界上,民族国家之间的战争则成为文明的浩劫和灾难。于是,影片《黑板》中,为了逃离两伊战争的战火而进入伊朗库尔德地区的老人,为了叶落归根、葬埋在自己的故土上,便必须历经艰辛寻找边境,冒死越过边境。影片尾声中的一幕,是终于抵达边境的老人们,越过了标识着两伊分界线的铁丝网,充满欣慰和感恩地匍匐在地上,亲吻、赞美自己的土地。同时,赛义德则为了对自己国家的忠诚而拒绝和老人们同行,因此放弃了他发誓不离不弃的妻子。但这一场景所潜在携带的反讽意味,正在于浓雾之中,被铁丝网分割开来的土地并无任何可资辨认的区别,而远方隐隐传来的爆炸声,仍携带着威胁和不祥的预兆——在萨米拉的表达中,现代民族国家的疆界将人们分割开来,但它却未必如其所许诺的那样,为疆界内的国民提供有意义的保障。而另一组由孩子所组合的驮队,则以另一种方式表达了这一隐忍却有力的质询。显而易见,在影片中,孩子们构成的驮队的意义,不仅在于呈现了第三世界国家屡见不鲜的童工——最廉价的劳动力,更重要的在于孩子们所充当的是非法的边境走私贸易最为便捷和隐蔽的运载工具。封闭的国境线造成了非法商人有利可图的"商机",于是,那死亡之路便成为孩子唯一的生路。作为一处互文参照,同在 2000 年引起了世界影坛普遍关注、第一位伊朗库尔德族导演巴曼·戈巴迪执导的《醉马时刻》(正是他在《黑板》中扮演了巡回教师里波尔),也正面呈现了库尔德的孩子们如何为了生存而加入死亡阴影下的边境走私。在这两部影片中,边境的意义似乎正在于"穿越";影片作为民族寓言的寓意之一,则似乎正在于返身质疑"民族"国家这一现代核心神话。

第三节 寓言的寓言

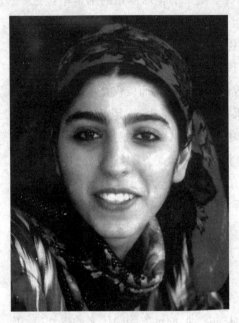

萨米拉·马克马巴夫

在国际A级电影节——法国戛纳电影节(亦被称为"电影节中的电影节")获得了评委会大奖,并且在世界范围内好评如潮的《黑板》,被视为世界电影史上的一个奇观或奇迹。年仅19岁的伊朗少女萨米拉·马克马巴夫摄制了一部如此深刻、完整而富于原创性的作品,令世界为之叹服。从某种意义上说,《黑板》的出现,只是进一步增加了几乎具有神话色彩的"马克马巴夫之家"的高度。萨米拉的父亲莫森·马克马巴夫是伊朗最重要的电影导演,同时是蜚声国际影坛的重要电影艺术家,他以自己的故事片、纪录片和短片,以自己对伊朗社会现实和西亚动荡不宁的政治格局广泛而深刻的介入,名副其实地出演着一个政治的、有机的知识分子的角色。在伊朗本土的社会视野中,他的意义和影响甚至超过了伊朗的国际电影艺术大师、国际电影节上的明星级导演阿巴斯·基亚罗斯塔米。同样,出于对电影事业的热爱,也出于对现行教育制度的抗议,莫森·马克马巴夫创立了"马克马巴夫之家",以期使自己和友人的孩子在其中接受有机的而非僵死的体制性教育。但与其预期略有出入的,是"马克马巴夫之家"事实上成了一个以莫森·马克马巴夫家庭为中心的民间电影机构,而且创造了一个举世瞩目的电影之家。其间,他的长女萨米拉不仅如许多出身电影世家的少女那样主演了父亲的影片,而且在18岁时便制作了她的第一部故事长片《苹果》;妻子玛兹嫣·马克马巴夫则摄制了自己的作品《一天我变成了女人》;儿子成了一位电影摄影师;甚至尚未成年的幼女汉娜也制作了自己的 DV 作品《姑妈生病的那天》。

如果说马克马巴夫之家的辉煌与萨米拉的成就不仅光耀了第三世界的电影艺术,而且事实上拓宽了在种种桎梏和挤压下的伊斯兰世界妇女的天空——至少是电影的天空,那么,同时,几乎如所有为世界知晓的第三世界电影一样,其自身却构成了另一层面上的第三世界寓言,或者说,是关于寓言的寓言。

萨米拉步上国际影坛之路,几乎始终伴随着鲜花、掌声乃至欢呼。一个多少有夸张之嫌的说法是:"萨米拉每次来到戛纳,都改写了世界电影的纪录。"当 18 岁的萨米拉携《苹果》来到戛纳,她成了戛纳历史上加入"一种注视"竞赛单元最年轻的导演;不久,20 岁的萨米拉携《黑板》入围戛纳电影节正式竞赛,成为获得评委会大奖的最年轻的(女)导演,因之而刷新了戛纳电影节的纪录;2 年之后,萨米拉的新片《下午 5 点》再度入围戛纳,并再度夺得评委会大奖,成为在如此短的时间里连续获得同一奖项的第一人。毫无疑问,这一辉煌纪录的创造缘自萨米拉的艺术才情,但这一"奇迹"的出现却同时显露着我们所谓关于寓言的寓言之意义。这则寓言之寓言,首先关乎欧洲国际电影节在今日世界出演的文化角色。毋庸置疑,欧洲国际电影节作为世界艺术电影节的基地,无疑是抗衡好莱坞主流商业电影的主要力量,同时是向全世界传播非好莱坞电影的主要乃至唯一路径。然而,正由于欧洲国际电影节事实上成了第三世界国家电影"走向世界"——准确地说,是走向欧美世界的唯一通道,它也因此而成了第三世界艺术家为获取国际性成功而争相涌入的一扇窄门。于是,一个为资本主义、殖民主义的历史所确立的权力关系,于不期然之间,在欧洲国际电影节上获得了再度复制。这里,发达资本主义与第三世界之间,不平等的权力关系公开地或隐蔽地以如下方式呈现:一是欧洲中心主义逻辑"自然而然"地统御了一切;具体到国际电影节,则是欧洲艺术电影的传统、审美尺度、艺术评判标准的前提性存在。它先在地要求非欧洲的电影作品应该是差异性的,同时又是在欧洲文化逻辑内部可读可解的。二是和人们通常的理解不同,欧洲国际电影节上欧洲中心主义的呈现并非始终索求着某种"滞后"、贫穷、愚昧的第三世界图景,相反,在更多的情况下,它渴求着差异性的第三世界文化所可能携带的生命力,呼唤着相对于欧美世界"人文的贫困"而言的拯救性力量。这无疑重现或曰复制着欧美世界的主体/观看者位置和第三世界的客体/被看角色。其三,也如众多的第三世界批评和后殖民主义讨论所指出的,在类似的"种族"权力关系中,始终存在某种种族/性别逻辑间的隐喻式转换,即在欧洲中心主义的文化场域中,第三世界所处的客体/被看的位置,刚好等同于男权文化中女性/女性形象所处的位置。于是第三世界国家的影片便在双重意义上被放置在客体/被看的位置上:不仅是影片中所呈现的第三世界图景,而且是影片的制作者/第三世界的电影艺术家的角色。在不期然间,萨米拉与她出色的作品,以其影片清晰的艺术电影属性与充满差异性的表述,及她本人——一个如此年轻、堪称貌美的西亚少女,在双重意义上满足了欧洲艺术电影节的预期。就电影的批评与研究而言,始终存在着两种重要的参照系统或曰解读路径:一是"影片的事实",即对电影本文及其相关的参照文本(诸如导演阐释、主创人员的创作谈、各种访谈及重要影评)的细读、分析;二是"电影的事实",即影片的资金来源、制作与发行过程、获奖情况,等等。与影片《黑板》相关的"电影的事实",则从另一层面上展示了这一"关于寓言的寓言"的不同层面与向度。影片由伊朗、意大利和日本合作拍摄,这意味着影片的主要摄制经费来自日本和意大利。影片的制片人之一,是马克·缪勒——欧洲著名的亚洲电影影评人、策划人,曾任欧洲国际电影节主席,同时始终是国际电影节的权威选片人与评委。也是他,充当了张元作品《过年回家》的策划人与制片人。可以看到,《黑板》并非一部高成本、大制作的影片,但它却无疑是一部国际制作的影片,这同时暗示着影片对于发达国家艺术电影市场的定位和对国际电影节的诉求。而这一维度的存在,无疑将深刻地介入并改写着一部第三世界电影的先在定位与内在结构。

作为一个有趣的参照,一旦脱离了种族/性别的隐喻式转换"游戏",进入到"单纯"的性别逻辑之中,人们便开始推测,萨米拉的成功在多大程度上得益于她背后父亲的帮助。关于影片《黑板》,几乎每个访谈者都会向萨米拉问及其父在创作过程中所扮演的角色,萨米拉坦言,影片的最初创意即叙事动机——巡回教师背起黑板去寻找学生的故事来自父亲,而将其发展成今天的影片,却是她自己的工作。一个有趣的事实是,人们似乎容易相信萨米拉的处女作《苹果》是她个人的作品,因为一对小姐妹在陋俗下、几乎在囚禁中长大的故事,似乎更吻合一位女导演、一个少女的身份;相反,人们很难相信或接受诸如《黑板》般具有鲜明的第三世界寓言或曰反寓言特征的影片,可能出自一位女性、一个19岁的少女之手。毫无疑问,萨米拉的成功在极大程度上证明了"马克马巴夫之家"关于另类教育的构想及其实践的成功;萨米拉作为一个早熟的电影天才,也无疑极大地获益于其父——伊朗电影大师、同时是社会斗士莫森·马克马巴夫的影响。莫森·马克马巴夫本人无疑在影片的整个制作过程中发挥着重要作用;他是影片故事的创意者、影片的编剧和制片人之一,同时是影片的剪辑师。但一个似乎相当显而易见的事实是,影片《黑板》就其寓言式建构的多层面与深刻、艺术表达的完整与原创而言,事实上都不仅超出了大部分享誉国际影坛的伊朗电影,而且在某种程度上超出了莫森·马克马巴夫本人的艺术与思想成就。重要的区别之一,便是《黑板》中对现代化逻辑及其神话的质询,显然摒弃了马克马巴夫作品中一以贯之的浓郁的人文气息与人道主义话语及其文化逻辑。要印证这一事实,我们只需将萨米拉的《黑板》与第二年在戛纳参赛并获得了同一奖项的莫森·马克马巴夫作品《坎大哈》做一对照便不言自明。

但影片《黑板》作为第三世界寓言之寓言的特征,尚不仅于此。如果说第三世界国家的电影文本被放置在双重客体/文本的位置上,那么,它同时在某种意义上意味着这一主客体、看与被看的关系是内在于影片文本之中的。从某种意义上说,这一文化的权力关系不可能仅仅是外在的,而必须通过第三世界的叙述主体予以充分的内在化。换言之,如果不能以欧美世界(当然未必是欧美世界的主流、相反可能是其内部的批判力量)的视点来注视并呈现自己的故事,便意味着你的故事将是某种不可理解的或曰"非艺术"的呈现。加入游戏意味着先在地接受了游戏的规则,而诸如国际文化的"游戏"规则,显然并非由第三世界国家参与制订的。然而,这一事实的存在,绝非简单地意味着获得国际成功的第三世界艺术家所采取的是单纯的取悦"西方"/欧美世界的视点与呈现方式,其中无疑存在着极端复杂的情形,而且这一事实本身并非出自第三世界艺术家的自觉选择,而首先呈现着全球化时代第三世界文化的普遍困境。毋庸讳言,相对于欧洲国际电影节,确乎存在某些第三世界艺术家"为国际电影节拍片"的事实,即将欧洲国际电影节评委的视点、预期与艺术准则充分的内在化,甚至将某一特定国际电影的品位与标准"配方化",通过它、运用它,以组合、"调制"本土的文化素材与资料。但是,即使针对这类极端情形,类似行动也并非一句简单的"崇洋媚外"所能予以解释。对于第三世界国家的艺术家说来,国际电影节上的获奖不仅是荣誉与梦想之路,而且是创作与生存之路。因为全球化的进程,不仅以诸如WTO等等国际协定或组织的形式,进一步为好莱坞电影对全球电影市场的垄断拓开了通衢大道,而且以名曰大众文化的渗透方式,深刻地塑造着第三世界国家的文化消费趣味。同时,在全球化过程中愈加贫富两极分化的世界,不同区域和民族国家之间的紧张与对峙的加剧,也在某种程度上返身强化一些第三世界国家和地区本土恶劣的政治文化环境,本土艺术家、尤其是从事艺术电影创作的艺术家的天空日渐狭小,乃至无立锥之地。于是,欧洲国际电影节的窄门——获奖以及进一步获得国际电影摄制资金,便成为他们仅有的突围之路。

而在多数情况下,进入欧洲国际电影节视野的第三世界艺术家,或许并非有意将国际电影节的标准与期待作为自己影片结构的前提性因素,相反,他们的确立足于本土的社会、政治与文化,确乎以"政治的知识分子"或"有机知识分子"的身份自觉,以自己的影片尝试介入本土的现实斗争与文化建构。然而,发人深省的是,这些产生于本土、同时立足和着眼于本土的影片以及其他类型的艺术作品,却事实上难以在影片的内在结构、艺术呈现上与地道的"为国际电影节而拍摄的影片"区分开来。正是这一事实告诉我们:如果说第一世界学者有关第三世界的批判性论述,间或成为第一世界内部一块"政治抵抗的飞地",那么,在全球化的世界上,第三世界的现实与文化生存却始终并非任何意义上的"飞地",而是资本主义全球结构的一个"有机"组成部分。这一事实在对杰姆逊的第三世界论述构成质询的同时,印证了杰姆逊关于晚期资本主义文化逻辑的论述。从某种意义上说,一个第三世界本土的批判知识分子尽管与发达资本主义国家的批判知识分子间存在着诸多或微妙或直接的差异、张力乃至冲突,但他们事实上分享着相当接近的思想资源、社会立场与话语/艺术表达方式。说得通俗些,便是第三世界的批判知识分子不可能不是某种意义上的"欧化知识分子",这显然由于第三世界的社会现实与文化结构已然为现代化进程所彻底改写,某种纯净的本土社会、文化立场不复存在,纯洁如婴孩、如处子的"民族文化"的想象只能是统治者间或借重的无稽想象。这其中典型的例证之一,便是与伊朗国际电影艺术大师阿巴斯·基亚罗斯塔米相比,更具有本土感召力的莫森·马克马巴夫,其人文表述与影像构成却比阿巴斯·基亚罗斯塔米更加"欧化"。

然而,借用或分享来自发达资本主义国家的思想与批判资源,不仅必然面临着如何以"他人的语言"讲述"自己的故事"的困境,而且必然经历某种文化的"内在流放",即在"借来"的批判视点中,将本土的历史经验由主体的内在构成转换为观照、批判的客体。于是,当莫森·马克马巴夫尝试以西亚的视点展示动荡与灾难中的阿富汗,却在自己的影片《坎大哈》中设置了一位文本内的叙事人——阿富汗裔的加拿大女记者纳法斯,一个远方归来者,一名外来的"自己人",通过她的眼睛呈现塔利班统治下的阿富汗和阿富汗妇女。在阿巴斯·基亚罗斯塔米同样表现库尔德人生存画面的影片《随风而去》中,他同样设置了一位来自首都的摄影记者。而在《黑板》中,似乎没有任何外在视点的给出者。巡回教师尽管呈现为社群中的异己者,但他们确乎是库尔德人,只是采取了一种相对于库尔德人的生存"愚不可及"的谋生方式。他们所接受的现代教育,原本应在现代文明的阶层制度下获得较高的身份和尊重,但在影片所呈现的现实生存中,教育的结果反而使他们成了生存意义上的低能者。整部影片中只有扮演智障女人哈纳勒的是一位职业演员,其他的都是来自库尔德地区的业余演员,其中多数演员出自影片拍摄的那些库尔德人的

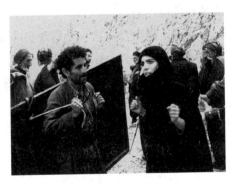

《黑板》工作照

村庄。导演萨米拉这样解释影片的产生:当她选择了父亲提供的故事创意,便来到伊朗库尔德所在的边境区域,真正的电影剧本的诞生是与选外景、选(业余)演员同时完成的。影片是从库尔德村庄的现实生存中浮现而出的。在戛纳电影节上,当萨米拉接受访谈,被问及影片中呈现的哪些是想象,哪些是现实时,她答道:很难将它们区分开来。每一处想象都是现实,每一种现实呈现都是想象。她继而反问道:你认为我可能坐在戛纳来想象库尔德人的生存吗?唯一可能想象他们生存状况的可能是到那里去,加入到他们的生活中。如果我们将萨米拉这段话作为寓言式解读的参照文本,那么不难发现,其一,现实主义从来不是真实呈现(遑论记录的代名词),况且即使如《黑板》这样典型的第三世界寓言式的写作,也未必采取现实主义的或曰德莱赛、舍伍德·安德森的书写方式。其二,我们正是从这段话中看到,影片中的确不存在一位文本内的叙事人、一位外来的"自己人",但影片的叙事、影像与意义结构的建构却无疑参照着一位外来的"自己人"的视点。可以说,正是萨米拉本人出演了这个重要的文化角色。作为一个观看与叙述的主体,萨米拉无疑体现了充分自觉的第三世界批判知识分子的主体意识;但相对于库尔德人的主体存在,相对于他们艰辛的生存现实,萨米拉所出演的却无疑是一个异己者,一位结构在文本内部的异己的观者。换言之,影片《黑板》毫无疑问地向世界(准确地说,是欧美世界)展示了伊朗社会底层、库尔德地区的生存图景,质询并挑战着种种现代性神话;但相对于库尔德人而言,影片《黑板》或许正如巡回教师背上的黑板一样,因过分"奢侈"而毫无意义,甚至同样点染着某种荒诞色彩。

或许正是出自对这一矛盾现实的反讽式自觉,影片《黑板》的诸版海报之一便是一把斧头正面劈开了黑板。粉碎了黑板及其"黑板"之梦的,固然是社会与现实的暴力,同时也是新自由主义获胜的全球化时代第三世界生存与文化表达的困境。

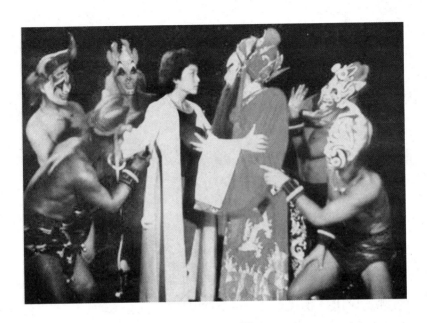

《人·鬼·情》

导演：黄蜀芹
编剧：黄蜀芹
　　　李子羽
　　　宋国勋
摄影：夏力行
　　　计鸿生
演员：徐守莉饰秋芸
　　　裴艳玲饰钟馗
　　　李保田饰秋父
上海电影制片厂，彩色故事片，110分钟，1988年

第八章　影片分析举隅Ⅰ:《人·鬼·情》

第一节　女性的主题

一个女性的主题似乎首先是一个关于沉默的主题,它们始终是象喻性的:那是"阁楼上的疯女人",一个被囚禁的、被迫沉默的、只有以仇恨之火将她的牢狱变为一片废墟的女人;关于她的一切和她的阐释是罗切斯特(男人)们给出的,她被命名为疯人,因而永远地被剥夺了话语权与自我陈述的可能。那是在古老的中国民间传说中"背解红罗"的少女——在一个国势衰微、战事频繁、皇帝荒淫的年代,为了逃过皇家的选妃,她名不在户籍,因之成为一个无名者;但为了从皇帝的威逼下救出年迈的父亲,她在金殿之上、众人面前,于背后解开了一个千结百扣的红罗包裹:那是强大的敌国的"礼物",如无人能解,则意味着宣战。结局是姑娘因"救万民于水火"而被选入宫,册封正宫娘娘,依然无名而无语。因了在男性历史上的瞬间显现,她永远而无言地陷入了她试图逃离的女性的悲惨命运。她的功绩与故事始终在历史的"背后",点缀在男性故事富丽的画屏之上,成为一个遥远而朦胧的背景。那是一个在男人们的睡梦中奔去的、全裸的女人的背影,无声无言,不曾存在,亦不复再现。在意大利作家卡尔维诺那里,人类文明之城,是因她而建造、为囚禁她而建造、女人却在其中注定永远缺席的城市。在中国乃至世界的历史与文明之中都充满了女性的表象和关于女性的话语,但女性的真身与话语却成为一个永远的"在场的缺席者"。一如中国当代女作家王安忆的长篇小说《纪实与虚构》中，对母系世序的追寻会在活人的记忆与口头传说消失的地方终结，延伸到文字——到文明的断篇残简之中去寻找，其发现只能是男性祖先的身影。

于是一个女性的主题又是一个关于表达的主题。如果说存在着一种为历史/男性话语所阻断、抹杀的女性记忆，那么女性的文化挣扎便是试图将这无声的记忆发而为话语、为表达。的确，在中国南方的崇山峻岭之中，曾存在过"女书"——一种属于姐妹之邦的文字。在未经认证的传说中，它刚好是一个"有幸"被选入宫的"贵"妃，为了能将重重宫门、森森禁令间一个女子的种种苦楚言说给宫外的姐妹听，创造了这种非女子不能书写、非女人无法辨识的文字。但这种古老的、逶迤在男人的历史——正史或野史外流传的文字终于在当代中国被"发现"并取缔。随着最后几位曾书写女书并歌吟其篇章的老妇的渐次弃世，女书也正在成为女性世界记忆中的文人、学者书案间一个苟存过的奇迹，一如种种传说中的姐妹之邦"金嗓子"与女人独有的言说方式。生存于文明社群中的女人争夺女性话语可能的努力，常常立刻遭遇被迫化妆成男性的所谓"花木兰式境遇"。因为我们无法在男权文化的天空之下另辟苍穹/另一种语言系统。这是女性话语与表达的困境，也是女性生存的困境。文明将女性置于一座"镜城"之中，其中"女人"、做女人、是女人成为一种永恒的迷惑、痛楚与困窘。在这座镜城之中，女性"真身"的出场，或则化妆为男人，去表达、去行动；或则"还我女儿身"，而永远沉默。从表达的意义上说，不存在所谓关于女人的"真实"。因为首先，一种关于女人的真实是不可能用男性话语——菲勒斯中心主义和逻各斯中心主义的——来表述的；其次，一种女性的真实亦不可能是本质论的、规范与单纯的。女性的困境，源于语言的囚牢与规范的囚牢，源于自我指认的艰难，源于重重镜像的围困与迷惘。女性的生存常是一种镜式的生存：那不是一种自恋式的迷惑，也不是一种悲剧式的心灵历险，而是一种胁迫，一种挤压，一种将女性的血肉之躯变为钉死的蝴蝶的文明暴行。

黄蜀芹的《人·鬼·情》正是在这种意义上成为一部极为有趣的女性文本。从某种意义上说，它是迄今为止中国第一部、也是唯一一部"女性电影"。它是关于表达的，也是关于沉默的；由于影片的故事原型来自女艺家裴艳玲(影片中钟馗的扮演者)的真实人生经历,因此它关乎一个真实女人的故事与命运,但同时也是对女性、尤其是现代女性历史命运的一个象喻。一个拒绝并试图逃脱女性命运的女人,一个成功的女人——因扮演男人而成功,却最终作为一个女人而未能获救。毫无疑问,导演黄蜀芹无意于制作一部"另类"电影。在影片的制作过程中,她甚或没有某种女性主义电影的自觉。她接受那种作为颠扑不破的"常识"的本质主义性别观,接受一个女人的幸福来自于、只能来自于异性恋情继而由此"自然产生"的婚姻;但同样直觉地,来自女性体验中的切肤之痛,对女艺术家裴艳玲真实命运的强烈震动与深刻认同,使得影片的每一段落甚至每一细部都在质询着本质主义的性别表述,质询着伪善而孱弱的男权社会的性别景观。黄蜀芹这样阐释:她希望在自己的电影中表现女性的视点,就像通常在南北方向窗口的房间里开一面朝东的窗,那里也许会显露出不同的风景。这不是一种自觉的边缘与抗议者的姿态,而是尝试在堵死的墙壁上开一面洞开的窗,那里显现了别样的风景——女人的风景。主人公秋芸显然不是一个反叛的女性,不是、也不会是一个"阁楼上的疯女人"。她只是顽强地、不能自已地执著于自己的追求。不是一声狂怒的呼喊,而是一缕凄婉的微笑;不是一份投注的自怜,而是几许默寞的悲悯。这是当代中国女性的一种自况,同时也是一份隐忍的憧憬与梦想:渴望获救,却深知拯救难以降临。从某种意义上说,这是一个重述并重构了的花木兰的故事。

第二节　自抉与缺失

影片《人·鬼·情》有着一个充满魅惑、同时又是梦魇般的片头段落。第一幅画面渐显后,特写镜头呈现出装有红、白、黑三色油彩的化妆碗。在化妆室的镜中,我们看到一个面目姣好、清秀的少妇(秋芸)入画,她脱去乳色的上衣,包起一头秀发,开始用化妆笔娴熟地勾脸。一道道油彩渐次掩去了女人的面容,覆之以一张男性的夸张而勇武的脸谱,而牵动这张脸谱的面庞使它如此神奇而怪诞。随着服装师的层层着装,女人纤细的体型渐渐消失在一袭红袍之中,着冠挂髯之后,女人已不复存在,取而代之的是钟馗那神奇、丑陋却毕竟男性十足的造型——一种狰狞,一派浓烈,一份覆在威武与张扬之下的寂寂的哀伤。当钟馗在镜前坐下时,我们看到映现在数面镜中的数个钟馗;迷惑般地,钟馗探身向镜中细看,此时镜中已是穿着乳色外衣的数个秋芸。当摄影机缓缓摇移开去,时而是秋芸独坐

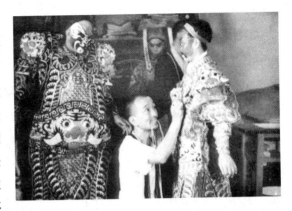

《人·鬼·情》剧照

镜前,注视着镜中的钟馗;时而是钟馗坐于镜外,凝视着镜内的秋芸。镜前,秋芸与钟馗互换;镜中,秋芸与钟馗同在。如同步入了一处镜的回廊,如同跌入了梦魇世界。女人?男人?真身?角色?人?非人(鬼)?这无疑是一个跌入镜式迷惑的时刻——不仅是艺术家的"走火入魔",而且是一个必须扮演而只能扮演的现代女性的困窘;这无疑是被"我是谁?"这一悲剧式发问攫住的瞬间,但言说与发问之"我"/主体具体地界定为一个颇为艰难地试图确认自己的性别身份及社会角色的女人。这不是一颗狂乱的心灵人格分裂的呈现,不是迷乱的内心充满自恋与自弃之情的面面相觑;不是震惊,只是迷惘;不是疯狂,只是一份持久的隐痛。《人·鬼·情》的序幕的确给出了一个梦魇般的情境,它是对现代女性生存境况的一次象喻性陈述。在影片的第一时刻,泾渭分明的性别划定与性别景观已显露出其纵横的裂隙。

　　从故事层面上说,《人·鬼·情》是一个成长的故事,一个女艺术家的生涯。秋芸为一种不能自已的渴望所驱使而投身于舞台,以至她必须撕裂自己的生活,必须付出她全部依恋来成全一个角色,并使自己成为一个"角色"。而从意义层面上说,这是一个女人的故事,一个"真实"而"正常"的女人的故事。秋芸的一生与其说是对男权性别秩序的僭越与冒犯,不如说是一次绝望的恪守与修正。她因之而成为一个成功的女人,同时是一个不幸却并不哀怨的女人。关于秋芸故事的书写与阐释,黄蜀芹并未参照当代中国一个通行的"说法":女人事业与生活(或更为直接地

说是合法的婚姻)注定无从两全,呈现为所谓事业/幸福彼此对立的二难处境。如果说"女人不是月亮,不靠反射男人的光辉照亮自己",那么,在影片中,在秋芸的生涯中,她的天顶上,从不曾辉耀着一轮男性的太阳。秋芸的故事是一个逃离的故事,一个拒绝的故事;为了做一个子虚乌有的"好女人",她试图逃离一个女人的命运,却因此而拒绝了一个传统女人的道路。她拒绝了女性的角色,甚至在舞台上。

影片中确实包含着一个典型的弗洛伊德式的"初始情境",它出现在小秋芸的第一次"逃离"之中。任性的小秋芸终止了"嫁新娘"的游戏,宣称"我不做你们的新娘,一个也不做!"之后,逃开了男孩子的追赶;但她却在草垛子中间撞见了母亲和另一个并非"父亲"(事实上此人才是秋芸的生父)的男人正在做爱。她狂呼着再逃开去。然而,作为朴素的女性陈述/自陈,在影片中,构成了人生震惊体验的并不是这一场景本身——尽管它确实碎裂了秋芸曾拥有的幸福核心家庭的理想表象,而是此后对这一场景的社会注释。如果说这一初始情境确实构成了一种女性悲剧生涯的开端,那么这悲剧并非个体意义上的,而全然是一个社会悲剧。这是秋芸生命中的第一次遭遇与第一次逃离,遭遇并渴望逃离女人的真实;也是她第一次被指认:被指认为一个女人——母亲的女儿。这将是一根钉、一个历史与社会的十字架,一种与耻辱相伴随、随时可能遭到元社会放逐的命运。作为一个社会意义上的女人,构成秋芸生命的震惊体验的,并不是母亲的性爱场景,而是她与男孩子间的冲突场景。当素来环绕着她、宠爱着她的男孩子们忽然成了一群凶神时,她本能地求助于男人,求助于在她的生活中始终充当着保护者与权威的"小男子汉"二娃,后者显然是她青梅竹马的伴侣。然而真正造成了一种创伤体验的,是二娃在片刻的迟疑之后,加入了"敌人"的行列。对秋芸说来,那不仅是伤害,而且是放逐。秋芸绝望了,也反抗了,"当然"地失败了。在第一次明白了女人的同时,她也明白了男人。这是一个残忍的游戏的时刻,也是一个理想的世界表象破碎的时刻;如果依照"常识",男人意味着力量,那么对女人说来,它可以意味着保护,同样可以意味着摧残与伤害。这一切取决于社会与历史的规定情境:作为一个女人,你不可能指望在你为你的性别对抗社会时与男人结盟。这是展现在一个孩子——一个女孩子面前的、经典陈述背后的真实。如果说第一次,秋芸只是在震惊与恐惧中奔逃,那么,第二次,她做出了自抉——拒绝女性角色,为了拒绝女性的命运。当秋芸执意选择舞台时,遭到了父亲的全力反对——那是对一种职业的忧虑,也是对一个女孩子、女人命运

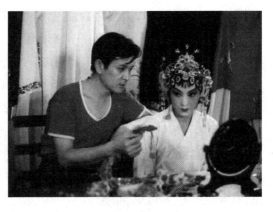

《人·鬼·情》剧照

的预警:"姑娘家学什么戏,女戏子有什么好下场!不是碰上坏人欺负你,就是天长日久自个儿走了形——像你妈。"做女人,似乎只有两种可预知的命运:做"好女人",因之而成为被侮辱与被损害的;"堕落",做"坏女人",因之蒙受屈辱,遭到唾弃与放逐。在此,女性是一个无可逃脱的悲剧角色。尽管投注着同情,这仍然是关于女人的另一个经典表述。它略去了幸福、获救,与这二难推论之外的别种可能。但秋芸认可了,她做出的抉择是:"那我不演旦角,我演男的。"在这一场景中,一个颇有意味的画面是,精疲力尽的秋芸倒在麦垛上,一个只系着红兜兜的小男孩入画,好奇地注视着一动不动的秋芸。此时,画框上缘切去了小男孩的上身,使他裸露的下体在画面中成了一个性别指称。然而,在这里,它传达的绝不是一种弗洛伊德意义上的"菲勒斯崇拜"或女性的"匮乏自卑",而只是一个单纯的事实陈述:秋芸可以为了逃离女性命运而拒绝女性角色,但这并不能改变她的性别。这一抉择所意味的只是一条更为艰辛的女人的荆棘路。而且这将是一条"生死不论,永不反悔"的不归路。女性的命运是一个女人所无法逃脱的,这是一种社会意义上的"宿命"。

关于女人之经典叙事的绝妙之处(或称为本文的诡计),在于恰到好处地终结故事。每个爱情故事都会终于婚礼:"夫妻对拜,送入洞房!"于是,鼓乐喧天,舞台大幕徐徐落下。或者"王子和白雪公主(灰姑娘、拇指姑娘……)举行了盛大的婚礼,从此他们幸福地生活在一起"。可能的婚姻故事永远被留在叙境外的幽冥之中。而一个关于扮演的故事则永远终止在

"脱我战时袍,着我旧时装"之后;于是男人(无论是真实的或被扮演的男人)的世界和一个女人的世界便清晰地分置在两个时空之中。在叙述之中,甚至在诸多的花木兰故事中,没有痛苦,亦没有困惑。然而作为一部女性电影,《人·鬼·情》所呈现的世界远没有如此清晰和轻易。在影片中,尽管小秋芸拒绝女性角色,甚至放弃了女人的装束,以一个倔强的男孩子的外表奔波于流浪艺人的路上,但除却不断的侮辱性的误认(厕所前的悲喜剧),孩子会长大,会成为一个少女,会爱,并渴望被爱。这时她将渴望被指认,被指认为一个女人,这意味着对一个女人的生命与价值(在黄蜀芹那里,有着明晰的、不可更动的样式——爱情与婚姻)的肯定。当她终于从张老师(这是秋父之外唯一一个如果说不是辉耀她、至少是"发现"她的性别并温暖她的男人)那里获得了这一确认("你是一个好看的姑娘,一个真闺女。")时,她将第三次拒绝并逃离。因为这指认同时意味着爱/性爱:"我总觉得永远也看不够你。"场景再度呈现在夜晚的草垛子之间,秋芸再度在震惊与恐惧中奔去,她的视点镜头中,草垛子再度如幢幢鬼影般扑面压来。她拒绝了。她恐惧并憎恶着重复母亲的社会命运。然而,这一次她将明白,在母亲(女人)之耻辱的"红字"的另一面,是女人的获得与幸福。作为一个"正常"的女人,拒绝女人命运的同时,意味着承受女性生命的缺失。在《人·鬼·情》之中,扮演行为将索取的舞台之外的代价尚不止于此。她可以拒绝,却无法逃离:作为一个女人,她不仅将为她做出的、而且将为她不曾做出的遭到社会的惩罚。她将再度被指认为一个女人——母亲的女儿,一个不洁而蒙耻的女性。她因此而"无家可归"。舞台上的浓烈、灯光眩目之中的张扬,将以舞台下的寂寞、无言之间的放逐为代价。而舞台下的元社会的惩罚甚至出现在舞台上。当秋芸在锣鼓喧天中、在一种麻木的忘我中出演《三岔口》时,平行蒙太奇呈现张老师正在寂寂的夜色里携家小永远地离开她。特写镜头中,舞台的桌子上出现了一根钉。后台——舞台世界与现实世界的中间地带,无数遮蔽在脸谱下的面孔(男人们)对视着、期待着,镜头将这根钉定义为合谋中的元社会的惩罚。钉子终于扎进了秋芸的手掌。当她忍痛含泪完成了她的角色后,她被无数脸谱包围住了,那与其说是一种关怀,不如说是对惩罚的欣赏与印证。在一个特写镜头中,画在一张脸谱前额上的另一张面具被扬起的眉骨牵动着,异样生动而邪恶。尔后,所有得手了的"脸谱们"忽然消失了,将秋芸留在这残暴的惩戒与无言的放逐之中。她几乎疯狂地抓起红黑两色的油彩涂抹在自己脸上,欲哭无泪地站在桌子上,向异样低矮的天顶嘶喊着,绝望地摇动着双手。晃动的吊灯在整个场景中投下一片迷乱与凄凉。这正是涉足社会成功之路的现代女性生存境遇之一隅:惩罚依然存在,但已不是灭顶之灾;不是示众或沉潭,而只是一根钉——不仅将刺穿你的皮肉,而且将刺穿你的心灵。

作为本文的修辞策略之一,黄蜀芹在秋芸的每一个悲剧场景中都设置了一个傻子充当目击者——在她和二娃的冲突时刻,在她被人从女厕所中拖出时,在张老师凄凉地坐在离别的车站上时。那是一个男人的形象,也是一个历史潜意识的象喻(从某种意义上说,这是80年代中国寻根文学与"第四代""第五代"电影共同的修辞策略)。他总是笑呵呵的,被人群推来搡去,对发生在秋芸身上的"小"悲剧目无所见,无动于衷。

秋芸成功了。她因成就了一个神奇的男性形象而大获成功。但并不如秋父所向往的:"只要是走了红,成大角,一切都会顺的";这成功的代价正是秋芸作为一个女性生命的永远的缺失。在故事层面上,秋芸为人之妻,亦为人之母;但在影片的话语层面上,作为一个女人,秋芸之父、之夫——这两个"正常"女性个体生命史上重要的男人却呈现为本文中的缺席者。所谓"秋父"并不是秋芸的生父,而她的生父则只是画面中的一个"后脑勺",他从不曾直面于观者或秋芸,也从不曾作为父亲而被指认。秋芸之夫,则除却作为一幅画面上缘的结婚照里的影像中的影像——一个完全意义上的想象的能指、缺席的在场者,便是作为讨赌债者引述的关于"秋芸的幸福家庭"报道中的一个充分必需的话语角色。他从不曾呈现在画面之中,似乎也不曾"存在"于秋芸的生活中,除了作为一个阻碍——"演男的吧,他嫌难看,演女的吧,又不放心",一种磨难——不断地赌博并负债,尽管他是秋芸两个孩子的父亲。作为一个女人,成就一个角色,也意味着自己成了一个角色。她将扮演,在生活的舞台上扮演一个女人,而且在生活中,舞台的角光永远不会熄灭。她在扮演成功的同时,还必须扮演女人的幸福与完满,尽管她将背负着全部重负和缺失。影片正是在这种意义上重构或曰消解着花木兰的故事。

第三节 拯救的出演与失落

秋芸是一个多重意义上的女性的成功者与失败者。她在表达的同时沉默。舞台上的人生、表演，无疑是一种语言行为：她扮演男人，以此表达自己，并藉此获得了成功。然而，在扮演男人的同时，她便以一个男性形象的在场造成了自己作为女性角色的缺席。她作为一个女人而表达，却以女性话语主体的缺席为代价。

作为本文的策略之一，秋芸并不是在一般意义上扮演男人。她所扮演的是老中国传统世界中的理想男性表象。她所扮演的第一个男性角色是《长坂坡》中的赵云。那是万军之中的孤胆英雄，是经典话语中的弱者——女人和孩子、糜夫人和阿斗——的庇护者与救助者。同时，舞台上银盔亮甲的赵云，始终是中国传统文化中不老的青春偶像。此后，她将扮演诸葛亮——男性的智慧与韬略的象征，关公——男性的至高美德仁义礼信的体现。于是，秋芸的表达行为便具有了一种扭曲的女性话语主体的意义：它是经典男性话语的重述，是对女性欲望的委婉陈述，同时是对男权话语的微妙嘲弄。因为一个由女性主体出演的男性形象，一个作为女性欲望客体而存在的形象，其本身便构成了一个悖论，一种怪诞的反讽。那是一个因主客体不能分身共存而注定有所缺失的境况。在《人·鬼·情》中唯一的一次例外，是张老师出演《挑滑车》中的高宠——一个和赵云一样的老中国青春偶像。其时，秋芸和彩旦装扮的少女们一起在台侧注视着他。当他下台来并为少女们所包围时，秋芸第一次流露了怅惘，她悄悄地摘下了扮演萧恩的灰白长髯。在下一场景中，她在化妆室里对镜簪花，扮作一个彩旦——一个与

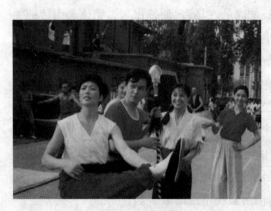

《人·鬼·情》剧照

高宠的形象相般配的女性形象。但这不仅是一次幻影之恋,而且成了蒙耻的花季中的一个断念。

然而,《人·鬼·情》所讲述的毕竟不是一个欲望的故事,它真正的主题是女人与拯救。影片包含着一个套层,作为片中片的是京剧舞台上的《钟馗嫁妹》。它呈现在秋芸人生之路的每个重要时刻。但在钟馗与秋芸之间,存在的不是一对主体——角色与扮演者间的误识、混淆与镜式迷惑,而是一对因角色与扮者无法同在而永远彼此缺失的主客体关系。作为老中国世俗神话谱系中的一个小神,传说中的钟馗曾因才华出众而高中状元,却因相貌奇丑而被废,当场自刎(或触阶)而亡。死后于玉帝处受封"斩祟将军",领兵三千,专杀人间祟鬼厉魅。他是中国这个不甚讲究敬畏与禁忌的民族中颇受欢迎的一个介于民间故事与神灵谱系之间的人物。围绕着他的钟馗画、钟馗戏、钟馗小说无外乎两个核心情节:捉鬼与嫁妹。后一个故事讲的是钟馗生前曾将妹妹许与书生杜平,死后为鬼,仍不忘其妹终身(封建时代一个无兄无父的女人只有终老闺中),故备下笙箫鼓乐,于除夕夜重返人间,将妹妹嫁于杜平。在影片《人·鬼·情》的意义系统中,钟馗充当着一个女性理想的拯救者与庇护者。秋芸、也是影片叙事人的阐释是:"我从小就等着你,等着你打鬼来救我。""我的全本钟馗只做成了一件事。媒婆的事。别看钟馗那副鬼模样,心里最看重的是女人的命,非给妹找个好男人不可。"那是秋芸——一个普通而不凡的女人的梦,一个并非不轨或奢侈的梦。

影片叙事为《钟馗嫁妹》这出戏剧所添加的不仅是电影的神奇与梦幻色彩,更为重要的是,它为这个古老的故事添加了一种原本不具有的悲哀与凄凉。它将钟馗呈现为一个在喧闹的锣鼓、流溢的色彩、如歌如舞的表演中独自咀嚼着别样的孤独与冷寂的角色。作为 80 年代中国艺术电影共有的寓言诉求,这无疑是对民族生存状态的某种喻示,也是对当代女性——所谓解放了的妇女甚或成功的女性生存境况的象喻。而在影片的意义结构中,钟馗作为秋芸/女性之梦的寄寓,并不是作为一个欲望对象而存在。《钟馗嫁妹》中的一对男女主人公,是一对兄妹。兄长的身份,使他成为一个禁止的而非欲望的形象;作为一个奇丑的男人,他也不大可能成为女性欲念之所在。他同时是一个著名的鬼,一个非(男)人;如果说他仍以男性形象出现，那么也只能是一个残缺的男人。然而在《人·鬼·情》中，钟馗却是这个女人的故事中的理想男性，"一个最好最好的男人"（在影片中，秋芸在自己家中张贴着钟馗的脸谱，并不顾丈夫、女儿的反对执意扮演钟馗，她在对白中说："妈妈想演一个最好最好的男人"），一个伴随了秋芸一生的梦。或许在本文的意义网络中，其旨在表达，一个传统中国女性的理想男性表象、一个"最好最好的男人"，并不是一位"白马王子"，而是一位父兄。他可以在危难与欺辱面前庇护她，关注她的幸福，并将成全她的幸福。那不是一份浪漫情感，而只是一脉温情与亲情。那是中国女人对于安全感、归属与拯救的憧憬。由此可能得出的解释是，《人·鬼·情》所揭示的现代女性的困境是，尽管名为自由与解放的女人，秋芸为自己无名的痛楚所命名的却仍是林黛玉式的悲哀：可怜爹娘死得早，无人替我做主。然而，在此显而易见的是，尽管秋芸并非一个决绝的反叛者，但她也绝非渴求一种"父母之命、媒妁之言"的命运；除却作为中国女性的文化潜意识中对于纵向亲情——父母兄弟的重视之外，钟馗作为秋芸/女性之梦，只是一种无奈而绝望的命名，一份朦胧的、关于拯救的乌托邦（"其实是我自己心里想着该让女人嫁个好男人"）。以男性形象出演的钟馗，只是一个空洞的能指，其间寄寓着当代女性无名的痛楚、难以界说的境况、无所归属的茫然以及对于幸福与获救的向往。当女性的拯救者，只能由一位兄长的幽灵，一个鬼——非（男）人来充当，尤其是这个非（男）人的拯救者尚需一个女性来出演之时，男权秩序的图景已不只裂隙纵横，分明轻薄脆弱如一副镜片。

《钟馗嫁妹》的舞台表演首次出现在影片中，是在序幕之后的第一大组合段之中。其时，它是构成彼时围绕着秋芸的理想和谐家庭表象的一部分。除夕，乡村野戏台。台上，是出演《钟馗嫁妹》的秋父秋母；台侧是出神地看戏的秋芸和二娃。一切是如此地喜庆祥和。只有在一个推镜头中渐次清晰的台柱上的旧对联——"夫妻本是假姻缘"，在暗示着这幅老世界图景的裂隙。《钟馗嫁妹》的第二次演出，已尽洗喜庆完满而为残破。当秋父饰钟馗重返阳间、叩响"家门"，呼喊"妹子开门来"时，台上无人应声，台后乱作一团。如同一个黑色幽默，当兄长、拯救者到来的时候，拯救客体却呈现为缺席，"钟妹"已与人私奔而去。台上秋父/钟馗绝望地遮挡着台下飞来的油条、果皮、破鞋,试图独自撑住台面;台侧小秋芸目睹父亲的惨状,大声哭喊着——秋母/钟妹不知所在,二娃不见踪影。《钟馗嫁妹》场景的第三次呈现,已不是在舞台上,而是在秋芸与她昔日的小伙伴——男孩子们相遇的小桥边。这一次已是对《钟馗嫁妹》场景颇为残酷的滑稽模仿:男孩子们把小秋芸逼上了木板桥,而后晃动桥板,泼着水,齐声道白:"妹子开门来,我是你哥哥钟馗回来了。"当秋芸胆怯地向二娃呼救,男孩子们的齐声念白变成了"妹子开门来,我是你哥哥二娃回来了"。对此二娃的回答与表态是:"谁是你哥哥?你回去找你野爸爸去吧!"于是男孩子的念白变成了欢呼:"找你的野爸爸去吧!"此时缺席的已是会带来拯救、安全与爱心的兄长/钟馗。也正是在这一场景中,当小秋芸被二娃按倒在地上,她绝望、求援的目光投向无名的远方。在秋芸的主观视点镜头中,第一次出现了作为片中片、神奇的《钟馗嫁妹》场景。钟馗提剑喷火,在一片幽冥与烈焰中力斩群魔。钟馗第一次呈现为秋芸想象中的拯救者。

影片中一个极有意味的叙事修辞策略是,在片中片的《钟馗嫁妹》里,钟妹始终是一个缺席者,兄妹相逢或出嫁的情景始终不曾出现。于是,一个喜庆的场面——婚礼和嫁妹的事实便永远地被延宕在叙境之外。拯救终于未能呈现或完成。第一次钟馗出现在现实场景中,是秋芸出演《三岔口》,被阴谋和惩罚的钉子刺穿手掌之后,当她在欲哭无泪的绝望中嘶喊时,钟馗在一缕明亮而奇异的光照中出现在后台,一步步走向半掩着的化妆室,从门边向里望去,伴着凄凉的唱腔:"来到家门前,门庭多清冷。有心把门叫,又怕妹受惊。未语泪先流,暗呀暗吞声。"特写镜头中钟馗热泪盈眶。此时,室内的秋芸似乎占据了钟妹的空位。但她身上的男装、被红黑两色涂花的面孔,使她置身于自居(化身为钟馗)与吁请(呼唤钟馗的钟妹)这两种指认之中。于是,现实场景中钟馗——男性拯救者的缺席,与片中片、舞台场景中钟妹——女性被救助者的缺席,喻示一种古老的性别角色与拯救场景的残损。

影片中,在秋芸的生活场景中,构成与钟馗形象对位的显然是秋父和张老师。然而,尽管他们都在秋芸的生活中充当着父兄的形象,但本文的叙事构成却将他们呈现为某种意义上的残缺的男性。在秋母出逃很久以

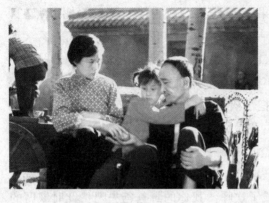

《人·鬼·情》剧照

前,秋父秋母的婚姻已然是一个"假姻缘",他甚至不是秋芸的生父。当秋芸在草垛子间发现了母亲和"后脑勺"的偷情,奔回剧团宿营的破庙时,近景镜头呈现的是秋父孤独地面壁而卧,显然是在他的视点镜头中,摄影机摇拍残破的壁画上颇具女性美的一条裸臂。那无疑是一个受挫的男性欲念的呈现。他抚育了秋芸,但他终于放弃了她,因为这是成就她的唯一选择。张老师几乎重复了秋父的行为。尽管他曾两次在元社会的性别误识面前将秋芸指认为一个女性,从而庇护了她"做女人"的权利,但他终究必须放弃她。为了秋芸的前程,秋父放弃了他唯一的亲人;而张老师放弃了他"头号武生"的地位,将它作为一个空位、一个礼物留给了秋芸。和秋父一样,他也放弃了自己全部感情之寄寓。他们所能成就的只是她的事业,而不是她的幸福。当男性——经典性别角色中的拯救者与主体缺失之后,传统女性的世界便因之而残破。一个试图修补这幅残缺图像的女性便只有去扮演——扮演理想男性的形象,但扮演却意味着她甚至不可能同时作为女性主体占有这一客体位置。必须自我拯救而又无从自我拯救的现代女性,便陷落在一个扮演与自我的缺席、女性的表达与沉默、新世界的一片空明与旧世界的彻底残破之间乌有的狭隙里。秋芸/女人与钟馗/男性的拯救者便只能如序幕般于镜内镜外彼此相望。影片的最后一个组合段中,秋芸和"父亲"相聚在一起,无数烛光投下一片富丽而温暖的色彩。秋芸几乎是沉浸在一种幸福感中设想着:"明儿头场戏,你演钟馗,我演钟妹,你送我出嫁。"这是最后一次,秋芸渴望修补一幅关于性别角色的理想图像,她自己出演钟妹以填补这一始终缺席的空位,并凭借父亲使自己在舞台上被指认为一个幸福的女人。然而,这一指认立刻以另一方式再次呈现,但这是一次元社会的指认,它指称着一个期待的失落,指称着女人并未真正改变的

"第二性"的地位。当秋芸父女沉浸于幸福之中时,一个歪扭的阴影从画左入画,并最终将那片阴影罩在秋芸身上。这是当年为她接生的王婆:"好,你生下来,只看见一张大嘴,哭得有劲,像唱大戏似的。你爸以为是个儿子,等我一看啊,少个那玩艺儿,是个小闺女家。"在元社会的指认中,女性仍是一个残缺的性别。于是,秋芸——一个现代女性甚或一个成功的女性,也只能怀有一个素朴的却乌托邦般的愿望:"其实是我自己心里总想着该让女人嫁个好男人。"拯救的希望仍寄寓于一个男人,尽管只是一个残缺的准男人;话语仍是经典话语:女子于"归"。影片呈现了一个现代女性的困境,同时以经典话语解构了关于性别角色的经典表象。

影片的尾声中,叙事人终于让钟馗出场与秋芸相对,并声称"特地赶来为你出嫁的"。而秋芸的回答是:"我已经嫁了,嫁给了舞台。"问:"不后悔?"答:"不。"一个不甘于传统性别角色的现代女性,一个踏上不归路的女性。无悔吗?是的,但未必无憾。如果说钟馗的最后出演终于成就了一幅(准)男性的拯救者与女性的被救者的视觉同在,那么有趣的是,于银幕上面面相对的仍只是两个女人:那是秋芸的扮演者徐守莉和出演了全部钟馗场景的、秋芸故事的原型人物裴艳玲。再一次,于不期然之中,它完满了一个女人的故事,完满了一种无法完满的女人的表达。

《人·鬼·情》并不是一部激进的、毁灭快感的女性电影。它只是以一种张爱玲所谓"中国式的素朴与华丽"陈述了一个女人的故事,并以此呈现了一种进退维谷的女性困境。在经典世界表象的残破与裂隙处,墙壁上洞开的窗子展露出女性视点中的世界与人生。在影片的本文中,他人对女性的拯救没有降临,也不会降临。然而,或许女性真正的自我拯救便存在于撕破历史话语,呈现真实的女性记忆的过程之中。

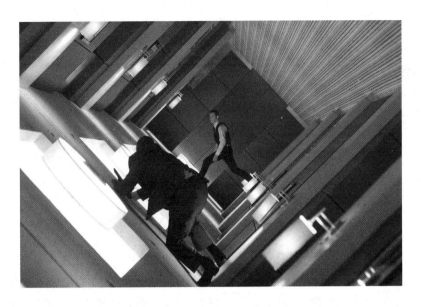

《盗梦空间》

(又名《潜行凶间》《全面启动》)

英文片名:*Inception*
导演、编剧:克里斯托弗·诺兰(Christopher Nolan)
摄　　影:沃利·菲斯特(Wally Pfister)
主　　演:莱昂纳多·迪卡普里奥(Leonardo DiCaprio)饰道姆·柯布
　　　　　玛丽昂·歌迪亚(Marion Cotillard)饰梅尔
美国,Imax 彩色,148 分钟,2010 年
获四项奥斯卡奖及一百余项国际电影奖及提名

第九章　影片分析举隅Ⅱ:《盗梦空间》

第一节　雾非雾

2010年,《盗梦空间》再度于IMAX/超大银幕之上创造了全球奇观效应。这一次,不是《阿凡达》或《爱丽丝漫游奇境》式的3D震撼,不是《驯龙高手》《卑鄙的我》式的童真柔情,亦非《海扁王》或《超级大坏蛋》式好莱坞自我指涉性的反英雄喜剧书写,而是克里斯多夫·诺兰幽暗的黑色童话或曰男性梦魇与释梦的奢华版,一次极端昂贵的非数码影像秀。

对于众多"良民"——好莱坞殷殷养成的电影观众说来,《盗梦空间》如同一个始料未及的惊喜:除却清一色奥斯卡奖得主的国际巨星阵容、一亿六千万美元的巨额预算允诺的消费快感、稔熟的巴黎街景在你面前反转倒置的奇观、科幻(玄幻?)/动作/惊悚/犯罪……的混搭类型之外,人们居然在一枚典型的票房炸弹炸开的漫天彩屑中遭

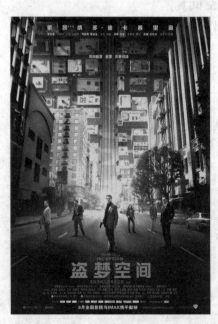

《盗梦空间》海报

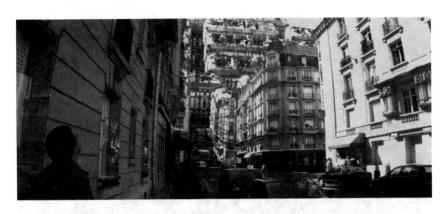

《盗梦空间》剧照

遇了智性挑战：多重叠加的梦景，在号称迷宫式的空间中构置着迷宫式情节，造型、影像似乎清晰且惊人高雅地提示着其互文谱系：谜一般的荷兰版画家 E.S. 埃舍尔或狂放张扬的西班牙天才达利……于是由埃舍尔而非欧几里得空间，而数学家哥德尔，而数理逻辑；由达利而梦，而魇，而潜意识，而精神分析……尽管相对于此前《黑客帝国》所引发的全球阐释狂潮，《盗梦空间》的阐释激情无疑难望其项背，但也令专业与业余的品影人热络、忙碌非凡。当然，对于难以计数的《盗梦空间》粉丝说来，影片所呈现的智性挑战仅仅是剧情谜题：尾声处，当摄影机镜头从仍在稳稳旋转的陀螺——甄辨现实与梦境的"图腾"上摇升开去，落幅在好莱坞式的团圆结局——父子（女）团聚的催泪时刻，一个小小的噱头，同时也许是一道意义或结构的裂隙，牵动了索引与认证的狂潮：那究竟是一个真实的时刻——道姆·柯布（莱昂纳多·迪卡普里奥）终于挣脱梦魇，返还家园，还是幸福的尾声只是灵泊（limbo）中的一幕幻境，实则最后的救赎永远地沉沦与迷失？于是，《盗梦空间》掀起了曾为《泰坦尼克号》热映之时独有的盛况：不仅观者如潮，而且是重复观影。此番，观影次数不仅显现狂恋的热度，而且是获取甄别、索引的资格。一枚小陀螺带起了巨型金流的涡旋，最终令《盗梦空间》以八亿两千余万美元的全球票房完美收官。刷新了《蝙蝠侠》的票房辉煌，诺兰彻底脱离了美国独立电影的蹊径，登临了好莱坞的金拱之顶；但这是"好莱坞最后的作者"的成就还是终结？

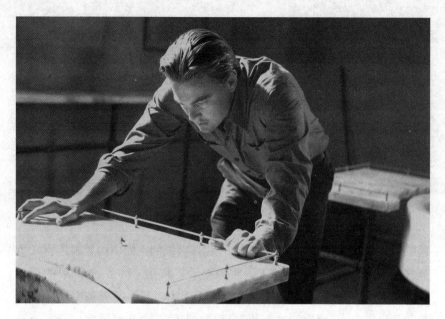

《盗梦空间》剧照

对于若干"刁民"——好莱坞的文化宿敌或"大内高手"而言,《盗梦空间》不过是好莱坞又一部巨大而空虚的奇观片,其成功几乎如同一则无从发噱的冷笑话。即使勉为其难地将其放入《黑客帝国》《解构纽约》等等的互文坐标中去,《盗梦空间》仍了无新意、乏善可陈,其多数剧情与造型桥段常引人欲如遇故交般脱帽致意。其疑似严整、精致的梦景套层,实则最老套的、顺势排列的戏剧情节链——将总的情节线分解为若干小单元,借以延宕/发展剧情,以渐次升级的张力或曰逐级放大的"小霹雳"将叙述带往高潮处的"大爆破"——加以垂直叠加,于是小段落中的迷你高潮便叠加为逐层"唤醒"/Kick 的全剧高潮戏,由此构成了好莱坞诸多动作片所必需的、占据叙事时间链三分之一强的"情节团块"。在《盗梦空间》的不屑者看来,这个看似神奇的故事,实则只是强盗/夺宝故事的变异版。——当然,其"创意"点,不仅在于其行动空间是梦境,而且在于其目的不是盗窃、劫掠,而是"植入"。事实上,"植入"——正是影片题名 "Inception"的直译。尽管在影片 Inception 的中译名——《盗梦空间》(大陆)、《全面启动》(台湾)、《潜行凶间》(香港)中,《盗梦空间》相对传神切近,但"盗梦"之"盗"固然凸显了主人公法外之徒的身份,但却错位于故事的情节主线:潜入梦境,植入记忆或观念。《盗梦空间》的热恋或辩护者或许认定,影片不同于"一般"票房炸弹或动作片,正在于其情节有着动作剧情之外的情感与心理动力:重重梦境中的历险,只是主人公抗争命运,顽强地挽救自己破碎家庭的挣扎。剧情的起伏跌宕、起承转合因而润泽而迷人。但"刁民"们当然亦可哂笑反诘:这正是《盗梦空间》之为叙事滥套的品牌标识——一年之前,《2012》已为了复合一个美国家庭,不惜摧毁了所有地球上的大陆板块,将全人类(除却新版诺亚方舟之上的"选民")投入巨浪汪洋;相形之下,《盗梦空间》的题内之意便可谓小巫见大巫了。

或需赘言的是,对核心家庭价值的尊崇不仅是好莱坞电影一以贯之的主旋律,而且是美国主流社会不容置疑的核心价值之一。因此,必须指出的是,无论滥套与否,主人公道姆·柯布的心碎既往与似箭归心,他对家庭——此处是一双儿女的殷殷深情,却无疑是支撑《盗梦空间》这座七宝楼台的重要的意义与情感力学魔块。正是为此,诺兰的小小陀螺才成功地旋动了无数观众的心,令其着迷般争相论证结局之"真伪";更为有趣的是,至少在中、英文的网络世界中,尽管也时有"证伪"——经由文本引证,论述结局只是一幕灵泊沉沦中的幻象,但压倒多数的论证是带有一份堪称天真的急切,尝试印证这字面意义上的"团圆"千真万确,不容置疑。换言之,如果说,当摄影机镜头摇转之时仍在转动的陀螺,成就了一个极为成功的票房噱头,那么,其更为成功的,却是令《盗梦空间》在完满地震撼、愉悦了全球电影观众之余,竟然拨马而去,放出一个小小的破绽、留下一道细微的缺口,且不复回补;而无数观众重复观影并在网上论辩——尽管其动力之一是网上炫技或智力游戏,但同时表明,相对于好莱坞票房炸弹所要求的惯例的完满而言,这出细小的缺口仍在观众处牵动出一份细碎的不安或曰微妙的痛觉。

如果参照着同年的另一部大片——马丁·斯科西斯执导的《禁闭岛》(由于同为莱昂纳多·迪卡普里奥主演,其互文关联似乎相当直观),那么,《盗梦空间》故意放出的这个小破绽,便不仅是诺兰的个人印鉴,而且在大众文化或曰观众接受、消费心理层面上显现出深意。尽管故事与风格相去颇遥,《禁闭岛》却同样在结局处留下了一道细微缺口、一个迷你疑窦:观众在剧情突然峰回路转、急转直下并直达悲剧结局之后,仍间或纠结于核心情节三岔口处的真伪选择:这究竟是美国硬汉、孤胆英雄勇闯禁闭岛揭露惊天阴谋,却身心陷落于蓄谋的黑幕网罗的故事,还是主人公原本是万劫不复的狂人罪犯,剧中的一切只是精神科医师为救治他而排演的一出戏码?结局处主人公从容果决地起身迎向自己的行刑队,究竟是美国英雄陷落黑幕,坦荡承担起失败者的宿命,还是疯狂杀手在心智澄明的时刻,选择了远胜于疯狂迷乱的死亡收束,抑或只是无可救药的疯狂幻想中的悲剧英雄结局?尽管不如《盗梦空间》热络,《禁闭岛》同样在网络空间中引发论证竞猜。有别于《盗梦空间》,作为一部依本文学原著的改编电影,影片《禁闭岛》的谜团,便先在决定着权威谜底:当小说在情节逆转的时刻,显露了旁知、第一人称叙事人的身份——剧中剧里泰迪的助手查克警官,实则狂人安德鲁的主治医师,相关真相便昭然若揭、无需置喙。其间并无故事与意义的疑团,有的只是一个堪称巧妙的叙述圈套。然而,不仅对于电影改编多种情形而言,原著小说与影片在极端状况下可以是南辕北辙的独立文本(由此方有"忠实改编"一说),而且对于从文化研究的视域出发或曰对电影分析的理论演练而言,"从小说到电影",关注点刚好是其间的"改编"——不似处,而非相同点;而这份关注的目的不仅在于瞩目文本的内部事实或逻辑,而且在于以此为切入点,再度将文本向社会、历史与人生开敞。正是在类似视域中,一年之内,两位好莱坞重要导演在两部大制作影片中,不约而同地采取了相对于其工业及文化惯例而言鲜见的结局技巧或曰噱头,便不能简单地视为巧合或偶然。与其说结局处的缺口,只是导演或曰电影叙事人信手抛出或精心构置的谜团、雾障,不如说它刚好是构筑电影幻景世界之镜像回廊上的划去了镜体涂层的一道擦痕,透入的微光隐晦地或不甚情愿地提示着一个幻景之外的世界。当然,无论是《盗梦空间》还是《禁闭岛》,结局处的细小裂隙远未能构成所谓"开放性结局",因为一个开敞的叙事结局始终指涉着一个开放性的未来视野,一个充满变数、也满载着希望与信心的时代;相反,此处的小缺口,隐约地牵动起观众的微弱焦虑,与其说(用拉康/齐泽克的精神分析语言)是显影了真实界的面庞,不如说只是某种现实感的印痕。因为除却20世纪六七十年代——欧洲作者电影黄金时代的艺术名作,电影/或曰商业电影的旨归是遮蔽和抚慰,而非揭露与质询。因此,这两部好莱坞大片所不期然共享的奇思妙想或曰雕虫小技,事实上更接近于某种社会症候之所在。再度祭起福柯、也是电影的症候批评的有效公式:重要的在于讲述神话的年代,而不是神话所讲述的年代;或者更为直白地说,社会的主体现实或曰公众性的社会问题始终是索解成功的大众文本的首要参数。

毋庸置疑,2008年以降,相对于美国社会或者全球金融资本主导或占据绝大份额的国家来说,最重要与基本的社会现实,便是金融海啸的灾难性冲击与播散。而相对于美国本土——当然是好莱坞电影的第一现实参数来说,金融海啸的爆发,至为伤痛与凄惶的,正是其直接形成了对美国社会主体——中产阶级的空前剥夺与重创。也正是在金融海啸的背景之上,似乎以梦幻工厂、奢靡时尚为外在标志的好莱坞,再度显露出其成功的真正秘笈之一:极度紧张地保持着对现实的高度敏感与关注,并快速反应以调整其经营与叙事策略。正如美国社会在"9·11"震惊、伊拉克泥沼与丑闻、维基解密引发的信任危机、尤其是金融海啸的重创之下,快速启动应激机制,其外在标识之一,便是令全世界始料未及地选出了美国历史上第一位黑人(用美国政治正确的说法是非裔美国人)、新移民身份的总统;其好莱坞的对应版,则是历经百年,2010年奥斯卡金像奖破天荒地授予了一位女导演。当然,这无疑只是表象而已,在内里,其调整远为艰难而繁复。也是在类似参数之上,我们或可索解被雪藏多年的奥利弗·斯通的复出与游移于中心之畔的诺兰的激升。

因此,《盗梦空间》与《禁闭岛》结尾处释放出的单薄迷雾,与其说出自诺兰与斯科西斯的社会共识或艺术的不甘,倒不如是一个小小的记号,告知人们:尽管好莱坞仍可以继续制造《钢铁侠》或《天龙特攻队》式的喜剧白日梦,或将美国英雄传奇移往潘多拉星球(并缀以3D外壳),以对冲渐趋沉重、真切且无从排遣的现实挤压,但与此同时,或许隐约泄入的现实天光、些许不宁与疑惑,方是以释梦之名挥去梦魇、重坠梦乡的恰当路径。

第二节　梦非梦

电影/梦,几乎是关于电影的最"古老"的言说与类比。即使暂时搁置 Inception 之为《盗梦空间》的译名提示,直观其情节,《盗梦空间》似乎是一部颇为神奇的关于梦(当然不止于梦)的电影;但几乎毋需细查我们已可断定,如果不是在一般意义上讨论电影的社会、心理功能与机制,那么,《盗梦空间》几乎与梦无关。因为《盗梦空间》之梦显现着两个最为基本的非梦或曰反梦特质:清醒梦,同时是共同/分享梦。人为或曰理性构置的梦景,尽管间或可以视觉性地复现埃舍尔或非欧几里得空间,或翻转、折叠巴黎城(或可视作诺兰在向库布里克的《2001:太空奥德赛》致敬?),或设定在梦中梦、有限且多重的套层内,时间呈等比级数放大,但无论是埃舍尔或哥德尔的空间或曰数列"怪圈",还是"世上方数日,梦中已百年"的相对时间设计,都只是所谓科学、理性的陈述,并非边际状态,甚至梦尽头——灵泊之所在,仍充满了现代建筑/都市文明,只是处处坍塌、危机四伏罢了。一个有趣的追问是:这难道不正是现代文明与现代都市生存的真义与常态吗?

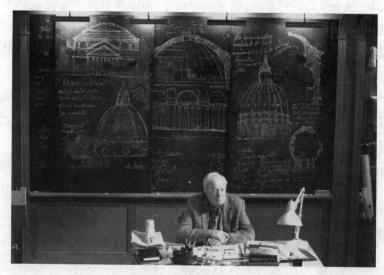

《盗梦空间》剧照

当然,毋需赘言,《盗梦空间》之梦、之造梦、之梦中梦乃至梦尽头,犹如"时间机器"或"变化的位面",只是一份所谓"科幻"之想象的载体或发明。对于科幻类型的"成熟"受众(诸"良民"之一种)来说,可以即刻将《盗梦空间》之所属类型指认为科幻的依据,不仅影片的造型风格及影像系统,而且影片所复制和变奏的、科幻类最"古老"且深邃的主题或曰母题之一:假如我所感知的真实只是一份幻景……如果说这是一份古老且现代的恐惧与战栗,那么,在中国,它早已有着一个古老且诗意的表达:庄生梦蝶。关于真实与幻觉,关于身份与虚构,关于自我与世界。也正是在这份古老的中国表达中,梦与真伪的哲思早已相遇。事实上,镜与梦,始终既是古老的诗歌意象乃至母题,又是饱含着哲学意蕴的隐喻。如果我们将真实与虚幻视作《盗梦空间》之意义的核心二项对立式,似乎可以轻松地借重格雷马斯的意义矩形获取如下的结构元素:

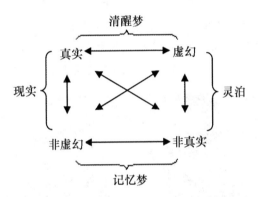

然而,在此,格雷马斯的意义矩形与其说带我们抵达了《盗梦空间》的意义核心,不如说刚好显影了所谓现实与梦或曰真实与虚幻的二项对立,并非《盗梦空间》及其成功的谜底,而更近似于谜面或曰外壳。借重这组意义对立式所呈现的结构元素,不仅不足以阐释影片的结局在全球观众那里引发的好奇与微妙焦虑,而且无从提纲挈领起剧情的主要元素。沿着结构主义的路径继续推进,我们却在不期然间发现,《盗梦空间》的有趣之处——或许也正是导演诺兰的印痕所在——在于影片事实上叠加着另一组略呈怪诞的二项对立式:以亲情(具体地说是父子之情)对立于爱情。以后者为原点,我们再度铺陈出又一个格雷马斯的意义矩形:

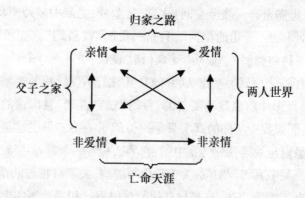

如上所述,《盗梦空间》叙事之基本且重要的情感动力正是主人公如何结束亡命天涯的悲惨境况,踏上父子(女)团聚的归家之路;结局中陀螺的小噱头或曰细小裂隙的意味正在于观众渴望确认主人公是否"真的"已然"回家"。毋庸赘言,恰是作为美国主流社会、也是好莱坞之核心价值——家庭价值的延伸和变奏,回家/归家之路,至少自《绿野仙踪》之后变成了美国大众文化的基本叙事模式与动力结构。此间,有趣之处在于,对于《盗梦空间》,令男主人公道姆·柯布亡命天涯的,却是妻子对"永远

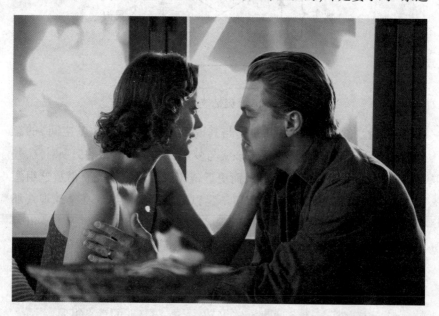

《盗梦空间》剧照

在一起"的爱情的执念。于是，两人世界——核心家庭的雏形与初始，便成了家庭——在此是父子之家的魔障。作为美国核心价值之家庭，原本是核心家庭——以父权制、异性恋婚姻为不二法门，因此，(异性恋)爱情似应为婚姻/家庭、至少是关于婚姻与家庭神话的充分必要的前提；于是，当父子亲情成为家庭价值的载体，而爱情或曰两人世界成为其对立项，结局处的小缺口便展露为一个不仅是文本的、而且是语境的或曰社会的结构性裂隙。当然，以父子之家为家庭价值的重建或曰弥合，并无新意。自上世纪80年代里根/撒切尔共同开启了新自由主义时代以来，父权、具体说来是父亲形象的重建，便成为新主流文化的一个急切却曲折迂回的命题。其中，历尽劫波而得以幸存的家庭或曰美国主流社会的核心价值，便间或采取了残缺却相濡以沫的父子之家的形式。如果说1979年的《克莱默夫妇》成为类似叙述的先声，那么1994年的《阿甘正传》便成为其中成功且具有标识性的一部。如果说以父子之家的幸存为好莱坞变奏的"小团圆"形式，在将20世纪60年代反文化运动的"罪责"归咎于女性的同时，以对女性的放逐完成了对女权(运动)的审判，那么，《盗梦空间》的"新意"则在于将爱情同时视作某种梦魇与疯狂之源。甚至无需援引罗兰·巴特的《恋人絮语》便可指出，爱情话语或曰神话在关于现代"人"的话语建构中始终是一柄双刃(多刃?)剑。可以说，爱情神话事实上如同一道浮桥，将欧洲文化涉渡于现代与个人，并成为个人(主义)话语的重要基石之一；但与此同时，爱情神话作为浪漫主义的母题之一，始终负载着疯狂或曰非/反理性的意蕴，因而携带着某种颠覆性因子。而欧美60年代的革命——准确地说是以青年学生为主体的反文化运动，则作为现代主义的内爆，将个人、爱情(性/政治)、解放推向颠覆性的极致。因此，在20世纪80年代以降新主流的修复工程中，个人/爱情叙述便成为一处更缠绕的所在。然而，《盗梦空间》以父子之家对抗两人世界，不仅是这一新主流叙事逻辑的复制或变奏，其中或许更为重要的，则是这份昂贵而精巧的翻新，超距且准确地对位着今日美国或曰今日现实。在此，不仅是奢靡化了的诺兰式的(男性)生命之痛，而且正是通过削弱、审判女性/爱情，以弱化"个人(主义)"曾经在美国主流文化中承载的巨大份额。对此，尽管我们可以引证诸多的影片以为互文佐证，但最好的参证文本，也许还不是其他好莱坞电影,而是在金融海啸重创下、临危受命的美国第一位黑人总统奥巴马的就职演说。在这份激扬顿挫的演说词中,几乎令旁观者触目惊心的是,曾经成为美国文化标识的个人主义、个人奋斗、个人权利及以此为支撑的"美国梦"之语词几乎全然消隐,取而代之的却是同舟共济、携手同心、相濡以沫、分享艰难。因此,尽管仍有《社交网络》之类的新科亿万富翁故事快闪着新版美国梦,但社会主旋律却是《在云端》式的"小团圆"结局:并非游走空中的男主人公获取真爱并因此而得救,而只是他通过为胞妹圆梦,重新拥抱了自己的血缘之家。

稍作细查即可发现,《盗梦空间》结构着一个父子关系的套层。回顾其情节,贯穿全剧的是主人公道姆·柯布的亡命天涯与归家之路,而实现其梦想的唯一可能便是达成梦中的"植入":令百万富翁孱弱的继承人心甘情愿地解体父亲留下的资本帝国;这一不可能的任务能够达成的关键,则是年轻的继承人是否在梦中、准确地说是在梦的"深处","亲历"一场冷漠、紧张的父子关系的温情大和解。全剧的动作、戏剧、造型高潮发生在加拿大雪原或曰梦境的第三层中;"最后一分钟营救"便是在梦中、在百万富翁的弥留之际、在主人公柯布彻底沉沦灵泊之前、在唤醒之大爆炸

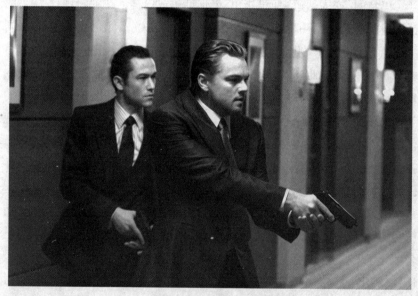

《盗梦空间》剧照

轰毁一切的千钧一发时刻，为继承人续上父亲最后的遗言：不是面对不屑子的最终绝望，而是殷殷父爱。于是，剧情中的一次商业阴谋、一次潜意识领域的犯罪，成就的是双重父子深情与父子团聚；一处相互映照的镜像结构，同时成为戏剧引爆点、愿望达成的困境突破点与目标结局的同义自反。然而，也正是在这里，《盗梦空间》事实上延伸着一个与结局的小破绽或曰噱头彼此关联的意义裂隙：如果百万富翁父子的和解只是梦境深处的一次阴谋性的虚构或搬演，或可视为一次成功的欺骗，那么，我们确实有理由怀疑影片的小团圆结局中的柯布父子(/女)团聚只是心之所愿、梦之所想——所谓"梦里不知身是客，一晌贪欢"，或者可以视为对观众的一次"事先张扬的"欺瞒。于是，似乎是对《盗梦空间》的高估：如果说剧情所建构的意义矩形形成对新主流叙述的一次复沓或曰加固，成为对美国现实困境的一次想象性解决或曰偏移，那么，其小缺口或裂隙却再度以某种内在的阴影，幽灵般呼应着无从消解的滞重现实：即使我们成功地放逐了来自女性(/母亲/妻子)的威胁，由此祛魅于曰"个人"的颠覆性与后现代政治，仍无法彻底祛除此番金融资本主义内爆所拖曳的长长的余震与回声。因此，我们甚至难以享有《阿甘正传》式温馨含泪的结局——父与子相依为命的家庭/幸存，相反，小团圆的缺憾"完满"仍携带着持续旋转的小陀螺投下的浓重阴影。

第三节　花非花

在《盗梦空间》中读出了《人鬼情未了》况味的观众几乎堪称"良民"之典范。这与其说揭示出了一个有效的互文关联，不如说只是表明了一份接受惯性如何以善良的愿望改写着文本自身的剧情与意义结构。

的确，在《盗梦空间》的情节层面上，一个看似清晰的情感元素，是主人公柯布对亡妻的无尽思念、追悔；但与此同时，正是这位亡妻，将每一个"清醒梦"改写为十足的梦魇。事实上，亡妻梅尔充分地履行着蛇蝎美女之于一个男性生命创伤故事的全部功能意味。正是在这一层面上，《盗梦空间》将自己与梦——在此是弗洛伊德之梦、精神分析之梦，或简单地直呼为梦魇——联系在一起。尽管弗洛伊德在《释梦》一书中将梦定义

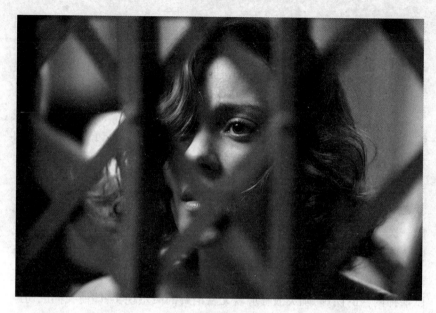

《盗梦空间》剧照

为"欲望的实现",但弗洛伊德之梦、之释梦几乎绝少有美梦/dream,大都是噩梦/梦魇/nightmare。或需赘言的是,尽管弗洛伊德的精神分析理论极大地刷新甚或扭转了现代/西方人文学的方向,为以人、人类为名建构而成的人文学赋予了性/别维度,但其言说、剖析、揭秘的主体无疑仍只是一位男性;其中的女性,只是某种修辞性的对位与参照。因此,弗洛伊德理论之于女性个体生命史的阐释力远逊于男性。《盗梦空间》之梦,准确地说是梦中惊骇,几乎无一不来自亡妻梅尔的梦中"幽灵"。而她的每一次出现、每一次邪恶的介入,尤其是进入了"植入"的主体剧情之后,其效果都在于成功地阻断并试图永远阻断道姆·柯布的归家之路。当然,依照剧情逻辑,这只是一份彼此缠绕的因与果:柯布之所以无辜沦落为亡命天涯的逃犯,正出自梅尔病态邪恶的杰作——别无选择的强迫殉情或曰几近谋杀的阴谋陷害。于笔者看来,也正是在此处,《盗梦空间》呈现了较之一般的票房炸弹更为繁复、精致的结构方式与意义之环。其路径正在于将真实与虚幻的对立式所衍生的对立式叠加于亲情与爱情的情感纠葛。这一彼此叠加与微妙错位的双重线索,在完成了男性生命(间或是在现实中倍感挫折的中产阶级个体的代称)伤痛转移的同时,巧妙地绕开了美国社会的 PC(政治正确)栅栏,令其主流叙述再度奏效。

事实上,成功地筑起"防波堤",以应对观众在接受与阐释中可能出现的抵御机制,正是好莱坞新主流叙事重获活力与可能的关键所在。当新好莱坞已经老去,庞大的美国电影工业必须面对的不再是反战、民权、女权运动的余震,不再是冷战年代的意识形态对抗与美国社会内部左翼力量的抵抗,而是官方的多元文化论与后冷战之后依然存留的所谓"政治正确"的辨识系统。其中"阶级、性别、种族"这一看似老旧却依旧真切的"三字经",要求大众文化工业尽可能绕开相关的偏见表述。这当然不是大众文化工业——此处是好莱坞大公司的"政治觉悟",而是精刮的生意经,唯其如此,方可争取并保证全球、首先是美国的市场与票房。因此,在《盗梦空间》的梦景中,梅尔是一朵十足的恶之花。如果你指斥影片定型化、妖魔化女性,那么剧情将清晰地告诉你,那并非任何女性的真身,甚至不是亡妻梅尔的幽灵,而只是柯布幽暗的潜意识的具象,是他对亡妻绝望的思念与深切的负疚。如果你进而将这一形象对照着记忆之梦或梦中的记忆——梅尔在结婚纪念日自尽并机关算尽地将柯布置于万劫不复的绝境,指出这正是梅尔的"真相",那么,再一步的退行性解释则是:梅尔之所以彻底迷失,只因为柯布曾在梦的深处于她心灵中植入了怀疑自己是否身处现实的种子,致使"假作真时真亦假,无当有时有还无"——不仅改变了梅尔的人格,而且最终摧毁了她的生命和他们共有的生活。这也正是剧情中柯布对亡妻深深的负疚感的由来。至此,影片似乎赦免了梅尔之现实的与梦中的罪行,并成功地拦截了观众可能产生的对性别定见、毋宁说是偏见的抵制。

但"刁民"式的追问仍可继续逆推:柯布之所以"被迫"在梅尔心中植入了怀疑自己"现实感"的种子,是因为梅尔沉迷梦境,流连忘返,已丧失了指认真实与虚幻的能力,近乎彻底地遗忘了自己生活在真实世界中的一对儿女,弃置了自己为妻、尤其是为母的责任。此间,有一个或许被提及的、《盗梦空间》之一处堪称破绽的先置逻辑的混乱——这也是热心的观众不无迷惑地细数、争辩所在:如果说,柯布与梅尔曾沉迷造梦,层层深入,乃至以身涉险,落入灵泊,那么依照此科幻/玄幻叙述的先置逻辑,所谓灵泊/潜意识边缘的特征之一,便是个中之人将丧失分辨真实与虚幻的能力，因此无法自我唤醒，返归现实。此破绽或许亦是真意的有趣之处在于，如果柯布和梅尔曾落入灵泊，那么，何以梅尔彻底沉沦，而柯布却仍保持着指认真/幻的能力，且依然能够成功地完成对梅尔的意念植入？抑或其依据仍是无需论证的"常识"/偏见：相对于女性，男性当然、也始终更清醒、更理性，更先天地接近并持有真理/真相？再驻步继续细查，便会发现，诺兰式的细密不仅表现在梦的套盒，而且呈现于他彼此缠绕、相互映照与遮蔽的意义结构。如果你追问到柯布无端优于梅尔的真/幻的辨识力，那么，再一道"防波堤"则内设于场景之中——两人世界里，柯布窥见了梅尔的秘密：她在梦的深处、自己儿时屋舍的角落密闭的保险箱之内藏起了自己的陀螺——令她分辨和把握现实的依凭。换言之，并非梅尔丧失了分辨真与幻的能力，而是她拒绝分辨；她封藏了自己的图腾，宁愿流连于这个梦中的世界，这朝暮相守、充满创造、令爱情神话成真的世界，甚或出自某种逃离现实世界、逃离其中难以更动的女性宿命的愿望。（当然，在此，诺兰已表达了他对此的判断和拒绝——灵泊中的场景之一，也是影片一幅著名的剧照，便是道姆和梅尔在海滩上搭建着一座沙堡：那是幻境，是潮汐冲过便荡然无存的辉煌。）在这一诺兰设置却覆以薄雾的脉络中，梅尔最终跟随柯布返归现实，间或并非出自柯布所植入的怀疑的意

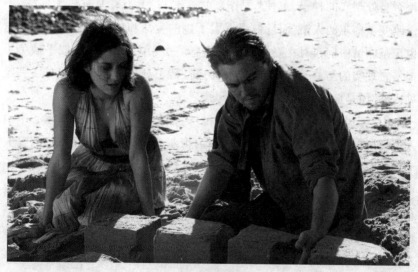

《盗梦空间》剧照

念,而是出自柯布给出的一个至高的、关于爱情的信念和允诺:共赴死亡并超越死亡,达成"永远在一起"的盟誓。在这一层面上,柯布的"罪行",不在于他干扰了梅尔的意念,而在于他作为始作俑者,提供了一个关于爱情的极端模式:携手殉情(尽管剧情给出的解释是,唯此无以逃离灵泊,返归现实,即回到一对儿女、也是负载着社会主流价值的核心家庭中去)。因此,柯布的梦魇中频频闪回的,才不仅是梅尔口中念着柯布的爱情"咒语"自饭店楼窗的高处坠落,而且是梦中那道荒芜的铁轨,列车呼啸而过时的强烈震动。有趣的是,当叙事之指涉溢出了真与幻的缠绕,却再次回归并封闭了父子之家与两人世界的意义对抗。

至此,这一表意事实再度凸显:《盗梦空间》不是一个生死情未了的传奇,而是一个孤独的男性生命创伤的故事。于是在那一吊诡的二项对立式中,两人世界并非无端邪恶,而是因女性对爱情神话的偏执,其"固有"的非理性、疯狂,而变为恐怖。

当然,为了达成这一表意实践,如此意义互补的双环尚需润色。于是关乎个人、个体生命的重要戏码——精神分析,便必须予以借重。从某种意义上说,精神分析,尤其是其原版——弗洛伊德版的精神分析,与其说是某种解读利器,不如说早已成了大众文化工业稔熟于心的叙述、表意套路。再回首《盗梦空间》,其序幕便发生在灵泊之中。第一个场景中的第一幅画面,便是大海潮汐冲刷着海滩,继而我们看到昏迷中的柯布倒在海滩之上。片刻之后,他为疑似日本国民自卫队的军人所发现并被押解到耋耋老矣的齐藤面前。结尾处,剧情重回这一场景,两个几乎丧失了行动能力的男人将面对持续平稳旋转的陀螺忆起自己的真身和男人间的承诺,并在共赴死亡中苏醒。在弗洛伊德版的精神分析套路中,这些设置的意味昭然若揭:潮汐中、海滩上,昏迷并苏醒,走向死亡并新生,这无疑是一个关于母腹、出生的意象/象征,人/男性最深切的梦,或曰"涅槃"欲望。十足"本能",当然充分"文化",一次有趣的想象与象征的组合场景。尽管在影片中,这便是梦、梦之深处/幻景所在,但如果依照拉康的陈述,也便是现实或曰现实感的真意。又一次,诺兰玩弄了一个迷宫或反转的游戏。

而延伸拉康/齐泽克的阐释蹊径,我们会发现,开篇伊始,我们已然到达了《盗梦空间》的表意核心——因为如齐泽克所言,真相或曰意义核心始终在表面:灵泊之为死亡之地,同时被赋予母腹意象,这里也正是梅尔所固执的两人世界之所在;而无论在道姆·柯布与梅尔两人共筑之梦里,还是在故事的"现实"层面,抑或影片的情节主体:为"植入"所造之层层梦境中,梅尔现身的真意,都是欲令道姆永远地驻留灵泊,这无外乎是胁迫他共赴死亡的另一版本。因此剧中的梅尔,相对于道姆·柯布,甚至不仅是劳拉·穆尔维所谓的象征着父权"阉割"的"鲜血淋漓的伤口",而更接近于拉康所谓"创伤性内核",以其"冗余"显示着真实界或可直呼为死亡的威胁与诱惑的在场。因此,她才必须经历第二次死亡:再一次被杀死在灵泊之中,完成符号意义上的最终放逐。因为第一次死亡——肉体的、生物学意义上的死亡远远不足以杀死这份威胁与诱惑;那不是终结,而是梦魇的开启。只有令梅尔经历第二次、符号意义上的死亡,方能彻底屏蔽这副"真实界(实在)的面庞",阻断死亡的威胁和诱惑。至此,《盗梦空间》再度显露了其梦/梦工厂之梦的意味。我们可以看出,这是一曲独唱,一阕道姆·柯布的单人舞,梦中的对抗是魅影之舞、也是祛魅之舞,一个绝对的男性个体/主体的叙述。或需赘言,一个约定俗成的指认是,在西方世界或曰发达国家,个人的故事只关乎个人而非社会;因为"19世纪"已遥不可及,今日发达国家的书写者已不复以"社会寓言"——詹姆逊所谓"舍伍德·安德森的方式"去写作。然而,这份共识却显然不适用于多数流行的大众文化文本,因其大都仍因循老旧的现实主义书写原则——唯此方能以其成规和惯例的稔熟而最大限度地获取形式的透明感,造就阅读/接受的真实幻觉。类似文本因此而未能全然豁免于现实主义写作所必然携带的社会寓言的意味。所以,我们无疑可以将《盗梦空间》读作某个体/男性个人生命创伤与心灵悲剧的故事,但类似老旧的故事何以混搭于科幻类型而在2010年获取如此巨大的流星雨商业成功,其谜底、至少是部分谜底只能来自此时此地、此情此景的美国社会现实。

此时再次引证《盗梦空间》与《禁闭岛》的互文关系便更加意味深长。将这两部文本联系在一起的,显然不仅是主演莱昂纳多·迪卡普里奥,亦不仅是主人公在真/幻世界间的迷失,而且是对男性个体生命创伤的表达。在禁闭岛中,主人公泰迪警官亦真亦幻的梦中同样频频出现已逝的妻子,而且"明白"地告知观众这梦境源自泰迪的负疚感:他没能在纵火

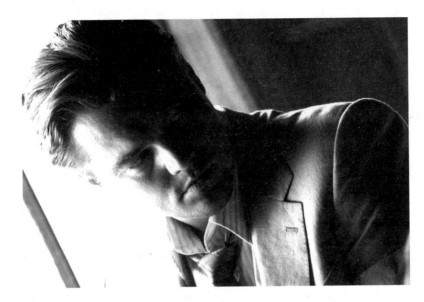

《盗梦空间》剧照

犯的烈焰中拯救出自己的妻子,致使她丧身于烈焰浓烟之中。然而,当真实或曰关于真实的另一版本曝露,观众方知晓:这死于非命的不幸女人,实则为杀子/女的疯狂、冷血凶手,正是她亲手在湖中逐个溺杀了三个亲生儿女。当酗酒成性的安德鲁警官(即泰迪的真身)明白了妻子疯狂的深度,被迫亲手处死了这个女人,却因无法承受家破人亡的惨剧而沦入人格分裂与纵火犯罪。似乎无需多言女人杀子在精神分析系谱中所携带的阉割威胁的寓意,我们或可将《禁闭岛》视为《盗梦空间》的清晰版,将《禁闭岛》中疯狂杀子的女人再度叠印《盗梦空间》中梅尔之为道姆生命创伤性内核的意味,在参差对照中,体认道姆·柯布归家之路所携带的救赎意味:父子之家的幸存,意味着战胜阉割威胁、拒绝真实界的诱惑,维护并确认男性主体的生存及其意义。而这两部作品同样热映于2010年,其屏蔽当下美国社会现实的意味也相映成趣。

的确,尽管《盗梦空间》成就了一幅"小团圆"的结局,但未倒的陀螺仍在画外传递着隐隐的悬疑与威胁。2011年伊始,当奥斯卡盛会再临,美国政府却因财务危机而面临"歇业",好莱坞所负载的梦境与梦魇将继续纠结并铺陈。

再版后记

鸟已飞过,天空没有留下痕迹。

数日前,当我行走在印度广袤、斑斓而熙攘的土地上的时候,这个久已遗忘的句子不时掠过心际。

转眼,十余年过去,《电影批评》要再版了。多年来,这本并非呕心沥血之作受到了不同年龄段、尤其是青年朋友的错爱。每每想起,便深深感念。记得在柏林电影节上,遇到一位首度参展的年轻导演,称此书是他的电影蒙书。一时间,真的受宠若惊,良久不能作答。如今,书要再版,更换新衣,再次启程,便借机与未来、未知的读者分享此书曾伴随、携带着的我个人的一段记忆。

这本小书完稿于 2003 年。那一年,牵动整个世界,北京和南国一度笼罩在"非典"(SARS)的魔影下。人类无知识、无疫苗、无特效药的病毒在空气中播散,随机任意地击倒任何人。彼时,加拿大女作家的反乌托邦小说《秧鸡与羚羊》刚刚上市,油墨气息尚未消,几乎被全世界视为女巫谶语。一时间,曲息人散,蓝天下的北京甚至恢复了我儿时的空旷和静谧。黄昏时分,群鸦低盘,驮着夕阳,在天空中勾画着纹饰,直到淡去在暮色之中。但,那时节,仿造萨特名言的新造句——他人即 SARS,可谓通体肃杀,没有半点幽默感可言。学校并未宣布停课,但默许大家自行选择。学生逃去了一半,胆壮留下的,被封闭在校园之中(当然,他们个个热衷于在围墙上"开辟"各种秘密通道,"自由"地出入校园)。有的老师选择停课守家;超前的先生开启了网络授课;我受不了蜗居的闲闷,依旧怀揣着各种准入证、通行证前往学校授课。隔绝了校外旁听的同学,流散了一半以上的学生,突然疏朗的大阶梯教室,师生间便有了智性游戏、共同历险的轻松氛围。这本小书便孕育其间。及至魔影散去,学校复课,在2003年北京的酷暑里,昔日的弟子们便在我畅春园的小屋中,协力整理录音、修订资料,这本小书初具轮廓。

那年秋意初露之时,携着有形未成的书稿,我负笈东瀛,客席御茶水女子大学性别研究所,栖居在东京的闹市一隅。经秋历冬,在一份从未体验过的日本、也许只是东京赐予外人的彻骨的孤绝之中,在漫天霜叶、细密寒雨和灰色稀薄的飞雪里,我隔周面对数百日本听众演讲,逐日写成的15万字的演讲稿辑录成了《性别中国》一书;同时根据教案与记录稿,撰写完成了《电影批评》。大半是独自一人,我踏遍了日本本岛。此行中,除了苦作与独自旅行,除了近乎绝望地试图参悟日本同事谜样的暧昧表达,可谓值回票价的奖赏,是最后一次得以与倔强、智慧的日本老人沟口雄三先生从容相聚。

就成书过程而言,此书历时不算漫长;但类似方法论的形成与使用,却几乎贯穿了我全部电影学术生涯。电影学,是20世纪全球炙热的60年代的遗腹子。可以说,电影学的学院殿堂是反文化运动之街头的转移和延伸。因此,所谓当代电影理论尽管看似艰深,借重、重叠着战后艰深玄奥的欧洲理论,但开篇伊始,它便是一种实践性极强的批评理论。其次,我在最早的电影学教学生涯中体认到,较之将影片文本当作理论的跑马场或演武场,反其道而行之,将影片文本作为触摸、进入理论——不仅是电影理论,也是20世纪文学、文化理论的路径,倒更为恰切和有趣。这次序倒置的方法论演练,给了我们学习理论、同时游戏理论的空间和可能:借助理论,而不拘泥理论,让想象力飞扬,鼓励创造性的理论误读。说到底,对于批评实践,理论只是利器,而非模板。而我自己在电影批评和教学实践中的补充,便是令主要建构在后结构主义之上的批评理论,同时具有某些结构主义的特征:一是结构性地把握文本整体,一是强调和重视"能指的展开方式",将批评的症候阅读与讨论建筑在对电影语言语法、对叙事组合段、对叙事修辞的准确把握之上。

此番再版,此前的篇章基本保持了原貌,唯一的改动是以《盗梦空间》的解读替换了《霸王别姬》的。其考量,是为了加入一个较新的片目——兼有科幻类型与商业作者电影的双重特征。全书重新配了插图。

在艾柯的小说中,站在格林威治零点上,顾盼两望,便是昨日与今朝;昨日之岛亦是今日之地。这部昨日的旧作再度启程,朝向明日。希望未来、未知的读者喜欢,希望你们读之有益、有所得、有所思。这是一个作者的祈愿。盼其不是奢望。

戴锦华
2015年元月草于北京